U0946978

国家社会科学基金社科学术社团主题学术活动项目（批准号：21STA007）

中国式共同富裕

理论、实践与政策选择

张青　蔡之兵　主编

河北出版传媒集团
河北人民出版社
石家庄

图书在版编目（CIP）数据

中国式共同富裕 : 理论、实践与政策选择 / 张青, 蔡之兵主编. -- 石家庄 : 河北人民出版社, 2023.8
ISBN 978-7-202-16362-7

Ⅰ. ①中… Ⅱ. ①张… ②蔡… Ⅲ. ①共同富裕—理论研究—中国 Ⅳ. ①F124.7

中国国家版本馆CIP数据核字(2023)第087444号

书　　名　**中国式共同富裕：理论、实践与政策选择**
主　　编　张　青　蔡之兵

策划编辑　丁　伟
责任编辑　甄　洁　沈鸿雁
美术编辑　王　婧
责任校对　付敬华

出版发行　河北出版传媒集团　河北人民出版社
（石家庄市友谊北大街 330 号）
印　　刷　河北新华第一印刷有限责任公司
开　　本　787 毫米×1092 毫米　1/16
印　　张　17.75
字　　数　189 000
版　　次　2023 年 8 月第 1 版　　2023 年 8 月第 1 次印刷
书　　号　ISBN 978-7-202-16362-7
定　　价　45.00 元

中国式共同富裕是中国式现代化的必然要求

（代序）

共同富裕是社会主义制度优越性的本质体现，实现中国式现代化必然要求实现全体人民共同富裕的现代化。与此同时，由于中国式现代化是中国共产党领导的社会主义现代化，既有各国现代化的共同特征，更有基于自己国情的中国特色。进一步看，在中国式现代化的五大特征中，共同富裕是中国式现代化区别于其他现代化模式的本质特征。在这种背景下，我们不仅要实现共同富裕目标，更要在中国式现代化进程中，成功探索出一条中国式的共同富裕之路。

基于这一目标，本书聚焦中国式共同富裕的理论与实践主题，组织中共中央党校（国家行政学院）经济学教研部的骨干教师力量，对这一问题进行了系统研究，形成了《中国式共同富裕：理论、实践与政策选择》一书，以期为社会各界人士思考、分析与解读共同富裕提供新的研究框架。

全书共分为理论篇、实践篇、案例篇与政策篇四大部分，其中理论篇包括第一、二、三章，实践篇包括第四、五、六、七章，案例篇包括第八章，政策篇包括第九、十章。从四大部分的内容与关系看，本书的整体架构呈现理论逻辑、历史逻辑、现实逻辑与政策逻辑四大逻辑高度统一的特征。

在理论逻辑上，第一章对共同富裕的理论来源进行了全面梳理，回顾了马克思、恩格斯关于共同富裕的理论设想，从理论层面揭示了资本主义私有制的内在矛盾和弊端，并说明了未来社会追求共同富裕的必要性和原因。在此基础上，本书还提出了实行生产资料公有制是共同富裕的制度前提；大力发展生产力，创造更多使用价值是实现共同富裕的物质基础；建立公平正义的分配方式，充分体现劳动所得是共同富裕的坚实保障；需要分阶段逐步实现共同富裕。

在历史逻辑上，第二章对新中国成立以来中国共产党对共同富裕的探索历程进行了梳理与回顾。本书将新中国成立以来中国共产党探索共同富裕历程分为三个阶段，分别为1949—1978年的社会主义革命和建设时期的初步探索阶段、1978—2012年社会主义现代化建设时期的深入探索阶段、2012年以来的全面建成小康社会以及全面开启建设社会主义现代化强国的新发展阶段。在此基础上，第三章对新时代共同富裕思想进行了全面梳理与科学归纳，认为习近平总书记关于共同富裕的重要论述从经济社会发展的多个层面精准解答了“为什么要实现共同富裕”“实现什么样的共同富裕”以及“怎样实现共同富裕”的时代之问。

在现实逻辑上，第四章至第七章分别从中国式共同富裕的区域协调发展实践、中国式共同富裕的城乡融合发展实践、中国式共同富裕的产业协同发展实践、中国式共同富裕的收入分配制度实践展开研究。每章都按照各个领域对实现共同富裕目标的重要意义、当前已经取得的主要进展与面临的主要挑战、未来按照共同富裕目标推进相关工作的建议这一结构展开。在撰写过程中，本书利用大量翔实的数据、案例、资料佐证相关论点，保障了可读性；同时强调运用学术理论框架阐释相关命题，增强了学理性。

在政策逻辑上，本书在第八章以浙江省为案例研究对象，从总体情况、历史脉络、重点难点、经典案例、经验启示等方面介绍了浙江省高质量发展建设共同富裕示范区的经验。为了给其他地区的共同富裕工作提供借鉴参考，本书第九章基于共同富裕目标的内涵，从经济发展、社会结构、居民收入与财产、公共产品可及性、人民生活质量、收入分配公平度和生命健康七个方面，设计了能够衡量共同富裕目标的指标体系。在此基础上，根据习近平总书记提出的“鼓励勤劳创新致富，坚持基本经济制度，尽力而为量力而行，坚持循序渐进”[①]的共同富裕原则，在第十章提出了包括加快构建高水平社会主义市场经济体制、进一步解放和发展社会生产力、提升区域经济发展的平衡性和协调性、深化分配制度改革、全面推进乡村振兴战略、促进更加充分的就业、实现基本公共服务均等化等政策建议。

本书由中共中央党校（国家行政学院）经济学教研部副主任张青教授与蔡之兵副教授共同主编。在写作过程中，张青教授、蔡之兵副教授与编辑老师进行了多次沟通，确立了全书框架。其中，第一、二章由李鹏教授和董超博士主笔，第三章由施红教授和吴静博士主笔，第四至七章由蔡之兵副教授主笔，第八章由汪彬副教授、李志斌讲师主笔，第九章由高惺惟教授主笔，第十章由王钺讲师主笔。此外，郭雅媛博士还为本书搜集整理了大量前期资料，在此一并表示感谢！

① 习近平：《扎实推进共同富裕》，《求是》2021年第20期。

目录 MULU

理论篇

政策篇

理论篇

第一章
共同富裕的理论之源
——马克思主义关于共同富裕的设想

马克思主义唯物史观认为，“人们为了能够‘创造历史’，必须能够生活”[①]，如何实现人民生活富裕就成为马克思主义的一个基本理论问题。

一、马克思主义关于共同富裕思想的主要内涵

马克思、恩格斯虽未明确提出“共同富裕”的概念，但在对资本主义生产方式的分析、对资本主义制度基本矛盾和灭亡趋势的揭示、对未来共产主义社会基本特征的描绘中，多次分析到社会生产、财富分配、人的发展等相关问题，已蕴含丰富的共同富裕理念。马克思、恩格斯认为，未来共产主义社会将消除阶级之间的差别，全体劳动者将居于平等地位，物质财富极大丰富，人们精神境界极大提高，实现每个人自由而全面的发展。这正是马克思、恩格斯消灭剥削、消除两极分化，使广大无产阶级获得解放，从而实现人人平等的共同富裕社会思想的体现。共同富裕是实现社会生产力水平高度发达、全体人民共享发展成果、实现人的自由而全面发展的社会状态。具体而言，马克思、恩格斯共同富裕思想主要包括以下含义：

---

① 马克思、恩格斯：《德意志意识形态》（节选本），人民出版社 2018 年版，第 23 页。

（一）社会生产力水平高度发达，物质财富极大丰富

共同富裕首先要求实现“富裕”，是生产力先进、社会财富丰裕的发展状态。

马克思认为，先进的生产力是创造更多使用价值、提供更多的物质财富、实现共同富裕的经济基础。“……去发展社会生产力，去创造生产的物质条件；而只有这样的条件，才能为一个更高级的、以每一个个人的全面而自由的发展为基本原则的社会形式建立现实基础。”①

生产力决定生产关系，生产力是社会发展的决定力量。物质财富的丰富是共同富裕社会的重要特征，通过发展生产力，创造出能够满足人民需要的物质财富，也为社会的整体进步奠定了前提条件。“生产力的这种发展（随着这种发展，人们的世界历史性的而不是地域性的存在同时已经是经验的存在了）之所以是绝对必需的实际前提，还因为如果没有这种发展，那就只会有贫穷、极端贫困的普遍化；而在极端贫困的情况下，必须重新开始争取必需品的斗争，全部陈腐污浊的东西又要死灰复燃。”②

马克思、恩格斯进一步提出，在共产主义社会中，生产力将获得极大发展，“社会生产力的发展将如此迅速，以致尽管生产将以所有人的富裕为目的，所有的人的可以自由支配的时间还是会增加”③。因此，在未来共同富裕社会中，社会生产力将高度发达，经济发展将能够物尽其用、人尽其才，社会总体物

① 马克思：《资本论》第1卷，人民出版社2018年版，第683页。
②《马克思恩格斯文集》第1卷，人民出版社2009年版，第538页。
③《马克思恩格斯文集》第8卷，人民出版社2009年版，第200页。

质财富将更加丰富。

（二）分配机制公平完善，全体人民共享发展成果

共同富裕同样强调“共同”，是具有公平完善的分配机制、能够保障全体人民共同享有劳动成果的发展模式，即不是少部分人、少部分群体的富裕，而是要实现全社会人民共同富裕。

马克思指出，在资本主义制度中，资本家通过无偿占有工人劳动所创造的剩余价值，积累了大量社会财富，而广大无产阶级却日益贫困。共产主义的奋斗目标是消灭剥削和两极分化，为全体人民谋利益，促进全体人民共同富裕。“过去的一切运动都是少数人的，或者为少数人谋利益的运动。无产阶级的运动是绝大多数人的、为绝大多数人谋利益的独立的运动。”①

未来社会在资本主义制度灭亡、进入共产主义初级阶段时，将实行按劳分配的形式，每个人凭借自己的劳动贡献参与社会产品的分配；而当进入共产主义高级阶段时，分配方式将实现“各尽所能，按需分配”，充分保障所有人实现自我发展。“代替那存在着阶级和阶级对立的资产阶级旧社会的，将是这样一个联合体，在那里，每个人的自由发展是一切人的自由发展的条件。”②

因此，共同富裕意味着消除阶级之间、群体之间和不同劳动之间的差别，广大无产阶级彻底获得解放，能够公平参与社会财富分配，充分享受社会发展成果，实现全体人民共同发展。

（三）精神境界极大提高，实现人的自由而全面发展

共同富裕不仅追求物质方面的富裕，同时也注重人们精神

---

①《马克思恩格斯文集》第2卷，人民出版社2009年版，第42页。

②《马克思恩格斯文集》第2卷，人民出版社2009年版，第53页。

层面的富足，在物质文明与精神文明的同步提高中实现人的自由而全面发展。

在共产主义阶段，劳动将成为满足人们需要的手段，在通过劳动致富的过程中，经济社会也将以人的自由、全面发展为归宿。“在共产主义社会里，已经积累起来的劳动只是扩大、丰富和提高工人的生活的一种手段。”[①]“共产主义是对私有财产即人的自我异化的积极的扬弃，因而是通过人并且为了人而对人的本质的真正占有；因此，它是人向自身、也就是向社会的即合乎人性的人的复归。”[②]

在共同富裕社会中，人们将真正成为自己的主人，实现每个人的平等。人们能够自主地能动地创造自己的历史，完成向自由王国的飞跃。“通过社会化生产，不仅可能保证一切社会成员有富足的和一天比一天充裕的物质生活，而且还可能保证他们的体力和智力获得充分的自由的发展和运用。”[③]人们将摆脱资本主义时代的人身依附关系，“人们周围的、至今统治着人们的生活条件，现在受人们的支配和控制，人们第一次成为自然界的自觉的和真正的主人，因为他们已经成为自身的社会结合的主人了。人们自己的社会行动的规律，这些一直作为异己的、支配着人们的自然规律而同人们相对立的规律，那时就将被人们熟练地运用，因而将听从人们的支配。人们自身的社会结合一直是作为自然界和历史强加于他们的东西而同他们相对立的，现在则变成他们自己的自由行动了”[④]。未来社会发展将是自由

①《马克思恩格斯文集》第2卷，人民出版社2009年版，第46页。
②《马克思恩格斯文集》第1卷，人民出版社2009年版，第185页。
③《马克思恩格斯文集》第9卷，人民出版社2009年版，第299页。
④《马克思恩格斯文集》第9卷，人民出版社2009年版，第300页。

人联合体的形式，“无产阶级将取得公共权力……随着社会生产的无政府状态的消失，国家的政治权威也将消失。人终于成为自己的社会结合的主人，从而也就成为自然界的主人，成为自身的主人——自由的人”[①]。

共同富裕社会将满足人们在科、教、文、娱等方面多样化的需求，全面提升劳动者素质，实现人的综合全面发展。“在所有的人实行明智分工的条件下，不仅生产的东西可以满足全体社会成员丰裕的消费和造成充足的储备，而且使每个人都有充分的闲暇时间去获得历史上遗留下来的文化——科学、艺术、社交方式等等——中一切真正有价值的东西；并且不仅是去获得，而且还要把这一切从统治阶级的独占品变成全社会的共同财富并加以进一步发展。”[②]“一个新的社会制度是可能实现的，在这个制度之下，当代的阶级差别将消失；而且在这个制度之下——也许在经过一个短暂的、有些艰苦的、但无论如何在道义上很有益的过渡时期以后，——通过有计划地利用和进一步发展一切社会成员的现有的巨大生产力，在人人都必须劳动的条件下，人人也都将同等地、愈益丰富地得到生活资料、享受资料、发展和表现一切体力和智力所需的资料。”[③]

因此，共同富裕社会将实现人们精神境界极大提高，在“自由人联合体”的社会中，人类将成为自己的主人，实现每个人自由而全面的发展。

①《马克思恩格斯文集》第3卷，人民出版社2009年版，第566页。
②《马克思恩格斯文集》第3卷，人民出版社2009年版，第258页。
③《马克思恩格斯文集》第1卷，人民出版社2009年版，第710页。

二、社会主义制度推动共同富裕的原因：资本主义制度的内在缺陷

马克思、恩格斯通过对资本主义生产方式的批判，揭露资本主义私有制的内在矛盾和弊端，并阐明了重新建立个人所有制的趋势，说明了未来社会追求共同富裕的必要性和原因。

（一）商品经济下的拜物教和资本主义制度下劳动的异化

马克思、恩格斯通过对拜物教和资本主义生产关系下劳动性质的分析，阐明了资本主义经济下人与物关系的颠倒、劳动异化和人不能充分自由发展的现象，说明只有消灭资本主义制度、实现共同富裕，才能使劳动和经济发展满足人们的需要。

商品经济下滋生拜物教，产生人和物关系的颠倒。劳动是满足人们需要的手段，是生产产品、创造社会财富的重要源泉。“劳动过程……是制造使用价值的有目的的活动，是为了人类的需要而对自然物的占有，是人和自然之间的物质变换的一般条件，是人类生活的永恒的自然条件。”[①]但在商品经济中，由于私人劳动与社会劳动的矛盾，商品则带上了拜物教性质，即人们对商品物本身所具有的宗教般的崇拜观念，商品歪曲地成为支配人的力量，并逐渐发展为货币拜物教、资本拜物教等，使货币、资本成为统治人的手段。“只有当社会生活过程即物质生产过程的形态，作为自由联合的人的产物，处于人的有意识有计划的控制之下的时候，它才会把自己神秘的纱幕揭掉。”[②]因此，只有在追求共同富裕的自由人联合体的社会中，才能使人

① 马克思：《资本论》第1卷，人民出版社2018年版，第215页。
② 马克思：《资本论》第1卷，人民出版社2018年版，第97页。

回归主体地位。

资本主义经济下劳动性质发生扭曲。劳动原本是满足人们需要、使人获得幸福感的方式，但在资本主义制度下，劳动却成为剥削的手段。劳动者通过将自己的劳动力与生产资料相结合，创造出新产品，但资本主义生产关系下的工人劳动却隶属于资本家。“产品是资本家的所有物，而不是直接生产者工人的所有物。”[①] 资本家通过购买到劳动力这种特殊商品，无偿占有工人的剩余劳动，获取大量剩余价值，而劳动者得到的“工资”只有“劳动力价值”，仅仅是维持自身生存的最低限度。“资本由于无限度地盲目追逐剩余劳动，像狼一般地贪求剩余劳动，不仅突破了工作日的道德极限，而且突破了工作日的纯粹身体的极限。它侵占人体的成长、发育和维持健康所需要的时间。它掠夺工人呼吸新鲜空气和接触阳光所需要的时间。”[②] 可见，资本主义制度下的劳动转变为压迫和剥削工人的手段，不再是满足人们需要、使人追求幸福的方式。“工人生产的财富越多，他的生产的影响和规模越大，他就越贫穷。工人创造的商品越多，他就越变成廉价的商品……劳动所生产的对象，即劳动的产品，作为一种异己的存在物，作为不依赖于生产者的力量，同劳动相对立。”[③] “劳动对工人来说是外在的东西，也就是说，不属于他的本质；因此，他在自己的劳动中不是肯定自己，而是否定自己，不是感到幸福，而是感到不幸，不是自由地发挥自己的体力和智力，而是使自己的肉体受折磨、精神遭

① 马克思：《资本论》第 1 卷，人民出版社 2018 年版，第 216 页。
② 马克思：《资本论》第 1 卷，人民出版社 2018 年版，第 306 页。
③《马克思恩格斯文集》第 1 卷，人民出版社 2009 年版，第 156—157 页。

摧残。”[①]只有消灭私有制、使社会产品的分配充分体现对劳动的尊重，才能使每个人公平地享受发展机遇和发展成果。“资本家对这种劳动的异己的所有制，只有通过他的所有制改造为非孤立的单个人的所有制，也就是改造为联合起来的、社会的个人的所有制，才可能被消灭。”[②]

因此，只有在追求共同富裕的共产主义社会中，才能克服拜物教、消灭劳动异化，使人性回归，从而尊重劳动的价值与地位，实现人的自由、全面发展。

（二）资本主义剥削制度造成严重的两极分化

马克思、恩格斯通过对资本主义剥削制度进行深入阐述，分析了资本主义制度造成严重的两极分化现象，说明了只有实现共产主义和共同富裕，才能保障每个人的充分发展。

资本主义发展通过将劳动力变为商品，在剩余价值生产的过程中造成无产阶级的日益贫困。恩格斯指出：“工人阶级处境悲惨的原因不应当到这些小的弊病中去寻找，而应当到资本主义制度本身去寻找。”[③]通过资本的原始积累，资本主义生产方式得以建立；通过对生产资料的私人垄断，资本所有者将劳动力变成商品，通过对工人的剥削无偿占有剩余价值，并在对剩余价值的无限追求中，资本家不断提高科学技术水平和生产效率，资本主义社会生产力得到迅速发展。正如马克思指出的：“资产阶级在它不到一百年的阶级统治中所创造的生产力，比过去一切时代创造的全部生产力还要多、还要大。自然力的征服，

①《马克思恩格斯文集》第1卷，人民出版社2009年版，第159页。
②《马克思恩格斯文集》第8卷，人民出版社2009年版，第386页。
③《马克思恩格斯文集》第1卷，人民出版社2009年版，第368页。

机器的采用……仿佛用法术从地下呼唤出来的大量人口——过去哪一个世纪能够料想到有这样的生产力潜伏在社会劳动里呢？”[①]但与此同时，资本家为保持在激烈的市场竞争中的优势地位，通过绝对剩余价值生产和相对剩余价值生产方式不断提高对劳动力的剥削程度，广大劳动者的生存状况却愈加严峻。

在剩余价值内在规律和资本主义竞争规律的支配中，资本家不断加强资本积累，将越来越多的财富集聚在自己手中，形成垄断资本的统治，进一步加剧了两极分化现象。伴随着生产技术的进步，资本积聚、资本集中趋势不断加强，资本有机构成逐渐提高，与此同时产生大量相对过剩人口，这成为资本进一步加深对劳动剥削的手段。“一方面是资本家，另一方面是雇佣工人。同样，规模扩大的再生产或积累再生产出规模扩大的资本关系：一极是更多的或更大的资本家，另一极是更多的雇佣工人。劳动力必须不断地作为价值增殖的手段并入资本，不能脱离资本，它对资本的从属关系只是由于它时而卖给这个资本家，时而卖给那个资本家才被掩盖起来。劳动力的再生产始终是资本本身再生产的一个因素。资本的积累意味着无产阶级的增加。”[②]在资产阶级越来越富有的同时，无产阶级却深陷失业、贫困、生活水平下降的泥潭。

因此，资本主义生产方式不仅造成劳动力受资本剥削的程度不断加深，而且造成了财富差距在资产阶级和无产阶级间的日益扩大，这强烈要求着无产阶级掌握政权，在对共产主义的追求中实现共同富裕。

①《马克思恩格斯文集》第2卷，人民出版社2009年版，第36页。
② 马克思:《资本论》第1卷，人民出版社2018年版，第708—709页。

（三）资本主义生产方式内在矛盾推动经济危机产生

马克思、恩格斯通过对资本主义基本矛盾的分析，得出了正是资本主义生产的社会化与生产资料的私人占有之间的矛盾构成了资本主义经济危机的根源的结论，只有以共同富裕为发展目标，才能变革资本主义生产关系的种种弊端，实现经济健康发展；同时，资本主义生产力的发展又为这种变革准备了条件。

剩余价值规律和资本积累的历史趋势产生了资本主义对抗性的矛盾，酝酿了资本主义经济危机。不断追求价值增殖是资本家活动的唯一目的和动机。随着机器大工业时代的发展，资本家不断加强资本积累，生产规模日益扩大，生产的社会化程度增加，社会分工协作方式不断发展，这种趋势越来越要求全社会成员共同占有生产资料；但与此同时，无产阶级的贫困却不断积累，由此带来资本主义的基本矛盾——生产的社会化与生产资料私人占有之间的矛盾不断加深，生产的无限扩大与劳动人民有限的支付能力、消费市场的狭小之间的矛盾日益凸显。“社会化生产和资本主义占有之间的矛盾表现为个别工厂中生产的组织性和整个社会中生产的无政府状态之间的对立。”[①] 这种生产关系带来严重的生产过剩，由此造成资本主义经济危机，制约着生产力的进一步发展。

商业资本、借贷资本和信用制度的发展加剧了资本主义经济危机的可能。随着资本主义经济的进一步发展，销售商品的活动从产业资本中逐渐独立出来，成为商业资本。商业资本加快了产业资本周转和社会再生产的速度，但其相对独立性却在

①《马克思恩格斯文集》第9卷，人民出版社2009年版，第290页。

一定程度上造成买空卖空和投机交易，加大了资本主义经济危机的可能。同样，在产业资本和商业资本周转过程中部分闲置货币转化为借贷资本，并发展形成资本主义信用制度。信用制度一方面加速了资本转移，促进了社会化生产；但另一方面，信用加深了少数资本家支配大量公众财富和资本家集团共同剥削劳动力、瓜分剩余价值的程度，使得资本主义基本矛盾进一步加深，造成严重的生产过剩与过度投机，加剧了生产的社会化与生产资料私人占有之间的矛盾。“这种危机之所以越来越频繁和剧烈，就是因为随着产品总量的增加，亦即随着对扩大市场的需要的增长，世界市场变得日益狭窄了，剩下可供榨取的新市场日益减少了。”①

资本主义生产力的发展和内在弊端也为新的社会形态和实现共同富裕提供了物质条件，并造就了无产阶级这一生力军。“生产资料的集中和劳动的社会化，达到了同它们的资本主义外壳不能相容的地步。这个外壳就要炸毁了。资本主义私有制的丧钟就要敲响了。剥夺者就要被剥夺了。”②“赋予新的生产方式以资本主义性质的这一矛盾，已经包含着现代的一切冲突的萌芽……社会化生产和资本主义占有的不相容性，也必然越加鲜明地表现出来。”③“它在使生产过程的物质条件和社会结合成熟的同时，也使生产过程的资本主义形式的矛盾和对抗成熟起来，因此也同时使新社会的形成要素和旧社会的变革要素成熟起来。”④

①《马克思恩格斯文集》第1卷，人民出版社2009年版，第742页。
② 马克思：《资本论》第1卷，人民出版社2018年版，第874页。
③《马克思恩格斯文集》第3卷，人民出版社2009年版，第551页。
④ 马克思：《资本论》第1卷，人民出版社2018年版，第576页。

因此，资本主义的内在矛盾和弊端决定了它必然灭亡，会被新的社会形态取代——建立社会主义、共产主义制度。推进共同富裕是历史的必然趋势。只有以共同富裕为目标，实行生产资料公有制，由全体人民共同占有生产资料、统一调节生产与分配，才能从根源上消除经济危机，实现经济持续健康发展。

（四）人类社会发展的趋势是“重新建立个人所有制”

马克思、恩格斯通过对人类社会发展规律的认识，分析了未来社会进入共产主义、重新建立个人所有制、实现共同富裕的必然趋势。

人类社会发展是由低级阶段向高级阶段逐渐递进的过程。随着社会生产力的发展，社会形式将经历人的依赖关系、物的依赖关系到自由人联合体形式的转变，共同富裕社会终将实现。“人的依赖关系（起初完全是自然发生的），是最初的社会形式，在这种形式下，人的生产能力只是在狭小的范围内和孤立的地点上发展着。以物的依赖性为基础的人的独立性，是第二大形式，在这种形式下，才形成普遍的社会物质交换、全面的关系、多方面的需要以及全面的能力的体系。建立在个人全面发展和他们共同的、社会的生产能力成为从属于他们的社会财富这一基础上的自由个性，是第三个阶段。第二个阶段为第三个阶段创造条件。”①

资本主义社会以无偿占有工人生产的剩余价值为核心，使生产力水平得到提高，却造成无产阶级日益贫困等社会矛盾。因此，建立新的生产方式、新的社会形态是历史的必然。随着资本主义经济的发展，股份公司、垄断机构、国家组织等得到

①《马克思恩格斯文集》第8卷，人民出版社2009年版，第52页。

发展，生产的社会化进一步加强，但并没有从根本上改变生产的资本属性。“当人们按照今天的生产力终于被认识了的本性来对待这种生产力的时候，社会的生产无政府状态就让位于按照社会总体和每个成员的需要对生产进行的社会的有计划的调节……一方面由社会直接占有，作为维持和扩大生产的资料，另一方面由个人直接占有，作为生活资料和享受资料。”[①] 此时，“社会成为全部生产资料的主人，可以在社会范围内有计划地利用这些生产资料的时候，社会就消灭了迄今为止的人自己的生产资料对人的奴役……因此，旧的生产方式必须彻底变革，特别是旧的分工必须消灭。代替它们的应该是这样的生产组织：在这样的组织中，一方面，任何个人都不能把自己在生产劳动这个人类生存的必要条件中所应承担的部分推给别人；另一方面，生产劳动给每一个人提供全面发展和表现自己的全部能力即体能和智能的机会，这样，生产劳动就不再是奴役人的手段，而成了解放人的手段，因此，生产劳动就从一种负担变成一种快乐”[②]。

马克思提出“两个必然”观点，认为资本主义发展的内在过程已决定它必然灭亡，未来社会将在资本主义社会化程度极大发展的基础上重新建立个人所有制。“资产阶级无意中造成而又无力抵抗的工业进步，使工人通过结社而达到的革命联合代替了他们由于竞争而造成的分散状态……它首先生产的是它自己的掘墓人。资产阶级的灭亡和无产阶级的胜利是同样不可避

①《马克思恩格斯文集》第9卷，人民出版社2009年版，第296页。
②《马克思恩格斯文集》第9卷，人民出版社2009年版，第310–311页。

免的。”[①]“资本主义生产由于自然过程的必然性，造成了对自身的否定。这是否定的否定。这种否定不是重新建立私有制，而是在资本主义时代的成就的基础上，也就是说，在协作和对土地及靠劳动本身生产的生产资料的共同占有的基础上，重新建立个人所有制。”[②]

由此可见，资本主义制度的弊端已成为社会经济发展的桎梏。只有在以共同富裕为目标的社会形态中，才能保障人的自我实现、消除两极分化和经济健康持续发展。1848 年在《共产党宣言》中，马克思和恩格斯阐述共产党人的性质和宗旨时，强调“无产阶级的运动是绝大多数人的，为绝大多数人谋利益的独立运动”，共产党是无产阶级的政党，“他们没有任何同整个无产阶级的利益不同的利益；在无产阶级和资产阶级的斗争所经历的各个发展阶段，共产党人始终代表整个运动的利益”[③]。这清楚地表明，共产党人的政治和历史责任就是要为整个无产阶级、现代劳动人民争取利益和谋取福利。

三、推动共同富裕的初步设想：社会主义的实现条件及机制

建立在发达生产力基础上的社会主义，发展生产就是满足劳动人民的要求。1847 年，恩格斯在《共产主义原理》中提出未来新社会的主要特征是：生产不仅“必须大大扩大，而且超出社会当前需要的生产过剩不但不会引起贫困，而且将保证满

①《马克思恩格斯文集》第 2 卷，人民出版社 2009 年版，第 43 页。

② 马克思：《资本论》第 1 卷，人民出版社 2018 年版，第 874 页。

③ 马克思、恩格斯：《共产党宣言》，人民出版社 2018 年版，第 50、52 页。

足所有人的需要；由社会全体成员组成的共同联合体来共同地和有计划地利用生产力，把生产发展到能够满足所有人的需要的规模”①。恩格斯在《反杜林论》“社会主义”篇中，指出：“社会阶级的消灭是以生产高度发展的阶级为前提的。生产资料由社会占有，通过社会化生产，不仅可能保证一切社会成员有富足的和一天比一天充裕的物质生活，而且还可能保证他们的体力和智力获得充分的自由的发展和运用。”②“无产阶级将利用自己的政治统治，把一切生产工具集中在国家即组织成为统治阶级的无产阶级手里，并且尽可能地增加生产力的总量。”③到那时（未来社会），“社会生产力的发展将如此迅速，以致尽管生产将以所有的人富裕为目的，所有人的可以自由支配的时间还是会增加。因为真正的财富就是所有工人的发达的生产力”④。

（一）建立社会主义制度，实行生产资料公有制是共同富裕的制度前提

马克思、恩格斯认为，资本主义剥削制度是造成无产阶级贫困、财富两极分化的根本原因。只有通过无产阶级的联合，进行暴力革命，推翻资产阶级统治，建立无产阶级掌握政权的社会主义制度，才能由广大劳动人民掌握生产资料，合理进行社会化生产和财富分配，推进生产力快速发展，实现共同富裕。

要通过无产阶级革命推翻资本主义统治，建立社会主义制度。“在资本主义社会和共产主义社会之间，有一个从前者变为后者的革命转变时期。同这个时期相适应的也有一个政治上的

①《马克思恩格斯文集》第1卷，人民出版社2009年版，第688-689页。

② 恩格斯：《反杜林论》，人民出版社2018年版，第305页。

③ 马克思、恩格斯：《共产党宣言》，人民出版社2018年版，第60页。

④《马克思恩格斯文集》第8卷，人民出版社2009年版，第200页。

过渡时期，这个时期的国家只能是无产阶级的革命专政。”[①]只有无产阶级建立政权，才能消除生产资料私人占有，重新合理配置生产资源，更好地解放发展生产力，增加社会财富。“把脱离资产阶级掌握的社会化生产资料变为公共财产。通过这个行动，无产阶级使生产资料摆脱了它们迄今具有的资本属性，使它们的社会性质有充分的自由得以实现。从此按照预定计划进行的社会生产就成为可能的了。”[②]

实行生产资料公有制的经济制度，消灭私有制。生产决定分配，生产资料所有制的性质在生产关系中居于核心地位，决定着人们在社会生产和分配中的地位和关系。“消费资料的任何一种分配，都不过是生产条件本身分配的结果，而生产条件的分配，则表现生产方式本身的性质。”[③]“分配关系和分配方式只是表现为生产要素的背面……分配的结构完全决定于生产的结构。分配本身是生产的产物。”[④]社会主义经济发展以生产资料公有制为基础，全体人民共同占有生产资料，有计划地进行生产，为分配环节的公平奠定了基础。“这种新的社会制度首先必须剥夺相互竞争的个人对工业和一切生产部门的经营权，而代之以所有这些生产部门由整个社会来经营，就是说，为了共同的利益、按照共同的计划、在社会全体成员的参加下来经营。这样，这种新的社会制度将消灭竞争，而代之以联合……代之以共同使用全部生产工具和按照共同的协议来分配全部产

①《马克思恩格斯文集》第3卷，人民出版社2009年版，第445页。
②《马克思恩格斯文集》第3卷，人民出版社2009年版，第566页。
③《马克思恩格斯文集》第3卷，人民出版社2009年版，第436页。
④《马克思恩格斯文集》第8卷，人民出版社2009年版，第19页。

品。”①

因此，消灭资本主义私有制，建立无产阶级专政的社会主义制度，实行生产资料公有制的经济制度是共同富裕的制度前提。

（二）大力发展生产力，创造更多使用价值是实现共同富裕的物质基础

共同富裕的实现需建立在生产力高度发达、全体人民拥有更多物质财富即使用价值的基础上。“建立共产主义实质上具有经济的性质，这就是为这种联合创造各种物质条件，把现存的条件变成联合的条件。”②

共同富裕社会要求创造更多使用价值，以满足人们需要为目的。“由社会全体成员组成的共同联合体来共同地和有计划地利用生产力；把生产发展到能够满足所有人的需要的规模。”③“使人们能够建立这样一种社会制度，在这种社会制度下，一切生活必需品都将生产得很多，使每一个社会成员都能够完全自由地发展和发挥他的全部力量和才能。”④

要以发展生产力为中心，创造共同富裕的物质基础。“更多的使用价值本身就是更多的物质财富……不管生产力发生了什么变化，同一劳动在同样的时间内提供的价值量总是相同的。但它在同样的时间内提供的使用价值量是不同的：生产力提高时就多些，生产力降低时就少些。”⑤社会主义通过技术和创新、

①《马克思恩格斯文集》第1卷，人民出版社2009年版，第683页。
②《马克思恩格斯文集》第1卷，人民出版社2009年版，第574页。
③《马克思恩格斯文集》第1卷，人民出版社2009年版，第689页。
④《马克思恩格斯文集》第1卷，人民出版社2009年版，第683页。
⑤ 马克思：《资本论》第1卷，人民出版社2018年版，第59—60页。

提升劳动者素质等方面带动劳动生产率提高，在同等时间内创造更多物质财富。马克思指出："劳动生产力是由多种情况决定的，其中包括：工人的平均熟练程度，科学的发展水平和它在工艺上应用的程度，生产过程的社会结合，生产资料的规模和效能，以及自然条件。"[①]

因此，要坚持解放和发展生产力，为创造社会财富、满足人民需要，从而实现共同富裕提供物质基础。

（三）建立公平正义的分配方式，充分体现劳动所得是共同富裕的坚实保障

更加丰富的物质财富是共同富裕的物质基础，而要保障全体社会成员共享发展成果，需要从分配方式上实现变革，保障劳动者公平参与分配的权益。

人民群众是历史的创造者，是历史发展的决定力量，应充分尊重人民群众的主体地位，保障广大劳动者充分享有社会发展成果的权益。"历史活动是群众的活动，随着历史活动的深入，必将是群众队伍的扩大。"[②]"与其说是个别人物，即使是非常杰出的人物的动机，不如说是使广大群众、使整个整个的民族，并且在每一民族中间又是使整个整个阶级行动起来的动机；而且也不是短暂的爆发和转瞬即逝的火光，而是持久的、引起重大历史变迁的行动。"[③]因此，要将无产阶级紧密团结起来，共同参与社会产品分配。"共产主义和所有过去的运动不同的地方在于：它推翻一切旧的生产关系和交往关系的基础，并且第

① 马克思：《资本论》第1卷，人民出版社2018年版，第53页。
②《马克思恩格斯文集》第1卷，人民出版社2009年版，第287页。
③《马克思恩格斯文集》第4卷，人民出版社2009年版，第304页。

一次自觉地把一切自发形成的前提看做是前人的创造，消除这些前提的自发性，使这些前提受联合起来的个人的支配。”①

在消除私有制的基础上，充分保障劳动所得，在鼓励勤劳致富的过程中实现共同富裕。“结束牺牲一些人的利益来满足另一些人的需要的状况；彻底消灭阶级和阶级对立；通过消除旧的分工，通过产业教育、变换工种、所有人共同享受大家创造的福利……使社会全体成员的才能得到全面发展。”②“每一个生产者，在作了各项扣除以后，从社会领回的，正好是他给予社会的。他给予社会的，就是他的劳动量。”③

因此，实现共同富裕要在所有制变革的基础上变革分配方式，保障全体人民公平参与劳动产品的分配，着力缩小收入和发展差距。

（四）共同富裕需分阶段逐步实现

马克思、恩格斯指出，共产主义的实现是一个渐进的过程，需在社会经济发展变革的过程中逐步实现。而共同富裕的实现也是一个分阶段实现的过程，不可能一蹴而就。

未来共产主义社会的共同富裕状态需在资本主义制度灭亡的基础上达到，要经历一个长期过程，在生产关系与生产力无法相容的条件下才能彻底实现无产阶级的胜利。“无论哪一个社会形态，在它所能容纳的全部生产力发挥出来以前，是决不会灭亡的；而新的更高的生产关系，在它的物质存在条件在旧社会的胎胞里成熟以前，是决不会出现的。”④“社会制度中的任何

①《马克思恩格斯文集》第1卷，人民出版社2009年版，第574页。
②《马克思恩格斯文集》第1卷，人民出版社2009年版，第689页。
③《马克思恩格斯文集》第3卷，人民出版社2009年版，第434页。
④《马克思恩格斯文集》第2卷，人民出版社2009年版，第592页。

变化，所有制关系中的每一次变革，都是产生了同旧的所有制关系不再相适应的新的生产力的必然结果。”[①]

共同富裕的推进伴随着生产力的发展进步，只有在生产力水平发展到一定高度才能完全实现。“社会生产关系，是随着物质生产资料、生产力的变化和发展而变化和改变的。”[②]同时，在分配方式上，在共产主义初级阶段，在生产力还不够发达的条件下，劳动依然是作为人们谋生的手段，分配方式依然采用按劳分配的形式；在共产主义高级阶段，社会生产力高度发达，创造集体财富的源泉充分涌流，社会各方面制度更加完善，则实行“各尽所能，按需分配”[③]的原则。

从共产主义初级阶段向高级阶段迈进的过程中，也会遇到曲折与挑战。一方面，要坚定“两个必然”信念，“共产主义是作为否定的否定的肯定，因此，它是人的解放和复原的一个现实的、对下一段历史发展来说是必然的环节”[④]；另一方面，要认识到共同富裕实现的长期性和艰巨性，坚持不懈努力奋斗。“我们这里所说的是这样的共产主义社会，它不是在它自身基础上已经发展了的，恰好相反，是刚刚从资本主义社会中产生出来的，因此它在各方面，在经济、道德和精神方面都还带着它脱胎出来的那个旧社会的痕迹。”[⑤]“但是这些弊病，在经过长久阵痛刚刚从资本主义社会产生出来的共产主义社会第一阶段，是不可避免的。”[⑥]要从思想上、行动上付诸实践，“对异化的扬

①《马克思恩格斯文集》第1卷，人民出版社2009年版，第684页。
②《马克思恩格斯文集》第1卷，人民出版社2009年版，第724页。
③《马克思恩格斯文集》第3卷，人民出版社2009年版，第435—436页。
④《马克思恩格斯文集》第1卷，人民出版社2009年版，第197页。
⑤《马克思恩格斯文集》第3卷，人民出版社2009年版，第434页。
⑥《马克思恩格斯文集》第3卷，人民出版社2009年版，第435页。

弃只有通过付诸实行的共产主义才能完成……历史将会带来这种共产主义运动，而我们在思想中已经认识到的那正在进行自我扬弃的运动，在现实中将经历一个极其艰难而漫长的过程。但是，我们从一开始就意识到了这一历史运动的局限性和目的，并且有了超越历史运动的意识，我们应当把这一点看做是现实的进步”[①]。因此，对实现共同富裕既要保持坚定的信心，又要坚持艰苦奋斗，遵循社会经济发展的客观规律，在实现无产阶级专政和生产力高度发展的基础上分阶段逐步实现。

①《马克思恩格斯文集》第1卷，人民出版社2009年版，第232页。

第二章
共同富裕的中国探索
——新中国成立以来共同富裕思想演进

共同富裕是千百年来人类对于美好生活的向往和追求。在中国古代和西方世界都有关于共同富裕的相关描述，古代中国很早就提出了关于“大同世界”的理想，空想社会主义者也提出过“最完美最和谐的社会制度”的“乌托邦”理想。在马克思主义产生以前，共同富裕只是人类的一种美好想象。现代资本主义是建立在生产资料资本家私人占有、剥削剩余价值基础上的发展方式，有着两极分化的先天弊病。因此，如何实现全体人民共同富裕就成为马克思主义的一个基本理论问题，它是优越于资本主义制度的体现，是无产阶级政党的使命，更是社会主义制度应具有的本质特征。

一、共产党人的初心使命：人民生活富裕

资本主义经济的发展史十分深刻地显示出，资本主义生产方式本身无法克服收入、财富和生活的两极分化，由此产生的有效需求不足、生产相对过剩、人口就业减少等问题会周期性引发系统性经济危机，成为资本主义经济的顽疾。马克思主义的共同富裕思想，是马克思和恩格斯在对资本主义社会深刻剖析和对无产阶级的历史使命客观分析基础上提出来的，有着独

特的本质性规定和科学的理论逻辑。

消除贫困、实现共同富裕是劳动人民的理想，是无产阶级政党的责任。共产党人的政治和历史责任就是要为整个无产阶级、现代劳动人民争取利益和谋取福利。十月革命一声炮响，为中国送来了马克思列宁主义，中国共产党开始用这一先进理论为指导，带着对亿万劳苦大众的深切关怀，带领全国人民艰辛探索救民于水火和过上富裕生活的现代化道路。中国共产党在建党之初，就义无反顾地肩负起中华民族伟大复兴的历史责任，把为中国人民谋幸福、为中华民族谋复兴作为党的初心使命，把促进全体人民共同富裕作为为人民谋幸福的着力点。中国共产党领导建立新中国，彻底结束了旧中国半殖民地半封建社会的历史，建立起人民当家作主的社会主义制度，为实现中华民族伟大复兴、促进全体人民共同富裕创造了根本社会条件。中国共产党带领中国人民建设社会主义的过程也是不断探索实现共同富裕的过程。根据马克思、恩格斯关于未来社会的构想，毛泽东首次提出“共同富裕”的概念，这是马克思主义中国化的一个重大理论创新。邓小平继承毛泽东关于“共同富裕”的概念，创造性地提出“先富带动后富”的实现路径探索，由此，推动形成在社会主义市场经济条件下扎实推进共同富裕的伟大理论和实践进程。

二、初步探索阶段：1949—1978年社会主义革命和建设时期的经验

新民主主义革命时期，中国共产党通过一系列经济政策，改善提高了根据地和解放区劳动人民的生产生活。新中国成立

初期，中国共产党面临稳定国家政权、恢复发展国民经济和抵抗外部压力等艰巨任务。社会主义的理想信念要求，社会主义建设应当尽快提高人民群众生活水平，中国共产党历史性提出走社会主义共同富裕发展道路的目标任务。

新中国成立后，毛泽东就为实现共同富裕进行了不断思考和探索。1953 年 12 月 16 日，中国共产党中央委员会通过《中共中央关于发展农业生产合作社的决议》（以下简称《决议》），毛泽东在《决议》中首倡提出共同富裕，指出："为着进一步地提高农业生产力，党在农村中工作的最根本的任务，就是要善于用明白易懂而为农民所能够接受的道理和办法去教育和促进农民群众逐步联合组织起来，逐步实行农业的社会主义改造，使农业能够由落后的小规模生产的个体经济变为先进的大规模生产的合作经济，以便逐步克服工业和农业这两个经济部门发展不相适应的矛盾，并使农民能够逐步完全摆脱贫困的状况而取得共同富裕和普遍繁荣的生活。"① 自此将共同富裕与社会主义建设紧密地联系在了一起。1955 年 10 月 11 日，在中国共产党第七届中央委员会第六次全体会议论述农业合作化时，毛泽东要求："要巩固工农联盟，我们就得领导农民走社会主义道路，使农民群众共同富裕起来，穷的要富裕，所有农民都要富裕，并且富裕的程度要大大地超过现在的富裕农民。"② 随着合作化运动的发起，中国在广大农村地区开始了对共同富裕道路的理论和实践探索。

① 中共中央文献研究室编：《建国以来重要文献选编》第 4 册，中央文献出版社 1993 年版，第 661—662 页。

② 中共中央文献研究室编：《建国以来重要文献选编》第 7 册，中央文献出版社 2011 年版，第 308 页。

在基础薄弱、发展条件有限的情况下，我国20世纪50—60年代试图在短时间内实现较低水平共同富裕。这一目标最终没有实现，而且实践探索过程中一直存在认识误区：彻底消灭了生产资料的私有制，形成“一大二公”的生产方式，严重挫伤了劳动者的生产积极性；把公平视为平均，把平均主义分配当作了按劳分配。尽管有前述问题和误区，但是这一阶段仍然为走中国特色社会主义共同富裕道路留下了宝贵的经验：第一，社会主义制度是实现共同富裕的制度基础；第二，发展生产力是逐步实现共同富裕的经济前提；第三，农业合作化是实现农民共同富裕的有效途径；第四，按劳分配有利于实现共同富裕；第五，实现共同富裕是一个长期过程。

三、深入探索阶段：1978—2012年社会主义现代化建设时期的主要理论成果

1978年改革开放以后，我国逐渐深化对社会主义的理论认识，党的十三大“中国正处于并将长期处于社会主义初级阶段”的论断明确了追求共同富裕的历史前提，党的十四大提出“社会主义市场经济体制”的改革方向明确了实现共同富裕发展道路新的制度基础，邓小平同志“以先富带后富，最终实现共同富裕”的思想明确了共同富裕的实现路径，中国共产党领导的社会主义共同富裕事业进入深化探索阶段，取得了一系列的重大理论成果。

（一）社会主义的特点不是穷而是富，共同富裕是社会主义的本质特征

改革开放伊始，对“什么是社会主义、怎样建设社会主义”

等一些基本问题，中国共产党和社会各界都存在认识上的模糊以及实践上的偏差。“过去搞平均主义，吃‘大锅饭’，实际上是共同落后，共同贫穷，我们就是吃了这个亏。”①邓小平在1978年12月13日《解放思想，实事求是，团结一致向前看》这篇重要讲话中，提出先富带后富、最终实现共同富裕的思想，指出，“要允许一部分地区、一部分企业、一部分工人农民，由于辛勤努力成绩大而收入先多一些，生活先好起来。这样，就会使整个国民经济不断地波浪式地向前发展，使全国各族人民都能比较快地富裕起来”②；“鼓励一部分地区、一部分人先富裕起来，也正是为了带动越来越多的人富裕起来，达到共同富裕的目的”③。

1992年，邓小平在南方谈话中指出：“社会主义的本质就是解放生产力、发展生产力，消灭剥削、消除两极分化，最终达到共同富裕。”这一提法标志着中国特色社会主义共同富裕已经不再局限于经典理论和传统道路的束缚，创造性开启在社会主义本质、社会主义初级阶段和社会主义市场经济的政治、社会和经济三大前提和条件下，深入探索共同富裕的新时期。

（二）解放和发展生产力是实现共同富裕的根本途径

社会主义的本质表明，大力发展生产力是实现共同富裕的根本途径。邓小平1984年在《建设有中国特色的社会主义》谈话中指出：“什么叫社会主义，我们过去对这个问题的认识不是完全清醒的。社会主义阶段的最根本任务就是发展生产力，社

①《邓小平文选》第3卷，人民出版社1993年版，第155页。
②《邓小平文选》第2卷，人民出版社1993年版，第152页。
③《邓小平文选》第3卷，人民出版社1993年版，第142页。

会主义的优越性归根到底要体现在它的生产力比资本主义发展得更快一些、更高一些，并且在发展生产力的基础上不断改善人民的物质生活。”[①] 实现生产力快速发展和赶超，就要使用能够解放和发展生产力的有效方法，中国特色社会主义的改革开放实践已经证明，计划和市场不是社会主义与资本主义的根本区别，都是发展生产力的手段，解放和发展生产力是增强物质基础、实现共同富裕的根本途径。

（三）坚持公有制和按劳分配占主体是实现共同富裕的根本性制度保障

改革开放初期，随着先富带后富社会效应扩大，收入分配差距扩大等资本主义社会相似问题开始显现，邓小平提醒：“如果走资本主义道路，可以使中国百分之几的人富裕起来，但是绝对解决不了百分之九十几的人生活富裕问题”[②]；“一个公有制占主体，一个共同富裕，这是我们必须坚持的社会主义的根本原则。我们就是要坚决执行和实现这些社会主义的原则”[③]。20世纪 90 年代后随着国内市场经济建立发展起来，结合国际经验和教训，中国必须坚持公有制和按劳分配的主体性原则，这是从根本上防止贫富过大失控的制度条件，是实现共同富裕的根本性制度保障。

（四）社会保障制度是促进共同富裕的关键性制度手段

从 20 世纪各国的实践来看，无论是市场经济体制还是计划经济体制，国家建立完备的以提供公共服务为核心的社会保障

①《邓小平文选》第 3 卷，人民出版社 1993 年版，第 63 页。
②《邓小平文选》第 3 卷，人民出版社 1993 年版，第 64 页。
③《邓小平文选》第 3 卷，人民出版社 1993 年版，第 111 页。

体系，是任何现代社会的一项重要制度构成，它既是收入再分配的实现手段，更是促进人民全面发展必不可少的制度条件。我国在计划经济时期建立的平均主义城乡二元福利体系，尽管物质水平较低，但是发挥着保持社会稳定、提高人口素质和坚守共产主义信仰的基础性作用，作出了重要的历史贡献。

改革开放双轨制过渡时期，社会保障制度大量空白产生很多经济、社会和政治问题，教训深刻。党的十四届三中全会通过《中共中央关于建立社会主义市场经济体制若干问题的决定》后，我国着手建立多层次社会保障体系。2006 年，胡锦涛在庆祝中国共产党成立八十五周年大会上的讲话中指出："要适应我国利益格局变化和利益主体多元化的客观要求，在经济发展的基础上，更加注重社会公平正义，正确反映和兼顾不同方面群众的利益，抓紧完善利益协调机制，以扩大就业、健全社会保障体系、理顺分配关系、发展社会事业、维护社会稳定等为着力点，努力让全体人民共享改革发展的成果。"此后，在党领导的社会建设的强力推动下，我国社会保障体系不断健全完善，不仅成为缩小收入差距、缓解两极分化的重要手段，而且功能持续优化升级，从社会减震器、发展稳定器到如今的现代化加速器，成为提高共同富裕程度、实现效率与公平有机统一的关键制度手段。

（五）共同富裕是效率与公平的统一

处理好效率与公平的关系是各国在不同发展时期都曾面临的两难问题，中国共产党从客观实际和发展目标出发，在实践中不断协调相互关系，在理论上逐渐深化二者对立统一关系的认识。20 世纪 90 年代，我国收入分配中平均主义问题仍然较普遍，在让一部分人先富起来的政策引导下，1993 年党的十四届三中全会首次提出“效率优先、兼顾公平”的原则，强调打破平均主义，真正贯彻按劳分配原则。随着市场经济发展起来后，城乡居民收入增长的同时，各种形式的收入差距扩大和分配不公问题日渐繁多。江泽民强调“反对平均主义的同时要防止两极分化”，要“把调节个人收入分配、防止两极分化，作为全局性的大事来抓”；努力形成“两头小、中间大”的橄榄型收入分配格局。①

进入到 21 世纪后，中国从低收入国家发展到下中等收入国家，如何让全体社会成员在经济增长中更多地共享发展成果，成为这一时期实现共同富裕的政策重点。党的十六大提出“初次分配注重效率，再分配注重公平”；十七大提出“初次分配和再分配都要处理好效率和公平的关系，再分配更加注重公平”，明确强调要提高“两个比重”，确定“提低、扩中、调高”的分配政策调整目标。

四、百年来我国推动共同富裕的重大成就：全面建成小康社会

小康社会建设是十一届三中全会后党中央始终坚持不懈的奋斗目标。作为中国现代化进程的阶段性战略目标，全面建成小康社会直接体现了共同富裕的实现程度和未来可能，关系到中华民族伟大复兴的长远目标。

①《江泽民文选》第 1 卷，人民出版社 2006 年版，第 48-50 页。

（一）小康社会是中国式现代化共同富裕的重要阶段和特征

"小康"这一提法首次出现于我国第一部诗歌总集《诗经》的《大雅 · 民劳》："民亦劳止，汔可小康。惠此中国，以绥四方。"目前我国小康社会中的"小康"主要取自《礼记 · 礼运》中的含义："大道之行也，天下为公，选贤与能，讲信修睦。故人不独亲其亲，不独子其子，使老有所终，壮有所用，幼有所长，矜、寡、孤、独、废、疾者皆有所养。……禹、汤、文、武、成王、周公，由此其选也。此六君子者，未有不谨于礼者也。以著其义，以考其信，著有过，刑仁讲让，示民有常。如有不由此者，在势者去，众以为殃。是谓小康。"康有为在《大同书》中说："据乱之后，易以升平、太平，小康之后，进以大同。"其"小康"与"大同"之意也主要取自于《礼记 · 礼运》。《辞海》对"小康"的解释，主要指经济比较宽裕的状况。可见，从古至今，"小康"基本包含"人民群众安居乐业，家庭经济生活富足"之意，体现了传统社会长期处于贫困，普通百姓对衣食无忧生活的一种向往。因此，"用小康来定位一个时期中国现代化建设的战略目标，是把现代社会价值观与中国传统社会理想结合起来的睿智创造"①，可以说，"全面建成小康社会中的'小康'这个概念，就出自《礼记 · 礼运》，是中华民族自古以来追求的理想社会状态"②。

1979 年 12 月 6 日，邓小平会见来访的日本首相大平正芳，

---

① 中共中央文献研究室小康社会研究课题组编著：《小康社会理论与实践发展三十年》，中央文献出版社 2009 年版，第 87 页。

②《习近平在纪念孔子诞辰 2565 周年国际学术研讨会暨国际儒学联合会第五届会员大会开幕会上的讲话》，《人民日报》2014 年 9 月 25 日。

首次用“小康”来描述中国式现代化的特点:“我们要实现的四个现代化，是中国式的四个现代化。我们的四个现代化的概念，不是像你们那样的现代化的概念，而是‘小康之家’。到本世纪末，要达到第三世界中比较富裕一点的国家的水平，比如国民生产总值人均1000美元。”[①]

1984年3月25日，邓小平在同日本首相中曾根康弘谈话时首次提出“小康社会”:“翻两番，国民生产总值人均达到八百美元，就是到本世纪末在中国建立一个小康社会。这个小康社会，叫做中国式现代化。翻两番、小康社会、中国式现代化，这些都是我们的新概念。”“小康社会”的首次提出是“在近代以来各种外来理论支配中国社会和政治思考百年后的今天，中国人开始在传统语言和文化中寻找社会认同的根基和国家建设的具体方向，其意义非同一般”[②]。因此，小康社会建设不仅意味着物质生活水平上的富足，更应涵盖中国特色社会主义在现代化进程中的建设和完善过程。小康社会体现了中国共产党最高纲领和最低纲领的统一，解决了中国发展的阶段、标准和起点问题，构成了中国现代化战略的决策基准，是中国共产党对科学社会主义和现代化理论的重大发展和重要贡献。

在我国现代化建设“三步走”战略部署中，小康社会建设起着承前启后的关键作用。1987年党的十三大上，邓小平首次提出我国现代化建设的战略部署大体分三步走：第一步，实现国民生产总值比1980年翻一番，解决人民的温饱问题，这个任

①《邓小平文选》第2卷，人民出版社1994年版，第237页。
② 尹继佐主编:《小康社会：从目标到模式——2004年上海社会发展蓝皮书》，上海社会科学院出版社2004年版，第2页。

务已经基本实现；第二步，到20世纪末，使国民生产总值再增长一倍，人民生活达到小康水平；第三步，到21世纪中叶，人均国民生产总值达到中等发达国家水平，人民生活比较富裕，基本实现现代化。

随着小康社会建设不断推进，1992年党的十四大报告中首次提出“两个一百年”的奋斗目标：“在九十年代，我们要初步建立起新的经济体制，实现达到小康水平的第二步发展目标。再经过二十年的努力，到建党一百周年的时候，我们将在各方面形成一整套更加成熟更加定型的制度。在这样的基础上，到下世纪中叶建国一百周年的时候，就能够达到第三步发展目标，基本实现社会主义现代化。”进入新世纪后，中国紧紧抓住战略机遇期，实现了较好的发展态势。2002年，党的十六大报告《全面建设小康社会，开创中国特色社会主义事业新局面》提出，“我们要在本世纪头二十年，集中力量，全面建设惠及十几亿人口的更高水平的小康社会”，“这是实现现代化建设第三步战略目标必经的承上启下的发展阶段，也是完善社会主义市场经济体制和扩大对外开放的关键阶段”。

2012年党的十八大提出，综观国际国内大势，我国发展仍处于可以大有作为的重要战略机遇期；根据我国经济社会发展实际，要在十六大、十七大确立的全面建设小康社会目标的基础上努力实现新的要求；确保到2020年实现全面建成小康社会宏伟目标。小康社会是中国共产党提高人民物质文化生活，促进人的全面发展的执政抓手，能否全面建成，既决定人民的幸福度、满意度，更考量着中国特色社会主义道路、理论、文化和制度自信程度。习近平在党的十八届一中全会上指出：“我们党领导人民全面建设小康社会、进行改革开放和社会主义现代化建设的根本目的，就是要通过发展社会生产力，不断提高人民物质文化生活水平，促进人的全面发展。检验我们一切工作的成效，最终都要看人民是否真正得到了实惠，人民生活是否真正得到了改善。这是坚持立党为公、执政为民的本质要求，是党和人民事业不断发展的重要保证。”

从中国共产党领导探索共同富裕的前两个时期的理论和实践进程可以看出，共同富裕已经是当代中国马克思主义一个核心范畴，它是社会主义的根本目标和内在属性，又是一种道路选择和实践过程。习近平总书记指出：“要坚持把增进人民福祉、促进人的全面发展、朝着共同富裕方向稳步前进作为经济发展的出发点和落脚点，部署经济工作、制定经济政策、推动经济发展都要牢牢坚持这个根本立场。”[①] 2017 年党的十九大后，中国共产党带领全国人民，以精准脱贫等三大攻坚战为重点，在 2021 年如期全面建成小康社会，实现了第一个百年奋斗目标，在共同富裕的发展道路上取得了巨大的历史性成就，为促进共同富裕创造了良好的条件，为共同富裕的发展道路奠定了更为巩固的理论基础、经济基础和制度基础。

（二）精准脱贫，实现摆脱贫困

“贫穷不是社会主义。如果贫困地区长期贫困，面貌长期得不到改变，群众生活长期得不到明显提高，那就没有体现我国社会主义制度的优越性，那也不是社会主义。”[②] 习近平总书记

---

①《立足我国国情和我国发展实践　发展当代中国马克思主义政治经济学》，《人民日报》2015 年 11 月 25 日。

② 中共中央党史和文献研究院编：《习近平扶贫论述摘编》，中央文献出版社 2018 年版，第 3、5 页。

在庆祝中国共产党成立100周年大会上指出："中国共产党始终代表最广大人民根本利益，与人民休戚与共、生死相依，没有任何自己特殊的利益，从来不代表任何利益集团、任何权势团体、任何特权阶层的利益。"

在解决民生问题满足人民美好生活向往的过程中，首要的是摆脱贫困。贫困是困扰人类千百年的难题，是当今世界面临的普遍性难题，也是制约中国特色社会主义事业发展的重大难题。从中国农村贫困状况看，参照《中国农村扶贫开发纲要（2011—2020年）》，2011年我国14个集中连片特殊困难片区共有680个县（市、区、旗），是新阶段扶贫攻坚的主战场。到2012年底，我国贫困人口仍有近1亿人，其中贫困发生率超过20%的有西藏、甘肃、贵州、新疆、云南和青海6个少数民族比例较高的省（自治区），重点县农民人均纯收入仅为全国平均水平的58%；全国还有3917个村不通电，影响近380万人；连片特困地区还有3862万农村居民和601万学校师生没有解决饮水安全问题；全国仍有近10万个行政村不通水泥沥青路。2013年全国共有2061.3万人享受城市居民最低生活保障，按照年人均纯收入2300元（2010年不变价）农村扶贫标准计算，我国农村贫困人口为8249万人。

以习近平同志为核心的党中央坚持发展为了人民、发展依靠人民、发展成果由人民共享，心系贫困地区和贫困群众，习近平总书记在十九届中共中央政治局常委同中外记者见面时提出："全面建成小康社会，一个不能少；共同富裕路上，一个不能掉队。""我们将举全党全国之力，坚决完成脱贫攻坚任务，确保兑现我们的承诺。我们要牢记人民对美好生活的向往就是我们的奋斗目标，坚持以人民为中心的发展思想，努力抓好保障和改善民生各项工作，不断增强人民的获得感、幸福感、安全感，不断推进全体人民共同富裕。”① 2014 年 10 月 17 日，中国设立首个“扶贫日”，习近平在全国社会扶贫工作电视电话会议中强调：“全面建成小康社会，最艰巨最繁重的任务在贫困地区。全党全社会要继续共同努力，形成扶贫开发工作强大合力。各级党委、政府和领导干部对贫困地区和贫困群众要格外关注、格外关爱，履行领导职责，创新思路方法，加大扶贫力度，善于因地制宜，注重精准发力，充分发挥贫困地区广大干部群众能动作用，扎扎实实做好新形势下扶贫开发工作，推动贫困地区和贫困群众加快脱贫致富奔小康的步伐。”

习近平总书记在对我国贫困问题进行了长期思考的基础上，提出“精准扶贫”，指导解决这个历史难题。如何实现精准扶贫，习近平总书记指出，“精准扶贫，贵在精准，重在精准，成败之举在于精准；要做到六个精准，即扶贫对象精准、项目安排精准、资金使用精准、措施到户精准、因村派人精准、脱贫成效精准”②。首先，要有精准扶贫的组织领导机制。“扶贫开发是全党全社会的共同责任，要动员和凝聚全社会力量广泛参与。要坚持专项扶贫、行业扶贫、社会扶贫等多方力量、多种举措有机结合和互为支撑的‘三位一体’大扶贫格局；健全东西部协作、党政机关定点扶贫机制，广泛调动社会各界参与扶贫开

①《新时代要有新气象更要有新作为　中国人民生活一定会一年更比一年好》，《人民日报》2017 年 10 月 26 日。

② 中共中央党史和文献研究院编：《习近平扶贫论述摘编》，中央文献出版社 2018 年版，第 58 页。

发积极性。”[①] 同时习近平总书记在十九届中央政治局第三十九次集体学习时强调，“要强化领导责任、强化资金投入、强化部门协同、强化东西协作、强化社会合力、强化基层活力、强化任务落实”。其次，要激发脱贫主体内生动力。“坚持群众主体，激发内生动力。脱贫攻坚，群众动力是基础。必须坚持依靠人民群众，充分调动贫困群众积极性、主动性、创造性，坚持扶贫和扶志、扶智相结合，正确处理外部帮扶和贫困群众自身努力关系，培育贫困群众依靠自力更生实现脱贫致富意识，培养贫困群众发展生产和务工经商技能，组织、引导、支持贫困群众用自己辛勤劳动实现脱贫致富，用人民群众的内生动力支撑脱贫攻坚。”[②] 再次，要探索精准扶贫的多种路径。“推进扶贫开发、推动经济社会发展，首先，要有一个好思路、好路子。要坚持从实际出发，因地制宜，理清思路、完善规划、找准突破口”[③]；“扶贫先要扶志，要从思想上淡化‘贫困意识’”[④]；通过“两不愁三保障”，瞄准贫困地区和特殊贫困群体的需求实际，精准施策；注重产业扶贫、政策扶贫、教育扶贫、健康扶贫，从多方位出发合力攻坚；走出“五个一批”的路子，即发展生产脱贫一批、易地搬迁脱贫一批、生态补偿脱贫一批、发展教育脱贫一批、社会保障兜底一批[⑤]。

① 中共中央党史和文献研究院编:《习近平扶贫论述摘编》，中央文献出版社 2018 年版，第 99 页。

② 中共中央党史和文献研究院编:《习近平扶贫论述摘编》，中央文献出版社 2018 年版，第 143 页。

③ 中共中央党史和文献研究院编:《习近平扶贫论述摘编》，中央文献出版社 2018 年版，第 57 页。

④ 习近平:《摆脱贫困》，福建人民出版社 1992 年版，第 7–8 页。

⑤ 中共中央党史和文献研究院编:《习近平扶贫论述摘编》，中央文献出版社 2018 年版，第 1 页。

2021年2月25日，习近平总书记在全国脱贫攻坚总结表彰大会上庄严宣告，我国脱贫攻坚战取得了全面胜利，现行标准下9899万农村贫困人口全部脱贫，832个贫困县全部摘帽，12.8万个贫困村全部出列，区域性整体贫困得到解决。我国彻底告别了千百年来困扰中华民族的绝对贫困问题，中国提前10年实现联合国2030年可持续发展议程减贫目标，创造了又一个彪炳史册的人间奇迹。“脱贫攻坚战的全面胜利，标志着我们党在团结带领人民创造美好生活、实现共同富裕的道路上迈出了坚实的一大步。”[①] 精准扶贫、精准脱贫的基本方略，不仅为中国贫困治理提供了根本遵循，而且契合世界人民的需要，符合人类历史发展的方向，为世界反贫困找到了具体方法，为世界反贫困贡献了中国力量，彰显了深远的世界历史意义。

（三）促进公平正义，不断缩小收入差距

在开启全面建设社会主义现代化国家的新征程中，处理好公平与效率的关系，解决人民日益增长的美好生活需要和不平衡不充分发展之间的矛盾，处理好居民、地区、行业之间的收入差距过大问题，对促进分配正义具有举足轻重的作用。如何更加有效地促进分配正义，有效缩小日益扩大的收入差距，推动全体人民共同富裕取得更为明显的实质性进展，成为摆在中国共产党面前的重要问题。公平正义是中国特色社会主义的内在要求，习近平总书记明确指出，“公平正义是我们党追求的一个非常崇高的价值，全心全意为人民服务的宗旨决定了我们必须追求公平正义”[②]。针对一些忽视分配正义的认识，习近平总

① 习近平:《在全国脱贫攻坚总结表彰大会上的讲话》,《人民日报》2021年2月26日。
②《习近平谈治国理政》第2卷，外文出版社2017年版，第129页。

书记指出："物质丰富了，但发展极不平衡，贫富悬殊很大，社会不公平，两极分化了，能得人心吗？因此，经济总量无论是世界第二还是世界第一，未必就能够巩固住我们的政权。"①

物质基础是人们进行经济生产活动所创造的财富，是推进分配正义的根本保障。虽然我国摆脱了落后的生产力，但物质基础的发展依旧存在不平衡不充分的问题，远未达到马克思在《哥达纲领批判》所指出的"集体财富的一切源泉都充分涌流"的状态。在发展水平受限的情况下，分配领域也就不可避免地存在有违正义的现象。习近平总书记强调："实现社会公平正义是由多种因素决定的，最主要的还是经济社会发展水平。"②现阶段存在的有违公平正义的现象，许多是发展中的问题，是能够通过不断发展，通过制度安排、法律规范、政策支持加以解决的。必须紧紧抓住经济建设这个中心，没有经济发展，分配就是无源之水、无本之木。"必须紧紧抓住经济建设这个中心，推动经济持续健康发展，进一步把'蛋糕'做大，为保障社会公平正义奠定更加坚实物质基础"③。通过更高质量的发展解决不平衡和收入差距问题，夯实分配正义的物质基础，进而促进整体结构性改革，逐步实现更高水平的分配正义。

虽然当前我国人均物质基础仍不及富裕国家，但也具备相当的经济实力，要根据现有条件把能搞好的分配改革和调整做起来，"并不是说就等着经济发展起来了再解决社会公平正义

① 习近平：《做焦裕禄式的县委书记》，中央文献出版社 2015 年版，第 35 页。
②《习近平谈治国理政》第 1 卷，外文出版社 2014 年版，第 96 页。
③《习近平谈治国理政》第 1 卷，外文出版社 2014 年版，第 96 页。

问题”[①]，积小胜为大胜，不断推进分配正义。首先，要坚持和完善我国社会主义基本分配制度。习近平总书记指出：“从我国实际出发，我们确立了按劳分配为主体、多种分配方式并存的分配制度。实践证明，这一制度安排有利于调动各方面积极性，有利于实现效率和公平有机统一。”[②]“这就要充分体现按劳分配，多劳多得、少劳少得、不劳不得。同时，无论是劳动、资本、土地，还是知识、技术、管理，都应该按各自贡献获得相应回报。”[③]在深化收入分配改革的过程中，必须坚持社会主义基本分配制度不动摇，这样才能将按劳分配与按生产要素分配有效结合起来，使社会主义基本分配制度既能激发经济活力，又能实现社会公平。其次，大力提倡鼓励勤劳致富。“要引导广大群众树立通过勤劳致富改善生活的理念，使改善民生既是党和政府工作的方向，也是人民群众自身奋斗的目标”[④]，“必须弘扬勤劳致富精神，激励人们通过劳动创造美好生活”[⑤]，促进贫困人口增收，“要改进工作方式方法，改变简单给钱、给物、给牛羊的做法，多采用生产奖补、劳务补助、以工代赈等机制，不大包大揽，不包办代替”[⑥]，“通过发展农村经济、组织农民外出

① 中共中央文献研究室编：《习近平关于社会主义社会建设论述摘编》，中央文献出版社2017年版，第29页。

② 中共中央文献研究室编：《习近平关于社会主义社会建设论述摘编》，中央文献出版社2017年版，第37页。

③ 中共中央文献研究室编：《习近平关于社会主义社会建设论述摘编》，中央文献出版社2017年版，第42页。

④ 习近平：《中央经济工作会议上的讲话》，《人民日报》2012年12月17日。

⑤《坚定不移推进供给侧结构性改革　在发展中不断扩大中等收入群体》，《人民日报》2016年5月17日。

⑥ 中共中央文献研究室编：《习近平关于社会主义社会建设论述摘编》，中央文献出版社2017年版，第76页。

务工经商、增加农民财产性收入等多种途径，不断缩小城乡居民收入差距，让广大农民尽快富裕起来”[①]。无论社会主义发展到哪个阶段，辛勤诚实的劳动是个人提高收入、实现富裕的最根本途径，通过保障劳动者权益、构建和谐劳动关系、取缔非法收入、治理灰色收入等措施，努力塑造有利于勤劳致富的制度环境。再次，要健全体制机制和各项政策措施，持续增加城乡居民收入，不断缩小收入差距。要“完善城乡劳动者平等就业制度”[②]，“不断增加劳动者特别是一线劳动者劳动报酬”[③]；“坚持在经济增长的同时实现居民收入同步增长、在劳动生产率提高的同时实现劳动报酬同步提高”[④]；“合理调节过高收入，稳步扩大中等收入者比重，努力提高低收入者收入水平，逐步形成橄榄型分配格局”[⑤]；“完善以税收、社会保障、转移支付等为主要手段的再分配调节机制，维护社会公平正义，解决好收入差距问题”[⑥]，力求逐步形成合理有序的收入分配格局，促进经济持续健康发展和社会和谐稳定。

马克思主义唯物辩证法认为，历史进步是螺旋式上升的，事物发展的前进性与曲折性是统一的，收入分配问题解决也必

①《习近平主持农村改革座谈会：加大推进新形势下农村改革力度》，《人民日报》2016年4月29日。

②《健全城乡发展一体化体制机制　让广大农民共享改革发展成果》，《人民日报》2015年5月2日。

③《习近平在庆祝“五一”国际劳动节暨表彰全国劳动模范和先进工作者大会上的讲话》，《人民日报》2015年4月29日。

④ 习近平：《决胜全面建成小康社会　夺取新时代中国特色社会主义伟大胜利——在中国共产党第十九次全国代表大会上的报告》，人民出版社2017年版，第46页。

⑤ 中共中央文献研究室编：《习近平关于社会主义社会建设论述摘编》，中央文献出版社2017年版，第40页。

⑥ 中共中央文献研究室编：《习近平关于社会主义社会建设论述摘编》，中央文献出版社2017年版，第41页。

然会遵循这一客观规律。习近平总书记强调要深刻认识到我国收入分配问题的艰巨性和复杂性，以循序渐进的方式推进改革，“根据经济发展和财力状况逐步提高人民生活水平，做那些现实条件下可以做到的事情。决不能开空头支票，也要防止把胃口吊得过高”[①]，一步一个脚印地实现缩小收入差距、优化分配格局、促进共同富裕的目标。

（四）促进共享发展，实现更高水平“七有”

习近平总书记指出，要坚持以人民为中心的发展思想，坚持人民主体地位，做到发展为了人民、发展依靠人民、发展成果由人民共享。[②]共享理念实质就是坚持以人民为中心的发展思想，体现的是逐步实现共同富裕的要求，要让社会主义制度的优越性得到更充分体现，让人民群众有更多获得感。

我们要全面正确理解把握共享发展内涵：第一，全民共享。这是就共享的覆盖面而言的。共享发展是人人享有、各得其所，不是少数人共享、一部分人共享。第二，全面共享。这是就共享的内容而言的。共享发展就要共享国家经济、政治、文化、社会、生态各方面建设成果，全面保障人民在各方面的合法权益。第三，共建共享。这是就共享的实现途径而言的。共建才能共享，共建的过程也是共享的过程。要充分发扬民主，广泛汇聚民智，最大激发民力，形成人人参与、人人尽力、人人都有成就感的生动局面。第四，渐进共享。这是就共享发展的推进进程而言的。一口吃不成胖子，共享发展必将有一个从低级

①《十二、让老百姓过上好日子——关于改善民生和创新社会治理》，《人民日报》2016年5月6日。

② 习近平：《新发展阶段贯彻新发展理念必然要求构建新发展格局》，《求是》2022年第17期。

到高级、从不均衡到均衡的过程，即使达到很高的水平也会有差别。我们要立足国情、立足经济社会发展水平来思考设计共享政策，既不裹足不前、铢施两较、该花的钱也不花，也不好高骛远、寅吃卯粮、口惠而实不至[①]。

实现共享发展，习近平总书记要求“把以人民为中心的发展思想体现在经济社会发展各个环节，做到老百姓关心什么、期盼什么，改革就要抓住什么、推进什么，通过改革给人民群众带来更多获得感”[②]。在党的二十大报告中，习近平总书记强调，为民造福是立党为公、执政为民的本质要求。必须坚持在发展中保障和改善民生，鼓励共同奋斗创造美好生活，不断实现人民对美好生活的向往。要健全基本公共服务体系，提高公共服务水平，增强均衡性和可及性，扎实推进共同富裕。在“幼有所育、学有所教、劳有所得、病有所医、老有所养、住有所居、弱有所扶”等七个方面不断取得新进展，保证全体人民在共建共享发展中有更多获得感。实践共享发展，建设“七有”社会民生体系，彰显了高质量发展与公平分配有机统一的价值追求，体现了社会主义本质要求，将发展的目的与动力、出发点和落脚点统一到全体人民这一发展主体中，为中国特色社会主义现代化事业的发展为了谁、发展依靠谁、发展成果由谁共享确立了制度保障。

①《习近平谈治国理政》第2卷，外文出版社2017年版，第215-216页。

②《习近平谈治国理政》第2卷，外文出版社2017年版，第103页。

（五）推进共同富裕要循序渐进，既要尽力而为也要量力而行

党的十八大以来，党中央把握发展阶段新变化，把逐步实现全体人民共同富裕摆在更加重要的位置上，全面建成小康社会，为促进共同富裕创造了良好条件。当前新一轮科技革命和产业变革有力推动了经济发展，也对就业和收入分配带来深刻影响，包括一些负面影响，需要有效应对和解决。全球收入不平等问题突出，一些国家贫富分化，中产阶层塌陷，导致社会撕裂、政治极化、民粹主义泛滥。习近平总书记强调："我国必须坚决防止两极分化，促进共同富裕，实现社会和谐安定。"①

习近平总书记指出："我们说的共同富裕是全体人民共同富裕，是人民群众物质生活和精神生活都富裕，不是少数人的富裕，也不是整齐划一的平均主义。……像全面建成小康社会一样，全体人民共同富裕是一个总体概念，是对全社会而言的，不要分成城市一块、农村一块，或者东部、中部、西部地区各一块，各提各的指标，要从全局上来看。我们要实现 14 亿人共同富裕，必须脚踏实地、久久为功，不是所有人都同时富裕，也不是所有地区同时达到一个富裕水准，不同人群不仅实现富裕的程度有高有低，时间上也会有先有后，不同地区富裕程度还会存在一定差异，不可能齐头并进。这是一个在动态中向前发展的过程，要持续推动，不断取得成效。"② 习近平总书记指出，促进共同富裕，要把握好以下原则：鼓励勤劳创新致富，坚持基本经济制度，尽力而为量力而行，坚持循序渐进。要深

① 习近平：《扎实推动共同富裕》，《求是》2021 年第 20 期。
② 习近平：《扎实推动共同富裕》，《求是》2021 年第 20 期。

入研究不同阶段的目标，分阶段促进共同富裕。促进共同富裕，总的思路是，坚持以人民为中心的发展思想，在高质量发展中促进共同富裕。[①]

① 习近平:《扎实推动共同富裕》,《求是》2021 年第 20 期。

第三章
共同富裕的创新发展
——新时代共同富裕思想

共同富裕是中国特色社会主义的本质要求和中国式现代化的重要特征。党的十八大以来，习近平总书记在多个重要场合就扎实推动共同富裕作出一系列重要论述，对共同富裕理论作出新阐释，对共同富裕战略作出新部署，深刻解答了新时代新征程“为什么要实现共同富裕”“实现什么样的共同富裕”以及“怎样实现共同富裕”的时代之问。习近平总书记关于共同富裕的重要论述立足国情、放眼世界、引领未来，具有真理性，是指引我国全面建设社会主义现代化国家的行动指南。

一、新时代共同富裕思想的理论体系

党的十八大以来，中国特色社会主义进入新时代，习近平总书记立足我国新的历史方位，深刻把握国内社会主要矛盾转变和国际形势深刻变化，对共同富裕问题进行了系统深入的阐释，从经济、社会发展等多个层面解答了“为什么要实现共同富裕”“实现什么样的共同富裕”以及“怎样实现共同富裕”的时代之问。

（一）推进共同富裕的必要性

“为什么要实现共同富裕”是习近平新时代中国特色社会主义思想关于共同富裕特别强调的问题。推进共同富裕是适应我国社会主要矛盾的变化，更好满足人民日益增长的美好生活需要的必然要求，也是跨越中等收入陷阱的必然选择。

1. 推进共同富裕是中国特色社会主义的本质要求

共同富裕是社会主义的本质要求。1999 年，习近平在《求是》杂志上发表的《解放思想、实事求是要一以贯之——重读邓小平同志〈解放思想，实事求是，团结一致向前看〉》一文中指出："他（邓小平）精辟地提出'社会主义的本质，是解放生产力，发展生产力，消灭剥削，消除两极分化，最终达到共同富裕。'这一论断深刻地揭示了社会主义的本质，把共产党人对社会主义的认识提高到一个新水平，为社会主义现代化建设指明了方向。"[①] 习近平继承并发展了邓小平关于共同富裕是社会主义本质的论断，他提出"消除贫困、改善民生、实现共同富裕，是中国特色社会主义的本质要求"[②]。虽然"中国仍处于并将长期处于社会主义初级阶段的基本国情没有变，实现十三亿多人共同富裕任重道远"[③]，但习近平立足于我国社会经济发展所处的历史方位，并结合国内外形势，作出正确的判断："全面建成小康社会，为促进共同富裕创造了良好条件。现在，已经到了扎实推动共同富裕的历史阶段。"[④]

2. 推进共同富裕是社会主要矛盾转变的必然要求

习近平总书记把实现共同富裕作为适应社会主要矛盾转变的出发点。"现在，我们正在向第二个百年奋斗目标迈进。适

① 习近平:《关于社会主义市场经济的理论思考》，福建人民出版社 2003 年版，第 99 页。

② 中共中央文献研究室编:《习近平关于社会主义社会建设论述摘编》，中央文献出版社 2017 年版，第 79 页。

③ 中共中央文献研究室编:《十八大以来重要文献选编》(中)，中央文献出版社 2016 年版，第 83 页。

④ 习近平:《扎实推动共同富裕》，《求是》2021 年第 20 期。

应我国社会主要矛盾的变化，更好满足人民日益增长的美好生活需要，必须把促进全体人民共同富裕作为为人民谋幸福的着力点，不断夯实党长期执政基础。”[①] 习近平总书记强调我国的现代化“是全体人民共同富裕的现代化，是物质文明和精神文明相协调的现代化”[②]，“共同富裕是社会主义的本质要求，是中国式现代化的重要特征”[③]。早在1990年4月，习近平在福建工作期间就指出，“在不断变革的今天，发展经济、共同富裕是他们（指人民群众）的共同愿望”[④]。党的十八大以来，经济发展有了长足进步，社会主要矛盾也发生了深刻变化。以前突出解决的是“有没有”的问题，现在重点关注的是“好不好”的问题。习近平总书记指出：“我们的人民热爱生活，期盼有更好的教育、更稳定的工作、更满意的收入、更可靠的社会保障、更高水平的医疗卫生服务、更舒适的居住条件、更优美的环境，期盼孩子们能成长得更好、工作得更好、生活得更好。人民对美好生活的向往，就是我们的奋斗目标。……我们的责任，就是要团结带领全党全国各族人民，继续解放思想，坚持改革开放，不断解放和发展社会生产力，努力解决群众的生产生活困难，坚定不移走共同富裕的道路。”[⑤] 这些论述表明，共同富裕是要满足人民日益增长的对美好生活的需要，更好地促进人的全面发展，阐明了走共同富裕道路的必然性。

---

① 习近平:《扎实推动共同富裕》,《求是》2021年第20期。

② 习近平:《把握新发展阶段，贯彻新发展理念，构建新发展格局》,《求是》2021年第9期。

③ 习近平:《扎实推动共同富裕》,《求是》2021年第20期。

④ 习近平:《摆脱贫困》，福建人民出版社1992年版，第120页。

⑤ 中共中央文献研究室编:《十八大以来重要文献选编》(上)，中央文献出版社2014年版，第70页。

3. 推进共同富裕是跨越中等收入陷阱的必然选择

当前世界收入不平等问题突出，一些国家在现代化进程中出现了严重的贫富分化、中产阶层塌陷现象，陷入中等收入陷阱，导致社会撕裂、政治极化、民粹主义泛滥，这些教训十分深刻。我国要跨越中等收入陷阱，必须走共同富裕的中国式现代化道路。中国式现代化是通过高质量发展，不断保障和改善民生，解决发展不平衡不充分问题，使发展成果更多地惠及全体人民。习近平总书记强调："实现共同富裕不仅是经济问题，而且是关系党的执政基础的重大政治问题。我们决不能允许贫富差距越来越大、穷者愈穷富者愈富，决不能在富的人和穷的人之间出现一道不可逾越的鸿沟。"[①] 不同于西方的福利政策诱导懒惰，中国的共同富裕是不断激发人民积极性、主动性和创造力。正如习近平总书记在全国脱贫攻坚总结表彰大会上指出的："我们注重把人民群众对美好生活的向往转化成脱贫攻坚的强大动能，实行扶贫和扶志扶智相结合，既富口袋也富脑袋，引导贫困群众依靠勤劳双手和顽强意志摆脱贫困、改变命运。"[②] 同时，习近平总书记强调，"要统筹需要和可能，把保障和改善民生建立在经济发展和财力可持续的基础之上"[③]，避免超出经济发展水平的超高福利承诺。

4. 新时代是扎实推动共同富裕的历史阶段

习近平总书记关于共同富裕的重要论述开创性地提出了扎实推动共同富裕的历史阶段。不同于马克思、恩格斯指出的未

① 习近平:《把握新发展阶段，贯彻新发展理念，构建新发展格局》,《求是》2021 年第 9 期。

②《习近平谈治国理政》第 4 卷，人民出版社 2022 年版，第 136 页。

③《习近平谈治国理政》第 4 卷，人民出版社 2022 年版，第 143 页。

来共产主义社会的共同富裕状态是在资本主义制度灭亡的基础上达到，习近平总书记在 2021 年中央财经委员会第十次会议中作出重要论断："现在，已经到了扎实推动共同富裕的历史阶段。"① 同时指出："党的十八大以来，党中央把握发展阶段新变化，把逐步实现全体人民共同富裕摆在更加重要的位置上，推动区域协调发展，采取有力措施保障和改善民生，打赢脱贫攻坚战，全面建成小康社会，为促进共同富裕创造了良好条件。"② 强调现阶段我国已经具备了推进共同富裕的物质基础。

（二）新时代共同富裕的科学内涵

习近平总书记把新时代共同富裕的科学内涵凝练成"共同富裕是全体人民共同富裕，是人民群众物质生活和精神生活都富裕，不是少数人的富裕，也不是整齐划一的平均主义"③，解答了"实现什么样的共同富裕"问题。

1. 全体人民共同富裕

共同富裕是全民富裕、全面富裕，不是少数人富裕、单向富裕、平均富裕，也不等同于同时富裕、同步富裕、同等富裕，要分阶段、整体推进共同富裕。改革开放以来，我们党深刻总结正反两方面历史经验，认识到贫穷不是社会主义，打破传统体制机制束缚，允许一部分人、一部分地区先富起来，推动解放和发展社会生产力。习近平总书记在阐述正确处理好社会实践主体的责任和利益的关系时指出："社会生活的本质是实践，人的本质是一切社会关系的总和，马克思高度概括的这'两个

---

① 习近平：《扎实推动共同富裕》，《求是》2021 年第 20 期。
② 习近平：《扎实推动共同富裕》，《求是》2021 年第 20 期。
③ 习近平：《扎实推动共同富裕》，《求是》2021 年第 20 期。

本质’，决定了社会主义改革和建设是广大人民群众的事业，人民群众是社会主义改革和建设的实践主体，积极参与和搞好社会主义改革和建设是他们的历史责任；决定了社会主义改革和建设的关键是理顺和协调好以人为基础的包括生产力与生产关系在内的各种社会关系，特别是协调好各种利益关系，以促进社会生产力的发展，不断缩小贫富差距，实现共同富裕。”①这一论述一方面充分阐释必须注重人民群众在社会实践中的主体地位，引导人民群众主动参与社会实践，防止将全体人民的事业变成少数人的事业；另一方面，强调要在社会主义改革和建设的社会实践中充分反映广大人民群众的利益和要求，使他们的利益得到关照，愿望和呼声得到充分表达，真正成为社会主义改革和建设的受益者。同时，我国当前面临的发展不均衡、不充分的客观现状，决定了共同富裕是一个长期历史过程，要在渐进式的量变中实现全体人民共同富裕。

2. 物质生活和精神生活都富裕

物质生活和精神生活都富裕，是中国式现代化的题中之义，也是社会主要矛盾转变后的必然要求。共同富裕必须包含物质和精神两个层面，两者缺一不可。2001 年习近平在《求是》2001 年第 19 期发表的《使人民群众不断获得切实的经济、政治、文化利益》一文中指出：“人民群众的经济、政治、文化三大利益，是一个相互联系、相互促进的有机整体。”“使人民群众不断获得切实的经济利益，就是在国家经济得到快速发展，综合国力显著增强的前提下，使人民群众的经济收入、社会福利和物质生活条件不断得到相应提高，过上共同富裕的现代化

① 习近平:《关于社会主义市场经济的理论思考》，福建人民出版社 2003 年版，第 29 页。

生活。”上述论述阐明了物质富裕和精神富裕的内在联系。一方面，物质生活富裕是精神生活富裕的基础，精神生活的富裕要围绕物质生活的富裕展开；另一方面，精神生活的富裕对物质生活的富裕具有引导和促进作用，使物质富裕更好地满足人民日益增长的美好生活需要。因此，在扎实推动共同富裕中，必须实现物质富裕和精神富裕的更平衡更充分发展。

（三）推进共同富裕的重要举措

习近平总书记关于共同富裕的重要论述既提出共同富裕的基本原则和思路，又制定共同富裕的目标计划表，并强调必须坚持社会主义基本经济制度，把推进共同富裕和实现中国式现代化相结合，兼具理论性和实践性，回答了“怎样实现共同富裕”问题。

1. 推进共同富裕的基本原则

推进共同富裕首先必须把握基本原则：一是鼓励勤劳创新致富。在2016年纪念红军长征胜利80周年大会上的讲话中，习近平总书记指出：“我们要团结带领全体人民，以自己的辛勤劳动和不懈努力，不断保障和改善民生，让改革发展成果更多更公平惠及全体人民，朝着实现全体人民共同富裕的目标稳步迈进。”在2020年中央党校中青年干部培训班开班式上的讲话中，习近平总书记进一步强调：“要落实党中央关于逐步实现全体人民共同富裕的要求，带领群众艰苦奋斗、勤劳致富。”“幸福生活都是奋斗出来的，共同富裕要靠勤劳智慧来创造。”[①]同时，推进共同富裕对政府和市场主体提出要求：“给更多人创造

① 习近平：《扎实推动共同富裕》，《求是》2021年第20期。

致富机会，形成人人参与的发展环境，避免‘内卷’‘躺平’。”[①] 二是坚持社会主义基本经济制度，强调先富带后富、帮后富。习近平总书记指出：“要立足社会主义初级阶段，坚持‘两个毫不动摇’。坚持公有制为主体、多种所有制经济共同发展，大力发挥公有制经济在促进共同富裕中的重要作用，……要允许一部分人先富起来，同时要强调先富带后富、帮后富……”[②] 三是尽力而为量力而行，防止落入“福利主义”陷阱。“要统筹需要和可能，把保障和改善民生建立在经济发展和财力可持续的基础之上，不要好高骛远，吊高胃口，作兑现不了的承诺。”[③] 四是坚持循序渐进。鼓励各地因地制宜探索有效路径，总结经验，逐步推开。例如中央支持浙江探索高质量发展建设共同富裕示范区。共同富裕既是一个发展目标，又是一个发展历程，“不可能一蹴而就，对其长期性、艰巨性、复杂性要有充分估计，办好这件事，等不得，也急不得”[④]。

2. **推进共同富裕的总体思路**

实现共同富裕是目标与过程的统一。1990 年，习近平就农民共同致富作出论述：“集体经济是农民共同致富的根基，是农民走共同富裕道路的物质保障。”[⑤] 在 2021 年中央财经委员会第十次会议上，习近平总书记阐明了推进共同富裕的总体思路：“坚持以人民为中心的发展思想，在高质量发展中促进共同富裕，正确处理效率和公平的关系，构建初次分配、再分配、三

① 习近平：《扎实推动共同富裕》，《求是》2021 年第 20 期。

② 中共中央文献研究室编：《习近平关于社会主义社会建设论述摘编》，中央文献出版社 2017 年版，第 40-41 页。

③ 习近平：《扎实推动共同富裕》，《求是》2021 年第 20 期。

④ 习近平：《扎实推动共同富裕》，《求是》2021 年第 20 期。

⑤ 习近平：《摆脱贫困》，福建人民出版社 1992 年版，第 143 页。

次分配协调配套的基础性制度安排，加大税收、社保、转移支付等调节力度并提高精准性，扩大中等收入群体比重，增加低收入群体收入，合理调节高收入，取缔非法收入，形成中间大、两头小的橄榄型分配结构，促进社会公平正义，促进人的全面发展，使全体人民朝着共同富裕目标扎实迈进。”这是习近平总书记对新时代推动共同富裕总的思路的重要论断。

实现共同富裕的目标任务具有阶段性。习近平总书记将精准扶贫作为新时代消除贫困的关键举措，把贫困问题、民生问题和共同富裕联系起来，这是重大理论创新。针对精准扶贫，习近平总书记多次指出要解决好“扶持谁、谁来扶、怎么扶、如何退”的问题。其中，针对“怎么扶”，习近平总书记提出了“六个精准”和“五个一批”等措施，并在扶贫工作机制上进行了创新，实现了脱贫攻坚的完美收官，兑现了党对消除绝对贫困的历史性承诺。乡村振兴是精准扶贫的接续，是共同富裕在农村地区的主要表现，没有乡村振兴，就没有真正意义的共同富裕。究其原因，我国经济发展中最大的不平衡是城乡发展不平衡，最大的不充分是农村发展不充分。习近平总书记在2020年中央农村工作会议上强调：“民族要复兴，乡村必振兴。”脱贫攻坚和乡村振兴作为阶段性目标、任务，最终都指向共同富裕。在推进共同富裕的阶段性目标、任务时，我们把社会主义现代化进程推向一个新的高度。同时，推动人的全面发展和社会的全面进步。

实现共同富裕的主要举措体现在四个方面：一是提高发展的平衡性、协调性、包容性。要完善社会主义市场经济体制，实施区域重大战略和区域协调发展战略，健全转移支付制度，加大对欠发达地区的支持力度等。强化行业发展的协调性，加快推进垄断行业改革，推动金融、房地产同经济协调发展，支持中小企业发展。二是着力扩大中等收入群体规模。要抓住重点、精准施策，推动更多低收入人群迈入中等收入行列。三是促进基本公共服务均等化。加大普惠性人力资本投入，完善养老和医疗保障体系，完善兜底救助体系，完善住房供应和保障体系，重点解决好新市民住房问题。四是加强对高收入的规范和调节。合理调节过高收入，积极稳妥推进房地产税立法和改革，加大消费环节税收调节力度，加强公益慈善事业规范管理，清理规范不合理收入，坚决取缔非法收入。

3. 制定共同富裕的目标计划表

"到'十四五'末，全体人民共同富裕迈出坚实步伐，居民收入和实际消费水平差距逐步缩小。到2035年，全体人民共同富裕取得更为明显的实质性进展，基本公共服务实现均等化。到本世纪中叶，全体人民共同富裕基本实现，居民收入和实际消费水平差距缩小到合理区间。"[①]共同富裕的目标计划表再一次表明共同富裕是一个长远目标，其实现是一个过程，不可能一蹴而就，实现14亿人口的共同富裕，必然要求脚踏实地、久久为功。同时，也进一步体现了共同富裕"不是所有人都同时富裕，也不是所有地区同时达到一个富裕水准，不同人群不仅实现富裕的程度有高有低，时间上也会有先有后，不同地区富裕程度还会存在一定差异，不可能齐头并进。这是一个在动态中向前发展的过程，要持续推动，不断取得成效"[②]。

① 习近平:《扎实推动共同富裕》,《求是》2021年第20期。
② 习近平:《扎实推动共同富裕》,《求是》2021年第20期。

目前，摆在中国共产党面前的重大任务是不断满足人民日益增长的美好生活需要，逐步实现全体人民的共同富裕。习近平总书记关于共同富裕的重要论述内涵丰富、结构完整、层层递进，构成了一个系统完整的理论体系。本质上，这一理论体系的理论主题就是回应新时代“为什么要实现共同富裕”“实现什么样的共同富裕”“怎样实现共同富裕”三个方面的问题，理论内核是“以人民为中心”。在党的十九届五中全会上，习近平总书记指出：“共同富裕是社会主义的本质要求，是人民群众的共同期盼。我们推动经济社会发展，归根结底是要实现全体人民共同富裕。”以人民为中心的发展思想凸显了中国特色社会主义的人民性的理论品格。

4. 推进共同富裕必须坚持社会主义基本经济制度

习近平总书记关于共同富裕的重要论述强调推进共同富裕必须坚持社会主义基本经济制度，既包括所有制结构，又包括分配结构。

第一，坚持社会主义公有制的主体地位。《中共中央关于全面深化改革若干重大问题的决定》中明确指出：“公有制为主体、多种所有制经济共同发展的基本经济制度，是中国特色社会主义制度的重要支柱，也是社会主义市场经济体制的根基。”[①] 公有制为主体是我国社会主义经济制度的根本特征，是适应我国社会主义初级阶段的基本特征建立起来的，生产资料公有制是我国社会主义的经济基础。习近平总书记强调：“我国是中国共产党领导的社会主义国家，公有制经济是长期以来在国家发展历程中形成的，为国家建设、国防安全、人民生活改

①《中共中央关于全面深化改革若干重大问题的决定》，人民出版社 2013 年版，第 9 页。

善作出了突出贡献，是全体人民的宝贵财富，当然要让它发展好，继续为改革开放和现代化建设作出贡献。”[①] 没有公有制经济作为基础，共同富裕是不可能实现的。

第二，在高质量发展中促进共同富裕必须解决效率与公平的问题。改革开放以来，我们坚持实施按劳分配为主体、多种分配方式并存的分配制度。效率与公平之间的关系是分配制度必须考虑、高度重视且不断探讨的问题。社会主义市场经济体制建立之后，我们对效率和公平之间的关系进行了探索，经历了“兼顾效率与公平”“效率优先、兼顾公平”“注重社会公平”“初次分配和再分配都要兼顾效率和公平、再分配更加注重公平”的发展过程。进入新时代新阶段，社会主要矛盾的转变使得人民对分配有了更高的要求，不仅仅关注分配的数量，更注重分配的质量。习近平总书记在坚持和完善按劳分配为主体、多种分配方式并存的分配制度中，创造性地提出“双同步”，即党的十九大报告中指出的“坚持在经济增长的同时实现居民收入同步增长、在劳动生产率提高的同时实现劳动报酬同步提高”。“双同步”强调了人民群众是收入分配的获利者，在社会经济发展中要有充分的获得感，体现了实现全体人民共同富裕是实行按劳分配为主体、多种分配方式并存的分配制度的目标。在党的十九届四中全会上，习近平总书记进一步提出，要“健全劳动、资本、土地、知识、技术、管理、数据等生产要素由市场评价贡献、按贡献决定报酬的机制”。新时代新阶段的收入分配体系，在处理好效率和公平关系上，既强调按要素分配，又强调完善市场机制和要素市场。习近平总书记的论述丰富和

① 习近平:《论坚持全面深化改革》，中央文献出版社 2018 年版，第 248 页。

发展了中国特色社会主义分配理论。

第三，创新性提出构建以初次分配、再分配、三次分配为主要内容的分配制度。习近平总书记对收入分配制度的改革作了阐述："坚持按劳分配为主体、多种分配方式并存，提高劳动报酬在初次分配中的比重，完善工资制度，健全工资合理增长机制，着力提高低收入群体收入，扩大中等收入群体。完善按要素分配政策制度，健全各类生产要素由市场决定报酬的机制，探索通过土地、资本等要素使用权、收益权增加中低收入群体要素收入。多渠道增加城乡居民财产性收入。完善再分配机制，加大税收、社保、转移支付等调节力度和精准性，合理调节过高收入，取缔非法收入。发挥第三次分配作用，发展慈善事业，改善收入和财富分配格局。"[①] 这一阐述指明了增加居民收入、缩小居民收入差距的举措，强调了初次分配的公平性。2021 年 8 月在中央财经委员会第十次会议上，习近平总书记对初次分配、再分配、三次分配作出具体安排。初次分配以市场机制为主导，对按劳分配和按各种生产要素分配以及不完善的生产要素市场进行规范，正确处理了效率和公平的关系，为共同富裕奠定基础。再分配以政府为主导，采取加大税收、社保、转移支付等调节手段，调节过高收入，在保障效率的基础上最大程度实现公平。习近平总书记创造性提出第三次分配是促进共同富裕的有效路径。第三次分配以社会为主导，倡导在道德的影响下，通过合法合规途径，以募集、捐赠和资助等慈善公益方式对社会资源和社会财富进行分配，驱使高收入企业和人群回

①《中共中央关于制定国民经济和社会发展第十四个五年规划和二〇三五年远景目标的建议》，人民出版社 2020 年版，第 32 页。

报社会，有利于缩小收入差距。习近平总书记立足中国特色社会主义实践提出的三次分配制度，是对马克思主义分配理论的重大发展，是对中国特色社会主义分配制度实践的重大创新。

5. 把推进共同富裕和实现中国式现代化相结合

习近平总书记在2021年2月赴贵州看望慰问各族干部群众时指出："共同富裕本身就是社会主义现代化的一个重要目标。"[①] 党的十九大报告对实现第二个百年奋斗目标，即建成富强民主文明和谐美丽的社会主义现代化强国分为两个阶段推进，到2035年，城乡区域发展差距和居民生活水平差距显著缩小，基本公共服务均等化基本实现，全体人民共同富裕迈出坚实的步伐。到2050年，全体人民共同富裕基本实现。这既是对现代化的规划，也是对实现共同富裕目标的规划。党的十九届五中全会制定的《中共中央关于制定国民经济和社会发展第十四个五年规划和二〇三五年远景目标的建议》把"全体人民共同富裕迈出坚实的步伐"进一步表述为"全体人民共同富裕取得更为明显的实质性进展"，表明共同富裕的实现内含于中国式现代化之中。实现共同富裕是检验中国式现代化成效的指标之一，鲜明地彰显了实现共同富裕对实现社会主义现代化的重要意义。

在阐述共同富裕与中国式现代化之间的关系时，习近平总书记指出："共同富裕本身就是社会主义现代化的一个重要目标。我们不能等实现了现代化再来解决共同富裕问题，而是要始终把满足人民对美好生活的新期待作为发展的出发点和落脚点，在实现现代化过程中不断地、逐步地解决好这个问题。"[②]

①《习近平的小康情怀》，人民出版社2022年版，第153页。

② 习近平：《论把握新发展阶段、贯彻新发展理念、构建新发展格局》，中央文献出版社2021年版，第503页。

习近平总书记进一步指出：共同富裕“是中国式现代化的重要特征”。这些重要论断阐明了在推进中国式现代化进程中，要坚持以人民为中心的发展思想，尽力而为量力而行，主动解决地区差距、城乡差距、收入差距等问题，在推进中国式现代化的进程中实现共同富裕。

二、新时代共同富裕思想的创新贡献

习近平总书记关于共同富裕的重要论述是致力于缩小收入分化，实现每个人全面的发展。这些重要论述，既根植于中华民族的优秀传统文化，又蕴含着马克思主义的科学理论；既从历代领导集体的理论和实践中汲取养分，又从自身的实践探索出发深化了对共同富裕的认识；既立足国内发展，又从世界层面进行了阐述，体现了习近平总书记关于共同富裕的重要论述的伟大创新和巨大贡献。

（一）继承并发展了中华优秀传统文化

共同富裕是中华民族孜孜以求的理想目标，习近平总书记关于共同富裕的重要论述继承并发展了中华优秀传统文化，彰显出中华优秀传统文化中鲜明且独特的哲学智慧。

1. 继承并发展了以人为本的价值取向

作为中国古代社会伦理的基本思想，以人为本的价值取向影响着中国的社会发展。早在西周时期就出现了人本思想的萌芽。周灭商后，总结了殷商灭亡的教训，《尚书·蔡仲之命》：“皇天无亲，惟德是辅。民心无常，惟惠之怀。”认为民心经常变化的原因，是老百姓只归附于对自己有恩惠的君主。《尚书·无逸》认为“知小人之依，能保惠于庶民”是周朝崛起的原因。这些论述都强调须改善民生、重视民情民意。在百家争鸣的春秋战国时期,《管子·治国》最先提出以人为本的思想,“凡治国之道,必先富民”,认为治国的首要任务是“富民”。儒学思想的核心和基础是“仁”,《中庸》提出“仁者人也”,认为“仁”的核心在于人。孔子周游列国后发出“苛政猛于虎”的感叹,这也促使他成为人本思想的倡导者。《孟子·梁惠王上》主张“制民之产”,即欲使民,必先教民;欲教民,必先富民;欲富民,必先置民之产。《荀子·富国》提出“足国之道,节用裕民而善臧其余”,揭示了国富必先民富的道理。此后,历朝历代都对以人为本的思想进行了延伸发展,以人为本思想成为中华民族追求共同富裕的精神资源。习近平总书记继承并发展了以人为本的价值取向,提出“坚持发展为了人民、发展依靠人民、发展成果由人民共享,作出更有效的制度安排,使全体人民在共建共享发展中有更多获得感,增强发展动力,增进人民团结,朝着共同富裕方向稳步前进”①,论述了中国特色社会主义的发展,是逐步实现人人享有,各得其所的全民共享。

2. 继承并发展了“大同”“小康”社会的价值目标

“大道之行也,天下为公”是孔子的社会政治理想,也是儒家文化对理想社会的追求,更是千百年来无数仁人志士想要构建的理想社会。《孟子·梁惠王上》阐述“五亩之宅,树之以桑,五十者可以衣帛矣。鸡豚狗彘之畜,无失其时,七十者可以食肉矣。百亩之田,勿夺其时,数口之家可以无饥矣”,强调社会发展中,满足人民物质需要的重要性。《礼记·礼运》

① 习近平:《论把握新发展阶段、贯彻新发展理念、构建新发展格局》,中央文献出版社2021年版,第502页。

描绘了大同社会和小康的景象，认为可以把小康看成比大同低一层级的政治目标，但是小康社会也更接近现实也更具实现的可能性。尽管对大同和小康的描述具有历史局限性，但是大同、小康仍然成为引领无数仁人志士建立理想社会的美好愿景。比如康有为在《大同书》中描写了“大同之世，天下为公，无有阶级，一切平等”的人类社会远景；孙中山的三民主义思想中的民有、民治、民享就是对大同社会的构思，“国家是人民所共有，政治是人民所共管，利益是人民所共享”①。从历史角度来看，这里体现出的是镌刻在中华民族文化基因里对美好生活的追求，对理想社会的构想。习近平总书记在此基础上进一步阐述了全面建成小康社会的内涵：“小康指的是发展水平达到一定标准，全面强调的是发展质量。这就要在解决好人民群众普遍关心的突出问题上不断取得进展，增强发展共享性和协调性。”②要坚持以人民为中心的发展思想，推进全面建成小康社会的进程。“全面建成小康社会，不是一个‘数字游戏’或‘速度游戏’，而是一个实实在在的目标。在保持经济增长的同时，更重要的是落实以人民为中心的发展思想，想群众之所想、急群众之所急、解群众之所困，在学有所教、劳有所得、病有所医、老有所养、住有所居上持续取得新进展。”③

3. 继承并发展了“和合”理念的价值支撑

作为中国传统思想文化中最富生命力的文化内核和因子，

① 孙中山：《三民主义》，九州出版社 2011 年版，第 198 页。

② 习近平：《论把握新发展阶段、贯彻新发展理念、构建新发展格局》，中央文献出版社 2021 年版，第 148 页。

③ 习近平：《论把握新发展阶段、贯彻新发展理念、构建新发展格局》，中央文献出版社 2021 年版，第 149 页。

“和合”理念包含了社会个体身心和谐、人际和谐、群体与社会和谐以及人与自然的和谐，是“天人合一”的体现，强调“天人共存、人我共存”的辩证立场。“和合”理念融于中华民族社会生活的各个方面，体现在国家治理的各个维度，表达了和而不同、和平共处、和谐发展的思想观念。在人与人的维度，“君子和而不同”的处事之道是“和合”理念的体现；在人与自然维度，“和合”理念涵盖“钓而不纲，弋不射宿”的人与自然和谐共生状态；在国家维度，“和合”理念体现在“不患寡而患不均”的国家管理层面和“礼之用，和为贵”的民族策略。“和而不同”体现在我们推进共同富裕时，分阶段、动态地实现渐次共富。新时代共同富裕思想对于“和合”理念的继承和发展体现在新发展理念上，即坚持创新、协调、绿色、开放、共享的发展理念，并坚持用新发展理念推动共同富裕，不断破解经济发展难题，开创经济发展新局面。

（二）继承并发展了马克思主义的共同富裕理论

习近平总书记关于共同富裕的重要论述在继承马克思主义共同富裕理论的基础之上，结合新时代新阶段新矛盾，形成了对共同富裕的创新性论断，丰富和发展了共同富裕思想理论。

1. 在马克思、恩格斯阐述的“什么是共产主义社会”“怎样实现共产主义社会”基础上，形成了“什么是共同富裕”“怎样推进共同富裕”的论述

在《德意志意识形态》中，马克思对共产主义社会进行了生动的描述：“社会调节着整个生产，因而使我有可能随我自己的心愿今天干这事，明天干那事，上午打猎，下午捕鱼，傍晚从事畜牧，晚饭后从事批判，但并不因此就使我成为一个猎人、

渔夫、牧人或批判者。”[①]这里强调了生产力的充分发展和社会的合理调节。在《共产党宣言》中，马克思将共产主义社会总结为：“代替那存在着各种阶级以及阶级对立的资产阶级旧社会的，将是一个以各个人自由发展为一切人自由发展的条件的联合体。”[②]这里的前提条件是实现共产主义需要生产力的高度发展，但是对生产力的高度发展只是一个概述。

在中国特色社会主义的伟大实践中，毛泽东指明的共同富裕是让“所有一切人都富裕起来”[③]。邓小平纠正了新中国成立以来对共同富裕存在的错误认知，破除了共同富裕等同于平均主义的错误理念，认为共同富裕要在改善两极分化的前提下冲破“平均主义”的桎梏。邓小平在党的十三大提出“三步走战略”，即：第一步目标，1981 年到 1990 年实现国民生产总值比 1980 年翻一番，解决人民的温饱问题，这在 20 世纪 80 年代末已基本实现；第二步目标，1991 年到 20 世纪末国民生产总值再增长一倍，人民生活达到小康水平；第三步目标，到 21 世纪中叶基本实现现代化，人均国民生产总值达到中等发达国家水平，人民过上比较富裕的生活。江泽民认为高效率的发展才能推进共同富裕。胡锦涛也坚持发展仍然是实现共同富裕的前提条件，“只有实现又快又好的发展，我们才能更好地促进经济社会协调发展，才能形成更完善的分配关系和社会保障体系，才能创造更多就业机会，才能不断满足人民群众多方面的需求”[④]。

①《马克思恩格斯全集》第 3 卷，人民出版社 2002 年版，第 37 页。

②《马克思恩格斯全集》第 4 卷，人民出版社 1958 年版，第 491 页。

③ 中央档案馆、中共中央文献研究室编：《中共中央文件选集（1949 年 10 月—1966 年 5 月）》第 29 册，人民出版社 2013 年版，第 310 页。

④ 胡锦涛：《在省部级主要领导干部提高构建社会主义和谐社会能力专题研讨班上的讲话》，人民出版社 2005 年版，第 16 页。

习近平总书记关于共同富裕的重要论述在继承马克思主义共同富裕思想基础上，发展了共同富裕理论，阐明了新时代共同富裕的科学内涵：“全体人民共同富裕，是人民群众物质生活和精神生活都富裕，不是少数人的富裕，也不是整齐划一的平均主义”[①]，并且指出实现共同富裕是一个长期探索的过程，提出精准扶贫和乡村振兴是实现共同富裕的阶段性任务。贫困人口的脱贫致富，不仅决定着共同富裕的实现，也决定着共同富裕的水平。习近平总书记将精准扶贫作为新时代消除贫困的关键举措，把贫困问题、民生问题同共同富裕联系起来，这也是中国共产党的又一理论创新。习近平总书记多次指出要解决好“扶持谁、谁来扶、怎么扶、如何退”的问题。其中，针对“怎么扶”，习近平总书记提出了“六个精准”和“五个一批”等措施，实现了脱贫攻坚的完美收官，兑现了党对共同富裕的历史性承诺。

2. 阐明现阶段共同富裕的历史方位是社会主义初级阶段

习近平总书记明确现阶段共同富裕的历史方位是社会主义初级阶段，强调在立足社会主义初级阶段基本国情的基础上，系统推进共同富裕。在《哥达纲领批判》一书中，马克思论证了社会主义和共产主义是两个发展阶段：“共产主义，作为一种社会制度，同样有其成熟和发展的连续阶段。共产主义的发展要经过两个阶段——低级阶段和高级阶段。”然而，我国目前正处于并将长期处于社会主义初级阶段，因此，在生产力和生产关系上，都与高级的社会主义阶段存在巨大的差异，但这不意味着我们在逐步推进共同富裕方面就无所作为。习近平总书记

① 习近平：《扎实推动共同富裕》，《求是》2021年第20期。

强调："要根据现有条件把能做的事情尽量做起来，积小胜为大胜，不断朝着全体人民共同富裕的目标前进。"[①] 习近平总书记关于共同富裕的重要论述阐明了要研究社会主义初级阶段的基本国情与阶段特征，并在此基础上准确把握共同富裕的基本内涵，制定推进共同富裕的实现路径。

3. 把"共同富裕是社会主义的本质要求"上升为"共同富裕是中国特色社会主义的本质要求"

马克思、恩格斯在《共产党宣言》中指出："在资产阶级社会里，活的劳动只是增殖已经积累起来的劳动的一种手段。在共产主义社会里，已经积累起来的劳动只是扩大、丰富和提高工人的生活的一种手段。"[②] 这里把共同富裕作为资本主义社会与社会主义社会的本质区别，强调共同富裕是社会主义的基本特征。邓小平在1992年南方谈话时也鲜明指出共同富裕是社会主义的本质，认为"社会主义的本质，是解放生产力，发展生产力，消灭剥削，消除两极分化，最终达到共同富裕"。在这一论断中，共同富裕是社会主义社会最终要达到的目标。进入新时代，习近平总书记把脱贫攻坚任务作为推动共同富裕必须解决的关键问题，立足社会主要矛盾的转变，从满足人民对美好生活需要的角度出发，提出"共同富裕是中国特色社会主义的本质要求"[③] 的重要论断。

把"共同富裕是社会主义的本质要求"上升为"共同富裕是中国特色社会主义的本质要求"，一方面指明了推进共同富

① 习近平：《在省部级主要领导干部学习贯彻党的十八届五中全会精神专题研讨班上的讲话》，人民出版社2016版，第26页。

②《马克思恩格斯全集》第4卷，人民出版社1958年版，第481页。

③ 习近平：《正确认识和把握我国发展重大理论和实践问题》，《求是》2022年第10期。

裕的时代背景，在中国特色社会主义制度下推进共同富裕；另一方面从宽泛的社会主义的本质要求上升为中国特色社会主义的本质要求，体现了推进共同富裕的紧迫性。习近平总书记关于共同富裕的重要论述是把实现共同富裕作为制定方针政策的出发点和落脚点，这是共同富裕思想的重要创新。

（三）是对经济社会问题理论探索与实践的升华

习近平总书记关于共同富裕的重要论述符合辩证唯物主义认识论的观点，遵循了从实践到认识再到实践的路径。在作为知青到梁家河大队下乡的七年岁月中，习近平阅读了大量的马克思主义经典著作，同时，也深刻认识到了贫困地区的面貌和贫困百姓的生活状况。在河北正定县担任县委副书记、县委书记的三年多时间里，提出了“半城郊型”经济发展之路，让正定县摘掉“高产穷县”的帽子，率先推行“大包干”，制定“人才九条”广招英才等兴县富民政策。在福建工作期间，探索了闽东地区脱贫致富之路，提出了“弱鸟先飞”“滴水穿石”等理论。在浙江工作期间，实施了“欠发达乡镇奔小康”“山海协作”“百亿帮扶致富建设”等扶贫工程，为推进浙江省欠发达地区加快发展、提前消除绝对贫困、推进共同富裕指明了前进方向。党的十八大以来，习近平总书记围绕中国经济发展和改革问题进行了精心研判，提出了精准扶贫、全面建成小康社会、扎实推动共同富裕、开启全面建设社会主义现代化国家新征程等，对共同富裕问题进行了更为系统深入的阐释。针对世界经济的复杂形势和全球性问题，习近平总书记早在 2012 年同外国专家代表座谈时指出，“国际社会日益成为一个你中有我、我中有你的命运共同体”，“任何国家都不可能独善其身、一枝独秀”。人类命运共同体就是共同富裕思想在世界层面的体现。习近平总书记勇立时代潮头，坚持运用马克思主义的基本立场、观点、方法分析共同富裕问题，在理论层面丰富和发展了马克思主义共同富裕的理论内涵，拓展了新时代中国特色社会主义共同富裕的理论空间，在实践层面提供了新时代实现共同富裕的路径选择。

三、新时代共同富裕思想的重大意义

习近平总书记关于共同富裕的重要论述的立论基础是新时代新矛盾。社会主要矛盾的历史性变化必然要求在高质量发展中满足人民日益增长的美好生活需要，我国进入了扎实推进共同富裕的历史阶段。习近平总书记关于共同富裕的重要论述体现出中国共产党为人民谋幸福、为中华民族谋复兴的历史自觉，对实现马克思主义理想社会、指引中国人民过上美好生活、解决世界性贫富差距难题都具有重大意义。

（一）理论价值：丰富了马克思主义共同富裕的理论

习近平总书记关于共同富裕的重要论述是科学社会主义的最新理论成果，丰富和发展了马克思主义共同富裕的理论。马克思主义构建了共同富裕的科学理论，将空想社会主义的“乌托邦”变为现实。马克思、恩格斯提出社会发展的两个必然，即“资产阶级的灭亡和无产阶级的胜利是同样不可避免的”①。共产主义社会是最高的社会理想，也只有社会主义和共产主义才能实现人的自由全面发展，才能真正实现共同富裕。马克思、恩格斯描绘的共产主义社会是无产阶级联合运动、生产资

①《马克思恩格斯全集》第4卷，人民出版社1958年版，第479页。

料公有制、生产力高度发达、社会产品极大丰富的社会。马克思、恩格斯终其一生都在理论上探索实现社会主义和共产主义的道路，试图改变无产阶级的命运。列宁和斯大林将马克思主义的理论运用于实践，探索了在生产力落后的国家建设社会主义国家的道路。然而，这一探索随着东欧剧变和苏联解体宣告失败，这也意味着苏联模式的共同富裕的失败，实现共同富裕的重大任务历史性地落在中国共产党的肩膀上。党的十八大以来，习近平总书记继承和创新了中国共产党历代领导集体关于共同富裕的理论，根据新时代新阶段新要求，对共同富裕问题进行更全面的审视。习近平总书记在总结脱贫攻坚、全面建成小康社会、乡村振兴、中国式现代化等实践经验的基础上，提出了一系列独创性的观点和论断，走出了一条富有中国特色的共同富裕之路。精准扶贫、中国式现代化、第三次分配等进一步丰富了马克思主义共同富裕理论。习近平总书记关于共同富裕的重要论述致力于在理论和实践两个层面解答实现共同富裕需要解决的重大问题，从制度、理念、目标、方式等多个方面对共同富裕理论进行发展和完善，推动马克思主义共同富裕思想进入新境界。

（二）实践意义：形成了新时代新阶段创造美好生活的科学指南

习近平总书记关于共同富裕的重要论述是新时代新阶段创造美好生活的科学指南。人民对美好生活的向往是我们党的奋斗目标。中国共产党的百年奋斗史就是一部为人民谋幸福的历史，一部践行党的初心使命的历史，一部党与人民心连心、同呼吸、共命运的历史。一百多年来，中国共产党带领全国人民实现了从站起来、富起来到强起来的伟大飞跃，人民生活实现了从被压迫到获得解放，从温饱到总体小康，从总体小康到全面小康的历史性转变。随着生产力的发展，社会主要矛盾发生深刻变化，人民对美好生活的需要逐步提高。除了对物质生活有较高要求外，也进一步要求有更加全面的法制保障、更加舒适的生活环境、更加安全的社会环境，更加迫切期盼能够共享发展成果。人民群众对美好生活的需要和对共同富裕的期盼具有一致性。习近平总书记关于共同富裕的重要论述凸显了以人民为中心的发展思想，不仅要求更好地满足人民日益增长的美好生活需要，把促进全体人民共同富裕作为为人民谋幸福、为民族谋复兴的着力点，还制定了实现共同富裕的路线、方针和政策，是新时代新阶段促进共同富裕的科学遵循，也是建设社会主义现代化强国的行动指南。

（三）世界贡献：提供了解决世界贫富差距问题的中国方案

习近平总书记关于共同富裕的重要论述为解决世界贫富差距问题提供了新的思路和方案。贫富差距问题是世界性难题。瑞士信贷（CS）发布的《2022年全球财富报告》指出，世界家庭总财富的46%被最富有的1%的家庭占有，而全球82%的财富握在最富有的10%的成年人手中，全球贫富差距大幅上升。贫富差距悬殊带来了一系列社会问题，对经济发展造成严重影响。西方经济学家从维护资本主义制度的角度出发，试图采取调整税收和社会福利等方式改善贫富差距，但都是治标不治本的举措。马克思主义认为资本主义生产方式是造成全球财富分配失衡的根源，不改变资本主义私有制，则无法从根本上解决两极分化问题。中国作为世界上最大的发展中国家，人口众多，面临的区域、城乡、行业之间的不平衡发展问题更加复杂严峻，实现共同富裕之路更为艰辛曲折。因此，中国探索共同富裕之路的成功经验，对于解决世界贫富差距问题具有更显著的样本意义。新时代共同富裕思想建立在马克思主义科学理论基础之上，根植于中华优秀传统文化，打破了只有西方贫富差距治理模式的迷思，走出了一条不同于西方的贫富差距治理之路，拓宽了全球贫富差距治理的视野与路径，为发展中国家探索适应本国国情的共同富裕道路提供了中国智慧、中国方案。

实践篇

第四章
中国式共同富裕的区域协调发展实践

自党的十九届五中全会提出要在推动全体人民共同富裕目标上取得更为明显的实质性进展后，共同富裕已经成为当前我国发展战略的重要目标与任务。区域协调发展战略对实现共同富裕目标具有重要作用，本章从区域整体发展框架出发，从提高增长极地区的发展水平、增长极地区的辐射效应以及欠发达地区的内生发展能力等视角，指出区域协调发展战略助推共同富裕目标的政策建议。

一、推动区域协调发展与共同富裕的内在关系

虽然共同富裕涉及多个领域，但从共同富裕的本质以及区域协调发展的内涵看，推动共同富裕与区域协调发展有着极为密切的关系。

（一）推动区域协调发展是实现共同富裕的必然前提

实现共同富裕与缩小收入差距是一体两面的关系，这是因为实现共同富裕的必要条件之一就是要缩小收入差距[①]。从直接逻辑看，区域差距、城乡差距、行业差距、职业差距等不同的差距类型都需要在实现共同富裕的过程中被缩小。然而，与其他类型的差距不同，区域差距在缩小收入差距的整个过程中具

① 蔡之兵、石柱、郭启光：《共同富裕导向下的区域协调发展战略完善思路研究》，《农村金融研究》2022 年第 1 期。

有独特的地位，主要表现为区域差距是其他类型差距的基础，区域差距越大往往意味着其他类型的差距也会越大。换言之，如果不能真正缩小区域差距，那么想要缩小其他任何一种收入差距类型都会面临巨大挑战。以城乡差距为例，在我国所有省级行政区中，浙江省是城乡居民收入差距最小的几个省域之一，其城乡居民收入差距比已经缩小到 2 以内，而城乡居民收入差距最大的贵州省，其城乡居民收入差距比高达 3.1。显然，浙江省与贵州省的区域发展差距是两者内部城乡差距所存差异的重要原因。因此，想要实现共同富裕，就需要缩小多种不同类型的收入差距，而其中又以区域差距的缩小最为紧迫和重要。

（二）推动区域协调发展是实现全体人民共同富裕的必然要求

实现共同富裕的目标，需要解决收入水平相对较低群体的收入提高问题，让其与其他群体的收入差距不是越拉越大，而是要有所缩小。实现这一目标的办法之一，就是提高特殊类型地区的发展水平。共同富裕不是各地区步调一致、同步达到较高的发展水平，而是各地区有先有后，先富带动后富，最终实现共同富裕。我国各地资源禀赋、能力水平差异较大，也很难在较短时间内达到稳定的均衡状态。我国存在着数量众多、分布较广的革命老区、生态退化地区、边境地区、资源型地区、国有林场林区等特殊类型地区。这些区域的发展水平经过多年的努力，已经有了很大提高，但与全国较发达地区的水平相比，仍有不小差距，解决这些地区的持续发展问题，把这些地区的发展水平提升上来，不让其与较发达地区的发展差距越拉越大，有助于总体上解决收入相对较低群体的收入提高问题，缩小低收入群体与其他群体的收入差距，这是实现人民共同富裕的基础性要求。

（三）区域协调发展目标是实现共同富裕的重要支撑

现阶段我国提出在实现全体人民共同富裕上取得更为明显的实质性进展，是建立在中国特色社会主义市场经济条件下的。[①] 现阶段我国实现全体人民共同富裕不能再像传统的计划经济时代一样，通过行政手段进行平均分配来实现，而要在充分发挥市场在资源配置中的决定性作用的基础上实现。2022 年 4 月 10 日，《中共中央 国务院关于加快建设全国统一大市场的意见》（以下简称《意见》）发布。《意见》明确提出了建设全国统一大市场的目标。建立全国统一大市场，是实现全体人民共同富裕的基础性支撑。只有建立全国统一大市场，我国的超大规模市场优势才能得到充分发挥，超大规模市场优势才能转化成推动经济增长、人民收入水平提高、人民生活水平改善的实际动能，从而为实现全体人民共同富裕奠定更坚实的物质基础。建立统一的全国大市场，要求破除地方保护和区域壁垒，清理废除各地区妨碍统一市场和公平竞争的各项政策。这些措施将有效规范第一次收入分配，避免因影响公平竞争的政策或机制等因素造成收入分配不公和收入分配差距过大。

二、区域协调发展助推共同富裕的作用机理及其进展

（一）区域协调推动共同富裕的作用机理

从缩小区域差距与共同富裕的关系看，区域协调发展战略

---

① 张其仔、叶振宇:《推动区域协调发展，夯实共同富裕的区域平衡发展基础》,《中国经济学家》2022 年第 4 期。

在以下三个方面对最终共同富裕目标的实现具有重要影响。

1. 增长极地区的带动作用

自工业革命爆发以来，全球经济就驶入了快车道，尤其随着近代以来全球贸易和经济秩序的建立，发达国家与欠发达国家都迎来了半个多世纪的高速发展期。透视这些国家的发展历程，可以发现无论是发达国家还是欠发达国家其发展过程都曾出现一个显著特点，即这些国家的发展都崛起于局部地区的率先发展和引领发展，比如美国的东北部地区、日本的东京湾地区等，这些地区率先发展并对整个国家发展水平提升发挥了重要的带动作用。即使是欠发达国家，类似这样的区域发展结构也广泛存在，比如开罗之于埃及、雅加达之于印度尼西亚。可见，局部先发地区成为增长极地区是现代国家发展过程的必然特征。

从实现共同富裕目标看，此类增长极地区对我国最终共同富裕目标的实现具有极为重要的作用。长期以来，我国区域发展战略采取的是非均衡导向的发展思路，鼓励东部沿海地区的率先发展是我国区域发展的根本战略导向。应该承认，这一举措极大地释放了东部沿海地区的发展潜力，东部沿海地区在短短几十年的时间内不仅已经成为推动全国经济增长的主要增长极地区，更是具备了与全球一流水平的区域经济相竞争的实力。如在全球四大湾区经济中，我国的粤港澳大湾区的经济总量已经位居第二，距离排名第一的东京湾区的经济总量也近在咫尺。因此，在未来实现共同富裕目标的过程中，我国的增长极地区能否继续保持率先发展和引领发展的势头并发挥对其他地区的辐射带动作用将起到决定性的作用。

2. 增长极地区的辐射作用

现代国家的崛起和发展的一般规律决定了增长极地区的出现与形成，而共同富裕目标的提出则必然要求增长极地区能够对其他地区发挥辐射带动作用。从我国区域发展实践看，改革开放以来的沿海开放战略有效地培育了一大批增长极地区。然而，随着东部地区发展水平的提高，东部与中西部地区的发展差距也逐渐拉大，为了更加有效地发挥东部沿海地区的辐射带动作用，我国先后于 1999 年、2003 年、2006 年实施了西部大开发、振兴东北地区等老工业基地、促进中部地区崛起等，旨在加快内陆地区发展。党的十八大以后，区域之间的协调与均衡发展的重要性进一步提升，随着京津冀协同发展、长江经济带发展、粤港澳大湾区建设、长三角一体化发展、黄河流域生态保护与高质量发展的提出，区域协调发展战略已于 2017 年上升为国家战略，先发地区与其他地区联动发展的紧迫性和重要性进一步提高。

在影响增长极地区辐射作用的诸多因素中，除了增长极地区自身的发展实力外，更重要的是增长极地区与其他地区之间是否具有畅通有效的合作渠道。一般情况下，增长极地区自身发展水平越高，其辐射能力也越强。但正如能量的传播依赖载体，增长极地区辐射能力能否产生辐射效应，增长极地区与其他地区之间的合作渠道与机制是关键变量；两者之间的合作渠道数量越多、渠道越通畅、机制越有效，增长极地区的辐射效应就越能发挥，而这也恰恰是我国区域协调发展战略的实施重点与主要目标之一。

3. 欠发达地区的内生发展能力

实现共同富裕目标必然要求所有区域都能够达到一定发展水平，而想要推动所有地区都能够达到一定水平，仅仅依靠增长极地区的辐射效应显然是不够的。这是因为欠发达地区的数量往往要远多于增长极地区的数量，增长极地区的空间辐射范围不可能涵盖所有的欠发达地区。实际上，在绝大多数情况下，区域发展水平提升的根本动力只能来源于自身。对具有区位优势的欠发达地区而言，主动接受增长极地区的辐射是有效提高其发展水平的关键。然而，对其他不具备区位优势的地区来说，如何增强内生发展能力则是其提升发展水平的根本出路。

现实中，由于区域发展格局往往呈现马太效应，发达地区的要素集聚效应在发展过程中会越来越强，而其他地区发展资源相应地就会越来越少，这就使得欠发达地区的发展往往会遇到巨大困难。破解这些困难从而进入发展的正常轨道固然需要国家战略的支持、增长极地区的带动，但同样依赖于欠发达地区在包括准确识别自身发展优势与劣势、科学制定产业与发展规划、有效落实产业与发展规划等方面的能力提升。总体看，如何让绝大多数欠发达地区的发展水平顺利提升将是实现共同富裕目标过程中的重中之重。

（二）区域协调推动共同富裕的进展

党的十八大以来，各地区各部门认真贯彻落实中共中央、国务院关于区域协调发展的重大决策部署，持续推进区域重大战略和区域协调发展战略，有力推动各地区合理分工、优势互补，区域协调发展体制机制更加健全，经济增长潜力进一步显现，区域发展新格局逐步构建。

根据《中华人民共和国2022年国民经济和社会发展统计公报》，从经济规模看，2022年全年东部地区GDP为62.2万亿元，占全国GDP比例为51%；中部地区GDP为26.65万亿元，占全国GDP比例为22%；西部地区GDP为25.7万亿元，占全国GDP比例为21%；东北地区GDP为5.79万亿元，占全国GDP比例为5%。按不变价核算，2013—2022年，东部、中部、西部、东北地区生产总值分别年均增长7.0%、7.5%、7.7%和4.7%，中西部地区发展速度领先于东部地区。从居民人均可支配收入看，2012年到2022年，东部、东北、中部与西部地区居民人均可支配收入比分别从2013年的1.7、1.29、1.1下降至2021年的1.63、1.11、1.07，区域良性互动，相对差距逐步缩小。从重点区域战略的进展看，京津冀三地经济总量突破10万亿元、粤港澳大湾区内地9市经济总量突破10万亿元、长三角三省一市经济总量超29万亿元，三大城市群经济总量占全国比例超过40%，成为名副其实的经济压舱石、高质量发展动力源、改革试验田。从各省经济表现看，广阔的城乡区域为中国经济发展提供了巨大的发展空间和回旋余地。2022年，受疫情等超预期因素影响，中国经济全年同比增长3%。在GDP增速4%以上的10个省份中，西部省份占6席，中部省份有3席。东部省份受到外需冲击增长放缓的同时，中西部地区在保链稳链、保障粮食和能源供应安全等领域发挥了关键作用[①]。

三、制约共同富裕目标顺利实现的区域发展难题

无论是增长极地区的发展水平，还是欠发达地区的发展能

①《从十个维度看中国经济发展信心》，央视网，http://news.cctv.com/2023/03/02/ARTIEXA96CSQpy2h1l7EKDgK230302.shtml。

力，在过去几十年的发展过程中都出现了巨大提升。然而，从最终共同富裕目标的实现难度看，区域发展的三个层面还面临不同程度的挑战。

（一）增长极地区面临的发展压力逐渐增大

长期以来，增长极地区是我国经济发展的主要动力来源。然而，随着经济发展水平的提高，国外发展环境以及国内发展阶段开始出现变化和转换，增长极地区也开始面临巨大的增长压力。为了深入分析这一趋势，笔者对 2002 年以来东部沿海地区省份与各重点城市的经济增幅与经济增速进行了全面测算，见表 4-1 与表 4-2。

表 4-1　2002—2019 年东部沿海地区省份经济增幅与经济增速

省份	2002—2007 年增幅	2002—2007 年平均增速	2008—2013 年增幅	2008—2013 年平均增速	2014—2019 年增幅	2014—2019 年平均增速
北京	2.30	18.16%	1.79	12.34%	1.55	9.11%
天津	2.16	16.63%	1.92	13.92%	1.32	5.72%
河北	2.20	17.10%	1.71	11.31%	1.39	6.77%
上海	2.22	17.32%	1.60	9.80%	1.50	8.49%
江苏	2.45	19.63%	1.92	13.91%	1.52	8.76%
浙江	2.32	18.31%	1.75	11.89%	1.56	9.31%
福建	2.09	15.86%	2.06	15.53%	1.70	11.16%
山东	2.25	17.66%	1.75	11.80%	1.39	6.80%
广东	2.33	18.47%	1.70	11.23%	1.58	9.64%
海南	1.92	13.94%	2.11	16.14%	1.55	9.10%

注:（1）数据来源于国家统计局，为名义增速，下同。（2）由于新冠疫情，2020 年至 2022 年的经济数据没有可比价值，故主要以 2019 年为样本终点进行比较。

表 4-2　2002—2019 年重点城市经济增幅与经济增速

重点城市	2002—2007年增幅	2002—2007年平均增速	2008—2013年增幅	2008—2013年平均增速	2014—2019年增幅	2014—2019年平均增速
石家庄	1.99	14.74%	1.71	11.37%	1.12	2.36%
太原	2.90	23.72%	1.64	10.45%	1.59	9.74%
呼和浩特	3.48	28.30%	2.06	15.54%	0.96	−0.72%
沈阳	2.30	18.13%	1.85	13.15%	0.91	−1.84%
大连	2.23	17.36%	1.98	14.67%	0.91	−1.77%
长春	1.82	12.68%	1.95	14.32%	1.11	2.02%
哈尔滨	1.98	14.61%	1.75	11.83%	0.98	−0.34%
南京	2.53	20.41%	2.12	16.24%	1.59	9.73%
杭州	2.30	18.14%	1.75	11.78%	1.67	10.80%
宁波	2.29	18.02%	1.80	12.45%	1.57	9.51%
合肥	3.23	26.45%	2.81	22.93%	1.82	12.78%
福州	1.70	11.22%	2.05	15.42%	1.82	12.69%
厦门	2.14	16.44%	1.93	14.11%	1.83	12.86%
南昌	2.52	20.27%	2.01	14.98%	1.53	8.82%
济南	2.13	16.37%	1.73	11.63%	1.64	10.35%
青岛	2.49	20.06%	1.80	12.54%	1.35	6.20%
郑州	2.68	21.78%	2.06	15.60%	1.71	11.33%
武汉	2.10	16.05%	2.29	17.98%	1.61	10.01%
长沙	2.69	21.93%	2.38	18.97%	1.48	8.14%
广州	2.37	18.82%	1.88	13.42%	1.41	7.18%
深圳	3.01	24.69%	1.86	13.18%	1.68	10.97%
南宁	3.00	24.59%	2.13	16.33%	1.43	7.44%
海口	2.42	19.33%	2.04	15.34%	1.53	8.90%

续表

重点城市	2002—2007年增幅	2002—2007年平均增速	2008—2013年增幅	2008—2013年平均增速	2014—2019年增幅	2014—2019年平均增速
成都	1.99	14.80%	2.34	18.48%	1.69	11.09%
贵阳	2.06	15.58%	2.57	20.79%	1.62	10.10%
昆明	1.92	13.99%	2.26	17.70%	1.74	11.77%
拉萨	5.87	42.46%	2.15	16.50%	1.78	12.21%
西安	2.14	16.45%	2.23	17.40%	1.70	11.16%
兰州	1.89	13.63%	2.10	15.98%	1.42	7.23%
西宁	2.82	23.06%	2.32	18.31%	1.25	4.50%
银川	3.06	25.08%	2.51	20.18%	1.37	6.44%
乌鲁木齐	2.31	18.27%	2.16	16.64%	1.39	6.76%

由表 4-1 与表 4-2 可知，我国东部沿海地区与重点城市都遭遇了极大的增长压力。省级层面上，所有东部沿海省份的经济增速都出现了下滑。比如长期位于我国省域经济总量第一的广东省 2002—2007 年间的 GDP 增长 2.33 倍、2008—2013 年间增长了 1.7 倍，而 2014—2019 年广东省的 GDP 仅增长 1.58 倍；江苏省同样如此，2002—2007 年、2008—2013 年、2014—2019 年的 GDP 平均增速分别为 19.63%、13.91%、8.76%，下降趋势较为明显，表明经济增长面临较大压力。城市层面也是如此，32 个省会城市和副省级城市的经济增速不仅出现下滑，个别城市经济总量甚至出现了下降。以深圳为例，2002—2007 年、2008—2013 年、2014—2019 年的 GDP 平均增速分别为 24.69%、13.18%、10.97%，名义经济增速下降 50% 以上，而呼和浩特、沈阳、大连、哈尔滨等城市 2014—2019 年的经济总量都出现了不同程度的下滑。因此，当前的增长极地区都面

临着巨大的增长压力，这对未来共同富裕目标的实现会产生较大阻碍。

（二）增长极地区对其他地区的辐射带动机制仍需完善

增长极地区对其他地区的带动作用是提升整体区域发展水平的重要支撑，这种带动作用渠道是否畅通与有效是决定带动辐射作用能否发挥的前提条件。长期以来，欠发达地区的加快发展是我国区域发展战略的重点。从过去发展实践看，这种重视往往体现为中央政府加大对欠发达地区的政策支持力度，而针对增长极地区与其他地区的具体合作渠道建设则比较缓慢。党的十八大以后，在区域协调发展战略的形成过程中，重视增长极地区与其他地区的联动发展开始成为区域发展战略的重点，尤其是京津冀协同发展战略在探索增长极地区与其他地区的合作渠道发挥了巨大的引领示范作用。

京津冀协同发展战略最大的贡献之一就是提出了推动区域协调发展的“交通—产业—生态”三维框架，明确指出先发区域带动后发区域需要在交通一体化、生态环境保护和产业转移三个领域同步发力。实践证明，“交通—产业—生态”这一框架重点突出、操作性强、精准性高，后续的长江经济带发展、粤港澳大湾区建设、长三角一体化发展、黄河流域生态保护与高质量发展的规划文本都采用了这一框架。如《长江经济带发展规划纲要》就提出了“大力保护长江生态环境、加快构建综合立体交通走廊、创新驱动产业转型升级”这三项任务；《粤港澳大湾区发展规划纲要》也提出了“加快基础设施互联互通、构建具有国际竞争力的现代产业体系、推进生态文明建设”三项任务；《长江三角洲区域一体化发展规划纲要》同样提出了“加强协同创新产业体系建设、提升基础设施互联互通水平、强化生态环境共保联治”三项任务；《黄河流域生态保护和高质量发展规划纲要》也提出了“强化环境污染系统治理、建设特色优势现代产业体系、加强基础设施互联互通”三项任务。实际上，除了这三个领域任务外，区域发展战略的规划文本也提出了很多其他领域的任务，但从具体实践看，各个区域推动区域协调发展的实践过程往往都会率先从这三大领域着手，比如打通“断头路”、签订生态环保合作协议与产业合作协议等，“交通—产业—生态”这一操作框架的重要现实和指导价值可见一斑[①]。

然而，一方面，由于辐射带动渠道不仅仅涉及交通、产业、生态三个领域，还涉及其他包括政府治理、公共产品、营商环境等一系列领域，未来深入推动区域协调发展战略需要在这些领域同步发力，比如区域之间的治理体系与治理政策如何趋同、公共产品如何实现均等化都应该在顶层设计中得以体现。另一方面，随着交通、产业、生态三大领域工作的逐步深入，很多基础性如打通“断头路”、提高区域之间的交通联系密度、签订产业合作协议、深化生态环保合作等工作都已经完成，但包括高质量产业分工体系如何构建，先进的产业如何集聚，区域之间的生态补偿如何标准化、规范化、制度化和固定化等这些领域的深层次问题仍然没有得到根本解决，而这些深层次问题恰恰是制约增长极地区辐射带动作用的重要问题，这些问题如果得不到解决，区域协调发展的效果就难以保证。实际上，即使是最早探索区域合作渠道建设的京津冀地区，目前也面临着区域差距难以缩小的困境。比如京津冀三地 2014 年的人均

① 蔡之兵：《深入实施区域协调发展战略的五个关键》，《中国国情国力》2022 年第 3 期。

GDP 分别是 10.75 万元、7.12 万元、3.43 万元，北京市的人均 GDP 分别是天津市和河北省的 1.51 倍和 3.14 倍。而 2022 年，北京市的人均 GDP 已经分别是天津市和河北省的 1.6 倍和 3.4 倍，三者的发展差距并没有缩小。因此，在未来推动共同富裕的过程中，要重视增长极地区与其他地区的合作渠道建设，增强增长极地区对其他地区的辐射带动效应，促进整体区域的共同发展。

（三）欠发达地区的内生增长能力有待提高

除了增长极地区的辐射带动作用外，欠发达地区自身的发展能力也是决定共同富裕能否实现的关键前提。前文已经指出由于欠发达地区的数量远远多于发达地区，绝大多数欠发达地区都需要依靠自身的发展能力来实现一定程度的发展。然而，大量的案例与数据都表明欠发达地区自身的发展能力并不足以支撑其发展。考虑到发展能力指标难以直接衡量，这里以地区的财政自给率指标作为间接衡量指标。一个地区的财政自给率指的是“一般公共预算收入 / 一般公共预算支出”的比值，由于一般公共预算收入可以代表区域发展收益而一般公共预算支出代表区域发展成本，这一比值在某种程度上可以衡量地区的发展能力情况。从非东部沿海发达地区的各省（市、自治区）财政自给率看，我国越来越多的区域开始陷入发展收益远远低于发展成本且两者差距正在快速拉大的困难境地，见表 4-3。

表 4-3　2001—2019 年部分年份非东部沿海发达地区的各省（市、自治区）财政自给率演变情况

地区	2019 年	2017 年	2015 年	2013 年	2009 年	2005 年	2001 年
山西	49.84%	49.70%	47.98%	56.16%	51.60%	55.08%	45.86%
内蒙古	40.38%	37.60%	46.19%	46.68%	44.16%	40.69%	31.14%
辽宁	46.17%	49.04%	47.47%	64.34%	59.32%	56.07%	58.30%
吉林	28.40%	32.50%	38.21%	42.15%	32.93%	32.82%	37.10%
黑龙江	25.20%	26.79%	29.00%	37.91%	34.17%	40.39%	44.67%
安徽	43.05%	45.33%	46.85%	47.71%	40.33%	46.84%	47.59%
江西	38.95%	43.96%	49.08%	46.72%	37.21%	44.85%	46.52%
河南	39.77%	41.47%	44.36%	43.27%	38.75%	48.17%	52.65%
湖北	42.52%	47.76%	49.01%	50.12%	38.97%	48.22%	47.88%
湖南	37.43%	40.15%	43.91%	43.29%	38.35%	45.26%	47.58%
广西	30.97%	32.90%	37.27%	41.06%	38.29%	46.29%	50.81%
海南	43.80%	46.68%	50.64%	47.57%	36.67%	45.41%	55.45%
重庆	44.04%	51.94%	56.83%	55.29%	50.71%	52.70%	44.67%
四川	39.34%	41.15%	44.75%	44.75%	32.71%	44.32%	45.64%
贵州	29.71%	34.99%	38.16%	39.14%	30.35%	35.05%	36.25%
云南	30.63%	33.02%	38.37%	39.33%	35.76%	40.80%	38.53%
西藏	10.15%	11.05%	9.93%	9.37%	6.40%	6.49%	5.84%
陕西	40.01%	41.52%	47.07%	47.70%	39.92%	43.09%	38.80%
甘肃	21.52%	24.69%	25.14%	26.29%	23.00%	28.76%	29.71%
青海	15.14%	16.09%	17.63%	18.23%	18.03%	19.92%	19.57%
宁夏	29.45%	30.42%	32.80%	33.43%	25.81%	29.78%	29.46%
新疆	29.68%	31.62%	34.98%	36.79%	28.86%	34.74%	36.11%
均值	34.37%	36.84%	39.80%	41.70%	35.56%	40.26%	40.46%

由表 4-3 可知，我国非东部沿海发达地区的财政自给率总体上呈现下降趋势，虽然 2009—2013 年平均财政自给率有所

上升，但是 2013 年以后财政自给率又开始下降。相比于 2013 年 41.70% 的平均财政自给率水平，2019 年的平均财政自给率下降至 34.37%，6 年下降了 7.33 个百分点，年均下降超过 1.22 个百分点。此外，从不同省份财政自给率的绝对水平看，除了重庆市财政自给率在 2017 年高于 50%，其他 21 个省份 2015 年以后的财政自给率都低于 50%，即使是重庆市，其 2019 年的财政自给率也已经下降至 44.04%。更值得警惕的是 2019 年已经有吉林、黑龙江、广西、贵州、云南、西藏、甘肃、青海、宁夏、新疆等 10 个省份的财政自给率低于 35%，这不仅反映了这些欠发达地区面临的巨大发展压力，同时也从侧面反映了这些地区发展能力尚不足以支撑自身的可持续发展。显然，在这种情况下，缩小区域差距最紧迫的任务应是着力缩小个体区域发展收益与发展成本的差距，努力提高个体区域的财政自给率，使越来越多的区域能够实现发展收益大于发展成本，而实现这一目标就必然要求提高欠发达地区的发展能力，这是当前我国缩小区域差距和推动共同富裕进程的重要政策导向。

四、区域协调发展推动共同富裕的总体原则

缩小地区发展差距是一项系统工程，需要重视整体区域的高质量发展。同时，它也是一项精准工程，也必须关注个体区域的健康发展[①]。除此之外，推动区域之间的协调和共赢发展也是缩小地区发展差距的原则之一。从具体属性和本质目标出发，缩小地区发展差距需要坚持如下四大原则：

① 蔡之兵:《健全区域协调发展体制机制的实施原则、操作重点与具体思路》,《农村金融研究》2021 年第 9 期。

（一）立足先天优势，实现因地制宜

区域协调发展目标的实现离不开个体区域的高质量发展。在影响和决定个体区域发展质量的诸多因素中，个体区域能否选择与自身发展阶段、发展基础、发展禀赋最为契合的发展战略至关重要。然而，一个地区能否选择与自身实际情况高度匹配的发展战略和区域协调发展体制机制是否健全密切相关。在我国区域发展实践中，由于区域协调发展体制机制的不完善，很多地方在发展过程中多考虑如何在短时间内取得更高的发展水平。同时，由于缺乏区域协调发展体制机制的引导和约束，他们在选择发展战略时，并不会从自身实际情况这一起点开始考虑发展战略，而是会从如何提升最终发展水平这一终点来制定发展战略。这就使得我国部分地区和城市往往会不顾自身实际情况，如生态承载能力、发展基础、发展能力等，盲目制定过高、过快、过大的发展战略规划，最终导致发展效率不高。因此，缩小地区发展差距的首要原则就是要基于各地区实际情况，充分发挥各地区的先天优势，从发展起点规范单个区域的发展，鼓励各地区因地制宜，制定出与自身实际情况高度契合的发展战略，避免区域发展关系陷入过度超出自身承载能力的困难境地。

（二）立足比较优势，实现优势互补

缩小地区发展差距的第二个原则是要立足于比较优势，实现优势互补。与先天优势不同，比较优势指的是不同地区在过去发展过程中所形成的相比于其他地区的发展优势。从一般逻辑分析，任何地区既有比较优势产业，也有比较劣势产业。按照优势序位的高低，同一个产业下，可以形成一条根据比较优

势顺序高低来排列的区域集合。实现优势互补有如下两点要求：一方面，同一种产业下拥有比较优势的地区数量往往较少，这意味着大量的产业份额向优势地区集中；另一方面，不同产业下的顶部优势地区分布结构应该呈现较大差异性，这意味着不同地区都能够在不同产业上展现自己的优势。实现这一目标一方面要求区域协调发展体制机制能够彻底破除区域之间的市场割裂、市场壁垒和市场封锁，实现要素、企业、产业的高度自由化流动，让市场在资源配置过程中发挥决定性作用，实现一体化发展；另一方面，也为各地制定发展战略指明了方向，即地区发展没有必要追求大而全的产业结构，而应该着眼于培育自身具有比较优势的产业，在充分的市场竞争中打造自身竞争优势，最终实现区域优势互补的高质量区域经济布局。

（三）立足整体优势，实现规模经济

超大规模市场优势是我国发展的最大优势之一，也是我国应对国内外挑战的最大底气之一。因此，缩小地区发展差距的重要目标就是立足我国区域经济发展“全国一盘棋”的整体优势，通过区域之间的深度合作，实现规模经济。从现实情况出发，立足整体优势，实现规模经济要求区域协调发展体制机制具有如下两方面导向：

一方面，区域协调发展体制机制需具有明确的整体性发展目标。对任何一个区域而言，发展的目标都是多维度和多层次的，不同区域所处发展阶段不同，发展目标体系以及不同发展目标权重理应不同。但与此同时，任何一个区域的发展目标都必须从属于更高层级区域的发展目标，所有区域的发展目标也必须从属于国家发展的整体性目标。比如目前我国正处于加快形成双循环发展格局的关键期，扩大内需和提升科技自立自强能力就成为国家发展的关键，任何一个地区或者区域发展战略的制定都必须以此为根据和导向，这是确保国家发展大局利益的前提，也是区域协调发展体制机制健全的根本方向。另一方面，区域协调发展体制机制需具备推动区域之间形成整体和系统发展格局的内容。实现整体优势和规模经济必然要求区域之间形成密切且深度的融合发展机制，比如区域合作机制、区域互助机制、区域一体化机制，也要求区域协调发展体制机制能够从交通、生态、产业等一系列领域实现区域在现实经济活动中的融合发展。

（四）立足制度优势，实现互利共赢

想要顺利实现协调发展目标，区域协调发展体制机制既需要包含推动区域协调和一体化合作所需要的政策设计，更需要充分发挥我国的社会主义制度优势，确保所有区域尤其是参与区域协调发展战略的区域都能够实现互利共赢的发展。

从区域发展的规律看，区域之间一体化的程度越高，短期内区域发展的极化效应就会越明显。这是因为在绝对一体化的背景下，要素和经济活动会向优势地区持续集聚，区域之间的差距会逐渐拉大，这也就意味着要素吸引能力处于相对劣势地位的区域发展利益会受到冲击，倘若缺乏对区域之间发展利益进行平衡的机制设计，这种发展差距日益拉大的区域格局是难以持续的。因此，缩小地区发展差距需要重视区域间利益均衡机制，对在一体化中获益和受损的地区应统筹考虑，在保障各个地区展开充分和公平竞争的前提下，鼓励优势地区继续快速发展，同时针对处于相对劣势的地区，在产业合作、技术转移、

税收共享等方面给予优惠政策待遇，不断提升这些地区的内生发展能力并加快培育具有竞争优势的产业体系，最终实现区域发展的互利共赢。

五、区域协调发展推动共同富裕的政策取向

从发展的本质而言，实现共同富裕必然是发展水平不断提高的过程，这就意味着继续坚持以经济建设为中心、毫不动摇地将经济发展置于发展大局中的核心地位是实现共同富裕的前提条件。因此，从区域发展的角度看，未来仍然要着力进一步提高增长极地区的综合实力，进一步完善增长极地区的辐射带动渠道，进一步增强欠发达地区的发展能力。

（一）进一步提高增长极地区的综合实力

由于存在发展水平的差距，在众多的区域主体中，提高增长极地区的综合实力是实现共同富裕的前提条件之一。从目前制约增长极地区综合实力的因素看，进一步提高这些地区的发展实力需从如下三方面着手：第一，加快区域一体化进程和提高要素自由流动程度。区域一体化程度是影响要素自由流动程度的前提，也是发挥我国超大规模市场优势的前提。国内外发展实践都已经证明，区域经济一体化越高，往往能够培育发展水平越高的城市或者地区，比如日本由于其内部区域经济一体化程度高，东京都的经济规模充分享受到了这种高度一体化的发展红利，其 GDP 规模要远远超过我国 GDP 第一的上海市。因此，未来要按照高度一体化的发展目标，不断提高区域之间的一体化发展程度，充分发挥超大规模市场优势，让增长极地区能够享受高度一体化的发展红利。第二，完善发展资源的横

向配置体制。自实施西部大开发战略以来，我国的发展要素资源配置结构就在区域均衡战略的导向下向中西部地区倾斜，比如土地要素的配置份额往往呈现中西部地区高于东部地区的特征。显然，由于东部地区处于高速发展期，发展任务重，所需要的要素份额也会大，人为降低东部沿海地区的要素配置份额无疑会抑制这些地区的发展潜力。第三，破除完全按照行政级别来配置发展资源的纵向发展体制。按照行政级别来配置发展资源是我国经济发展的另外一个特征，然而，很多发展水平高、发展能力强的地区可能不一定具有高行政级别，比如 2022 年 GDP 超过 2 万亿元的苏州市仍然是地级市，在机场建设、进出口机构布局等方面得到的支持就远远不如副省级城市。从提高此类地区发展实力的角度看，未来应该推动按照行政级别配置资源的发展体制转变为按照发展水平来配置资源的发展体制，最大可能地释放这类地区的发展潜力。

（二）进一步完善增长极地区的辐射带动渠道

从提高增长极地区对其他地区的辐射效应看，除了继续完善产业合作、交通一体化、生态保护合作三个渠道建设外，一方面，要重视区域合作的制度建设，尽快出台区域关系法和区域战略法，这些法律可以明确不同区域主体参与区域合作的具体路径、工具与方法，对不同发展水平的区域主体参与区域合作的义务与责任以及违反相关义务所面临的惩罚也能作出约束性的规定，这就从法律层面为区域合作渠道的建设奠定了坚实基础。另一方面，也要推动区域合作的空间尺度逐渐向都市圈层次转移。单个完整的行政区域尤其是省级行政区域长期是我国区域发展战略的作用主体，推进西部大开发、振兴东北地区等老工业基地、促进中部地区崛起乃至党的十八大以来的京津冀协同发展、长江经济带、粤港澳大湾区建设、长三角一体化发展、黄河流域生态保护与高质量发展战略莫不如此。然而，过去的实践已经充分证明，空间尺度的高低往往会影响最终区域合作的效果，空间尺度越大，区域合作的有效抓手就越小，区域合作的效果就越难以保障。2019 年以来，我国已经逐步明确将都市圈与城市群作为区域协调发展战略的主体，国家发展和改革委员会 2019 年出台《关于培育发展现代化都市圈的指导意见》，截至目前已经批准了南京都市圈、福州都市圈、成都都市圈等 9 个都市圈，可以预计，由于核心城市明确、区域内部关系紧密、具有较多的关联渠道，都市圈在推动区域合作与协调发展从而实现共同富裕目标上具有得天独厚的优势。因此，未来要努力在各个省份的内部大力推动都市圈建设。

（三）进一步增强欠发达地区的发展能力

对绝大多数的欠发达地区而言，增强这些地区的发展能力，一方面要不断提高政府治理与发展能力，加快引入数字化治理模式与系统，通过完善政府治理结构来不断提高政府内部的治理效率，为确保政府正确发挥更好作用奠定前提条件。与此同时，要着力增强欠发达地区的产业发展能力，既要从国家层面搭建发达地区与欠发达地区的产业转移与合作平台，也要专门制定包括识别产业、引进产业、培育产业、壮大产业等内容的用以鼓励欠发达地区加速发展的政策举措，全方位提升欠发达地区的产业实力。另一方面，也要科学有效地降低发展成本。我国行政区域数量多，由于我国人口总量的增速几乎停滞，未来可以预见大量的行政区域将面临严重的人口流失问题，其经济发展功能难以保持，从国家可持续发展的角度看，对于此类地区应该实施行政区划调整，优化行政区划布局，降低行政发展成本，增强有条件、有基础、有潜力的欠发达地区的发展能力。

第五章
中国式共同富裕的城乡融合发展实践

习近平总书记指出：“促进共同富裕，最艰巨最繁重的任务仍然在农村。”[①]一方面，我国发展不平衡不充分问题在“三农”领域较为突出，着力解决好“三农”领域发展的不平衡不充分问题已经成为实现全体人民共同富裕和建设社会主义现代化国家的关键前提；另一方面，受长期以来城乡二元结构体制影响，缩小城乡区域发展差距任重道远，不仅要确保不发生规模性返贫和新的致贫，而且要促进城乡基本公共服务实现均等化。可见，促进城乡融合发展，是实现共同富裕的重要前提。

一、城乡融合发展对实现共同富裕目标的重要意义

中国已经进入扎实推动共同富裕的历史阶段，但是城乡分割、乡村长期落后于城市的状况，阻碍了中国农业农村现代化和共同富裕的进程。实现共同富裕，必须推进城乡融合发展，这是实现全体人民群众物质生活和精神生活共同富裕的必然要求。

（一）共同富裕是推进城乡融合发展的长期目标

共同富裕为城乡融合提供了愿景，是城乡融合的不竭动力和前进方向。对于农村居民而言，只有将对美好生活的追求转化为不懈的发展动力，采取更加行之有效的发展方式，才能补

① 习近平:《扎实推动共同富裕》,《求是》2021年第20期。

足乡村建设短板，弥合城乡发展差距，搭上共同富裕的列车。而共同富裕本身旨在提升人民生活水平，满足人民对美好生活的需求；将共同富裕作为城乡融合的最终目标，能够为城乡融合注入源源不断的动力。当然，共同富裕并非空中楼阁，也并非遥不可及，而是分阶段、具象化的人类发展战略，为城乡融合提供了前进方向和持续动力。现阶段，城乡融合和共同富裕在步调和本质要求上具有协调性，同时在目标上具有统一性[①]。即城乡融合和共同富裕必须同步推进、相互协作。城乡融合承担着乡村振兴和农业农村现代化的任务要求，其实现深度、广度和难度不亚于脱贫攻坚，而实现共同富裕更是无数共产党人为之努力的长远目标，必将久久为功。

（二）城乡融合是实现共同富裕的必由之路

城乡融合在实现共同富裕的进程中扮演着建构性和工具性的角色。中国作为传统农业大国，城乡发展不均衡问题由来已久，推进城乡协调发展一直是处理我国城乡关系的重中之重。国家统计局数据显示，2022 年末，中国仍有近 5 亿人口居住在广大的农村地区。现阶段，共同富裕的难点在农村，重点在农民。农业、农村、农民问题不解决，共同富裕便是无源之水、无本之木。随着脱贫攻坚战的全面胜利，中国历史性地解决了困扰中华民族几千年的绝对贫困问题，在实现共同富裕的道路上迈出了坚实的一大步。但是，正如 2020 年 8 月 24 日，习近平总书记在经济社会领域专家座谈会上的讲话中所指出的："我国发展不平衡不充分问题仍然突出，创新能力不适应高质量

① 罗明忠、邱海兰:《共同富裕视角下推进城乡融合的逻辑理路》,《国家治理周刊》2022 年第 11 期。

发展要求，农业基础还不稳固，城乡区域发展和收入分配差距较大，生态环保任重道远，民生保障存在短板，社会治理还有弱项。”推进城乡融合发展是解决新时代、新阶段社会主要矛盾的必然选择，也是将发展成果更多更公平惠及全体人民，实现全体人民共同富裕的必经之路。

（三）城乡融合发展是破解我国城乡二元结构的现实需要

城乡二元结构是城乡二元经济结构和城乡二元社会结构的统称。在经济结构领域，它表现为城市的现代化大工业生产和农村的典型小农经济并存的经济结构，并通过城乡收入和消费两方面表现出来；在社会结构领域，它表现为以城乡户籍为依据，城市和农村居民享受不均等的社会福利待遇，具体通过社会领域中城乡子女教育差异、城乡工人收入差异、城乡医疗和社会保障差异等方面表现出来。因此，破解城乡二元结构是应对我国社会主要矛盾转变和持续推进共同富裕目标的重要工作目标导向。破解城乡二元结构，消除城乡二元结构中不合理的体制机制便成为缩小城乡发展差距的关键突破口，只有这样，城乡之间才能够实现协调发展。面对我国城乡发展不平衡不充分的现实情况，从以邓小平同志为核心的党的第二代中央领导集体到以习近平同志为核心的党中央，作出了从“实现城乡统筹发展”到“实现城乡融合发展”的城乡发展要求。特别是党的十八大以来，以习近平同志为核心的党中央高度重视乡村地区发展状况，认为农村地区发展不平衡不充分是制约我国新发展阶段实现经济高质量发展的重大短板，只有解决好城乡发展差距过大问题，打破城乡二元结构壁垒，实现城乡之间两轮并进、城工带农、城乡互促，才能真正缩小城乡发展差距，大步向共同富裕理想目标迈进。

二、城乡融合发展推动共同富裕的进展

党的十八大以来，以习近平同志为核心的党中央坚持把解决好“三农”问题作为全党工作重中之重，坚持农业农村优先发展，毫不放松抓好粮食生产，积极推进农业供给侧结构性改革，深入实施乡村振兴战略。与此同时，以习近平同志为核心的党中央高度重视新型城镇化工作，明确提出以人为核心、以提高质量为导向的新型城镇化战略，为新型城镇化工作指明了方向、提供了基本遵循，推动我国城镇化进入提质增效新阶段，取得了历史性成就。

（一）农业发展成就显著，乡村美丽宜业宜居

党的十八大以来，中共中央、国务院持续出台一系列支农惠农政策，各地区各部门认真贯彻落实中共中央、国务院关于“三农”工作的各项决策部署，农业经济活动不断增加，农林牧渔业总产值持续增长，产业结构进一步优化，农业基础作用发挥更加充分。

农林牧渔业总产值持续增长，农业经济稳中有进。2021年，农林牧渔业总产值147013亿元，比2012年增加60671亿元，2013—2021年年均增长4.2%。在农林牧渔业总量持续增长的同时，随着农业生产方式变革，农林牧渔产业结构也在不断调整，林业、渔业等经济活动不断增加，尤其是农林牧渔专业及辅助性活动大幅增加，产业结构进一步优化。2021年，农业产值占农林牧渔业总产值的53.3%，比2012年增加1.4个百分点；林业产值占4.4%，增加0.5个百分点；牧业产值占27.1%，下

降 3.6 个百分点；渔业产值占 9.9%，增加 0.2 个百分点；农林牧渔专业及辅助性活动产值占 5.3%，增加 1.6 个百分点。[①]

粮食安全保障水平提高，中国饭碗端得更稳。党的十八大以来，国家高度重视粮食安全，加大对粮食生产的支持力度，继续实施稻谷、小麦最低收购价政策，实行粮食安全党政同责等一系列政策措施，我国粮食稳产高产，粮食产量实现高位攀升，年人均粮食产量持续稳定在 450 公斤以上，粮食库存充足，中国饭碗不仅端得更稳，成色也更足。2012 年，我国粮食产量首次站上 1.2 万亿斤台阶，在政策的大力支持下，我国粮食生产在前期高位的基础上继续增长。自 2015 年起，我国粮食产量连续 7 年超过 1.3 万亿斤，2022 年，我国粮食产量达 13731 亿斤，为历史最高水平，比 2012 年增加 1486 亿斤，2013—2022 年年均增长 1.2%。

乡村建设持续推进，农村面貌和人居环境显著改善。党的十八大以来，国家进一步加大农村基础设施投资力度，重点推进水电路信等方便群众生产生活的基础设施建设，农村基础设施条件明显改善；大力推进农村环境整治，乡村环境从干净整洁向美丽宜居转变，农村面貌和人居环境持续向好。一方面，农村公共基础设施建设稳步推进，农村生产生活更加方便快捷，农村基本实现全面通电、通公路和通电话，村内道路质量不断升级。2021 年末，87.3% 的村通公共交通，99.1% 的进村主要道路路面为水泥或柏油，97.4% 的村村内主要道路路面为水泥或柏油。农村信息化建设持续推进，2021 年末，99.0% 的村通宽带互联网，94.2% 的村安装了有线电视。农村基础设施的不

① 数据来源于国家统计局，下同。

断完善，有力推动了农业生产发展，2021年末，有电子商务配送站点的村超过33万个，开展休闲农业和乡村旅游接待的村落近5万个，农村生产生活条件显著改善。另一方面，农村人居环境持续改善，乡村更加美丽宜居。国家高度重视农村工作，积极推进美丽宜居乡村建设，党的十九大正式提出实施乡村振兴战略，农村人居环境显著改善。2021年末，96.3%的村生活垃圾集中处理或部分集中处理。农村厕所革命扎实推进，农村改厕工作质量持续提升，农村卫生户厕普及率达77.5%。国家统筹推进农村生活垃圾污水治理等任务，农村生活污水治理水平不断提高。2021年末，47.6%的村生活污水集中处理或部分集中处理。

（二）新型城镇化建设扎实推进，城市发展质量稳步提升

党的十八大以来，以习近平同志为核心的党中央坚持以人民为中心，持续推动新型城镇化进程。2022年我国城镇化率已经达到65.2%，城镇常住人口总量超过9亿人，城镇建设和发展步入新的阶段，取得了令世界瞩目的巨大成就。

城市发展格局逐步优化，城市规模结构持续改善。党的十八大以来，城镇化空间布局持续优化，大中小城市和小城镇协调发展，城市群一体化发展水平明显提高。直辖市、省会城市、计划单列市和重要节点城市等中心城市辐射功能不断增强，北京、上海、广州、深圳等城市龙头作用进一步发挥，带动所在区域中小城市发展壮大。同时，县城补短板强弱项扎实推进，“1+N+X”政策性文件体系落实落地，120个县城建设示范工作稳步开展。

城市经济总量快速增加，综合实力显著增强。党的十八大以来，各地区积极贯彻落实新发展理念，推动高质量发展，经济总量快速增加。2022 年，地级以上城市地区生产总值超过 65 万亿元，而 2012 年仅有 32 万亿元。GDP“万亿俱乐部”不断扩容，2012 年中国万亿元 GDP 城市仅有 7 个，上海成为第一个 GDP 超过 2 万亿元的城市；2022 年中国万亿元 GDP 城市增至 24 个，有 7 个城市 GDP 突破 2 万亿元。2022 年地级以上城市工业企业利润总额超过 4 万亿元，比 2012 年增长三分之一。同时，城市经济转型升级，传统产业改造提速，服务业占比提升，产业结构更加优化。2013 年地级以上城市第三产业增加值所占比重首次超过第二产业，2014 年占比超过 50%，2020 年达到 60.5%。与此同时，城市产业正在迈向高质量发展阶段。2021 年，高技术制造业增加值同比增长 18.2%，增速快于规模以上工业 8.6 个百分点，占规模以上工业增加值的比重为 15.1%；与 2012 年相比，高技术制造业比重上升了 5.7 个百分点。

绿色发展深入推进，城市生活品质明显提升。随着习近平生态文明思想深入人心，“绿水青山就是金山银山”成为全党全社会的行动共识，美丽中国迈向新时代。各城市扎实推进生态文明建设。2020 年末，地级以上城市绿地面积 259 万公顷，比 2012 年末增长 38.2%；其中，公园绿地面积 64 万公顷，增长 48.6%。大力推进城镇绿色建设，城市废弃物回收和可再生利用体系加快建立，城市生活品质全面提升，河边湖畔水清岸绿，大街小巷花繁树茂，社区周边口袋公园、小微绿地 15 分钟可达，居民小区花红草绿、干净整洁，人民群众在生态环境方面的获得感、幸福感、安全感显著增强。

（三）城乡融合发展体系初步建立，城乡协调格局逐渐形成

城乡融合发展体制机制和政策体系不断建立健全，城乡一体化进程加快。2019 年，《中共中央 国务院关于建立健全城乡融合发展体制机制和政策体系的意见》印发实施，城乡一体的基本公共服务体制机制逐步建立，11 个国家城乡融合发展试验区全部制定下发实施方案，各项改革试验任务加快推进。

城乡居民的公共服务均等化水平不断提高。党的十八大以来，我国农业转移人口市民化制度基本建立，市民化质量稳步提高。户籍制度改革取得历史性突破，城市落户门槛大幅降低，城区常住人口 300 万以下城市基本取消落户限制，城区常住人口 300 万以上城市有序放宽落户条件。2014 年以来，全国有 1.3 亿农业转移人口成为城镇居民。2022 年末，常住人口城镇化率达到 65.2%，比 2012 年末提高 12.1 个百分点，年均提高 1.2 个百分点。城镇基本公共服务覆盖范围扩大，农民工参加城镇职工基本医疗和养老保险的比例提高，随迁子女在常住地接受义务教育的要求落实，2022 年超过 91% 的义务教育阶段随迁子女在流入地公办学校就读或享受政府购买学位服务。

城乡居民收入差距进一步缩小。随着乡村振兴战略和脱贫攻坚各项政策的纵深推进，农村居民人均可支配收入增速持续快于城镇居民。我国城乡居民收入差距持续缩小，2022 年农村居民人均可支配收入达到 20133 元，同比实际增长 4.2%，城镇居民人均可支配收入 49283 元，增长 3.9%。农村居民人均可支配收入增速快于城镇居民实际收入增速 0.3 个百分点，这就意

味着农村居民人均可支配收入连续 13 年快于城镇居民。与此同时，城乡居民人均可支配收入比值进一步下降至 2.45，比 2012 年降低 0.43 个百分点。

三、城乡融合发展推动共同富裕的挑战

经过中国共产党百年来对减贫道路的不断探索，特别是党的十八大以来脱贫攻坚战的胜利和全面建成小康社会，我国区域性整体贫困得到解决，完成了消除绝对贫困的艰巨任务。但从现实来看，随着农民对美好生活的向往总体上从“有没有”转向“好不好”，农民群众对共同富裕也更加充满期待。然而，在长期发展中由于城乡二元结构体制、农民个人禀赋差异、自然资源禀赋差异、区位条件差异等因素积累下的矛盾也成为目前不平衡不充分发展的主要原因，具体表现在城乡收入差距、乡村内部收入差距和城乡基础设施差距三个方面。

（一）城乡之间的收入差距仍然需要进一步缩小

改革开放以来，我国城镇和农村居民人均可支配收入持续保持较快增长速度，但受城市利益集团压力以及传统经济体制遗留的制度障碍等影响，我国城乡收入差距已经成为造成收入不均等状况的主要原因之一。总体来看，改革开放 40 多年来，我国城镇居民人均可支配收入和农村居民人均可支配收入分别从 1978 年的 343 元和 134 元增长至 2022 年的 49283 元和 20133 元，年均增长率均在 12.2% 左右。如果从城乡收入差距的阶段变化来看，大致可以分为以下三个阶段：

第一阶段为 1978—1983 年，城乡收入差距显著缩小。1978—1983 年期间，我国城镇居民人均可支配收入从 343 元增

至 565 元，农村居民人均可支配收入从 134 元增至 310 元，年均增长率分别为 10.5% 和 18.3%。这一时期农村居民人均可支配收入迅速增加与城乡收入差距缩小主要得益于以农业生产责任制为代表的农村改革。

第二阶段为 1984—2007 年，城乡收入差距在波动中扩大。1984—2007 年期间，我国城镇居民人均可支配收入从 652 元增长至 13603 元，农村居民人均可支配收入从 355 元增长至 4327 元，年均增长率分别为 14.1% 和 11.5%。这一时期城乡收入差距扩大主要是由农民收入增长乏力和城乡二元结构体制积累下的深层矛盾所致。2007 年，我国城乡收入倍差达到 3.14，这也是改革开放近 30 年来我国城乡收入差距的峰值。

第三阶段为 2008—2022 年，我国城乡收入差距持续缩小。2008—2022 年期间，我国城镇居民人均可支配收入从 15549 元增至 49283 元，农村居民人均可支配收入从 4999 元增至 20133 元，年均增长率分别达到 9.0% 和 10.8%。这一时期农村城乡收入持续缩小主要是因为党中央着力破除城乡二元结构并制定了精准的脱贫攻坚目标。主要体现在以下两个方面：一是提出城乡统筹发展和构建城乡一体化新格局，特别是城乡融合发展的提出为城镇和乡村实现互促互进、共生共存提供了具体方向；二是党的十八大以来，精准扶贫成为全国扶贫开发工作的指导思想，我国脱贫攻坚战取得了全面胜利，实现了现行标准下 9899 万农村贫困人口全部脱贫，832 个贫困县全部摘帽，12.8 万个贫困村全部出列，区域性整体贫困得到解决①。

① 习近平：《论“三农”工作》，中央文献出版社 2022 年版，第 307 页。

（二）乡村内部的收入差距面临逐步扩大的压力

尽管近年来城乡收入差距逐渐缩小，但乡村内部的收入差距却逐渐扩大。从统计数据上看，我国乡村内部不同群体间收入增长水平存在较大差异。2013—2022 年期间，我国低收入组家庭、中间偏下收入组家庭、中间收入组家庭、中间偏上收入组家庭、高收入组家庭的人均收入分别以 6.4%、8.0%、8.4%、8.5%、8.9% 的年均增长率快速增长，其中高收入组家庭的人均收入年均增长率比低收入组家庭高出 2.5 个百分点。如果从高收入组家庭与低收入组家庭的人均收入差值来看，收入差值从 2013 年的 18446 元增长到 2022 年的 41050 元，收入倍差从 2013 年的 7.4 倍增加到 2022 年的 9.2 倍，乡村内部收入差距不断扩大。

表 5-1　农村居民按收入五等份分组的收入情况

年份	低收入组		中间偏下收入组		中间收入组		中间偏上收入组		高收入组	
	数额（元）	增长率（%）	数额（元）	增长率（%）	数额（元）	增长率（%）	数额（元）	增长率（%）	数额（元）	增长率（%）
2013	2878	–	5966	–	8438	–	11816	–	21324	–
2014	2768	−3.8	6604	10.7	9504	12.6	13449	13.8	23947	12.3
2015	3086	11.5	7221	9.3	10311	8.5	14537	8.1	26014	8.6
2016	3006	−2.6	7828	8.4	11159	8.2	15727	8.2	28448	9.4
2017	3302	9.8	8349	6.7	11978	7.3	16944	7.7	31299	10.0
2018	3666	11.0	8508	1.9	12530	4.6	18051	6.5	34043	8.8
2019	4263	16.3	9754	14.6	13984	11.6	19732	9.3	36049	5.9
2020	4681	9.8	10392	6.5	14712	5.2	20884	5.8	38520	6.9

续表

年份	低收入组		中间偏下收入组		中间收入组		中间偏上收入组		高收入组	
	数额（元）	增长率（%）	数额（元）	增长率（%）	数额（元）	增长率（%）	数额（元）	增长率（%）	数额（元）	增长率（%）
2021	4856	3.7	11586	11.5	16546	12.5	23167	10.9	43082	11.8
2022	5025	3.5	11965	3.3	17451	5.5	24646	6.4	46075	6.9
年均增长率	6.4		8.0		8.4		8.5		8.9	

注：全国居民五等份收入分组是指将所有调查户按人均收入水平从低到高顺序排列，平均分为五个等份，处于最低 20% 的收入家庭为低收入组，依此类推依次为中间偏下收入组、中间收入组、中间偏上收入组、高收入组。

（三）城乡基础设施建设水平差距较大

从各领域的发展现状看，城乡发展差距大，最直观的表现是基础设施和公共服务差距大，这也是城乡融合发展最大的堵点、难点。

农村基础设施落后，运营管护体制机制不健全。当前，城市污水、生活垃圾无害化处理率均超过 95%，而农村距离这一水平尚有巨大差距。此外，还有 30% 以上的农户没有使用卫生厕所，互联网普及率仍然低于 60%[①]。农村的硬化路建设标准低，不能适应农村汽车保有量上升、农业机械化作业普及的需要；一些农村地区供水能力不能满足农民洗澡、洗衣、洗菜等生活用水需要；农村信息网络不能满足智慧农业发展需求。农村基础设施运营管护问题突出，大部分农村集体缺少产业、资金、人才，没有稳定收入来源，加上管理经验匮乏，不能对基础设施有效管护。

①《中国互联网络发展状况统计报告》，中国政府网，http://www.gov.cn/xinwen/2022-02/25/content_5675643.htm。

城乡基础设施一体化程度低。水、气、热等市政公用设施尚未实现城乡互联互通，一些城市尤其小城市的市政网络未能向郊区乡村和规模较大中心镇延伸。县乡村之间交通、物流、信息等方面垂直联系较强，但村与村、镇与镇之间缺少横向联结联系的有效管网，制约了商品和要素在城乡之间双向流动。随着经济产业进入数字经济时代，城乡之间的数字基础设施建设水平差距就更大了，这也严重制约了乡村地区的产业发展水平。

公共服务城乡差距明显。农村公共服务水平仍然较低，部分已实现城乡制度并轨的公共服务项目实际效果尚不理想，可及性还有待提升。教育方面，农村义务教育水平不高，学前儿童入园率、高中教育普及率低，低收入家庭对优质教育资源的可及性较低。医疗服务方面，村医队伍呈老龄化趋势，据《中国卫生健康统计年鉴（2022）》公布的数据显示，我国2021年农村地区每千人口执业（助理）医师人数为2.42，城市地区为3.73，其中执业医师人数为2.55。养老保障方面，由于收入水平相对较低，大多数农村居民在参加养老保险时普遍选择较低的缴费档次，到龄后每月能领取的养老金，远远低于城镇职工养老金水平。随着农村老龄化程度不断提高，养老服务需求增长，但村级普遍缺乏养老服务的资金、场地、设施、人员。

四、城乡融合发展推动共同富裕的建议

基于共同富裕的总体目标，面对当前城乡发展所遇到的问题，推动城乡融合发展应立足于构建城乡融合发展的制度体系、重视城乡基础设施的一体化建设以及加快农村居民的收入增速

等重点内容。

（一）加快完善城乡融合发展的制度体系

在决策部门层面，应以“大部制”改革推进管理融合，加快完善顶层设计，将分散在财政部、国家发展和改革委员会、自然资源部、水利部、国家林业和草原局等部门有关农业管理的职能归并到农业农村部，集聚产业发展的规划、项目、资金、人才等各种资源，做到一个目标引领、一个蓝图规划、一个原则统筹、一个体系推进，克服目前政出多门、目标不一、步调不齐所带来的弊端，系统高效地推进乡村振兴。

在户籍制度上，应加快推进城乡户籍制度改革，将户籍背后的差别化管理政策和社会福利同等化、等值化。探索农村居民进城落户后承包地和宅基地的退出办法，开展宅基地入市、农村集体资产经营改革试点，研究返乡下乡的新农民享有农村居民同等权利的政策和制度。

在规划布局上，应以规划促进城乡布局融合。明确县级政府统筹城乡规划编制的责任，建立城乡规划融合的管理体制和工作机制，按照城乡“定位不同、功能互补、有机融合、同样美好”的理念，统一编制城乡发展规划，实行多规合一，统筹城乡资源要素和管理政策，解决规划城乡脱节和制度的区域分割，以规划融合促进发展融合。

在法律基础上，应以健全法律法规促进制度融合。适应当前农村产业结构调整、新兴业态涌现、农村改革深化、推进乡村治理以及城乡资源要素加快流动的现实需要，针对制约发展的瓶颈约束，修订完善农村用地用水用电、人才选拔、资源定价、生态补偿、利益共享等法律和制度。充分发挥人大监督、司法监督、内部监督、社会监督等的作用，优化农业农村发展和农民利益保护的法治环境，为农业和农村经济的健康、稳定、持续发展提供有效的制度保障。

（二）加快建立健全有利于城乡基础设施一体化发展的体制机制

基础设施建设水平是影响城乡发展差距的重要因素，鉴于农村地区基础设施建设水平仍然偏低这一现实，未来应把公共基础设施建设重点放在乡村，坚持先建机制、后建工程，加快推动乡村基础设施提档升级，实现城乡基础设施统一规划、统一建设、统一管护。

建立城乡基础设施一体化规划机制。以市县域为整体，统筹规划城乡基础设施，统筹布局道路、供水、供电、信息、广播电视、防洪和垃圾污水处理等设施。统筹规划重要市政公用设施，推动向城市郊区乡村和规模较大中心镇延伸。推动城乡路网一体规划设计，畅通城乡交通运输连接，加快实现县乡村（户）道路联通、城乡道路客运一体化，完善道路安全防范措施。统筹规划城乡污染物收运处置体系，严防城市污染上山下乡，因地制宜统筹处理城乡垃圾污水，加快建立乡村生态环境保护和美丽乡村建设长效机制。

健全城乡基础设施一体化建设机制。明确乡村基础设施的公共产品定位，构建事权清晰、权责一致、中央支持、省级统筹、市县负责的城乡基础设施一体化建设机制。要加快健全分级分类投入机制，对乡村道路、水利、渡口、公交和邮政等公益性强、经济性差的设施，建设投入以政府为主；对乡村供水、垃圾污水处理和农贸市场等有一定经济收益的设施，政府加大投入力度，积极引入社会资本，并引导农民投入；对乡村供电、电信和物流等经营性为主的设施，建设投入以企业为主。

建立城乡基础设施一体化管护机制。合理确定城乡基础设施统一管护运行模式，健全有利于基础设施长期发挥效益的体制机制。对城乡道路等公益性设施，管护和运行投入纳入一般公共财政预算。明确乡村基础设施产权归属，由产权所有者建立管护制度，落实管护责任。以政府购买服务等方式引入专业化企业，提高管护市场化程度。推进城市基础设施建设运营事业单位改革，建立独立核算、自主经营的企业化管理模式，更好行使城乡基础设施管护责任。

（三）进一步加快农村居民的收入增速

农村居民收入偏低仍然是制约城乡融合发展的主要因素，对此应着力拓宽农民增收渠道，促进农民收入持续增长，持续缩小城乡居民生活水平差距。

完善促进农民工资性收入增长环境。推动形成平等竞争、规范有序、城乡统一的劳动力市场，统筹推进农村劳动力转移就业和就地创业就业。规范招工用人制度，消除一切就业歧视，健全农民工劳动权益保护机制，落实农民工与城镇职工平等就业制度。健全城乡均等的公共就业创业服务制度，努力增加就业岗位和创业机会。提高新生代农民工职业技能培训的针对性和有效性，健全农民工输出输入地劳务对接机制。

健全农民经营性收入增长机制。完善财税、信贷、保险、用地等政策，加强农民职业培训，培育发展新型农业经营主体。建立农产品优质优价正向激励机制，支持新型经营主体发展“三品一标”农产品、打造区域公用品牌，提高产品档次和附加值。引导龙头企业与农民共建农业产业化联合体，让农民分享加工销售环节收益。完善企业与农民利益联结机制，引导农户自愿以土地经营权等入股企业，通过利润返还、保底分红、股份合作等多种形式，拓宽农民增收渠道。促进小农户和现代农业发展有机衔接，突出抓好农民合作社和家庭农场两类农业经营主体发展，培育专业化市场化服务组织，帮助小农户节本增收。

建立农民财产性收入增长机制。以市场化改革为导向，深化农村集体产权制度改革，推动资源变资产、资金变股金、农民变股东。加快完成农村集体资产清产核资，把所有权确权到不同层级的农村集体经济组织成员集体。加快推进经营性资产股份合作制改革，将农村集体经营性资产以股份或者份额形式量化到本集体成员。对财政资金投入农业农村形成的经营性资产，鼓励各地探索将其折股量化到集体经济组织成员。创新农村集体经济运行机制，探索混合经营等多种实现形式，确保集体资产保值增值和农民收益。完善农村集体产权权能，完善农民对集体资产股份占有、收益、有偿退出及担保、继承等权利。

强化农民转移性收入保障机制。履行好政府再分配调节职能，完善对农民直接补贴政策，健全生产者补贴制度，逐步扩大覆盖范围。在统筹整合涉农资金基础上，探索建立普惠性农民补贴长效机制。创新涉农财政性建设资金使用方式，支持符合条件的农业产业化规模化项目。

第六章
中国式共同富裕的产业协同发展实践

产业是经济活动的载体，产业发展质量是决定一个国家的发展水平的重要因素。中国式现代化是人口规模巨大的现代化，在这种背景下，想要实现最终的共同富裕目标，就必须培育出高质量产业体系。

一、产业协同发展对实现共同富裕目标的重要意义

无论是从产业整体发展质量看，还是基于产业协同发展水平，产业的发展质量对共同富裕目标的最终实现都会产生直接影响。

（一）产业高质量发展能为共同富裕目标提供物质基础

共同富裕是马克思主义的重要追求，是社会主义区别于资本主义的重要标志，体现了中国特色社会主义的优越性。一百多年来，中国共产党带领中国人民一以贯之地为实现共同富裕而奋斗。党的十八大以来，以习近平同志为核心的党中央，坚持以人民为中心的发展思想，把扎实推进共同富裕作为实现社会主义现代化的关键目标。党的二十大报告指出："高质量发展是全面建设社会主义现代化国家的首要任务。"发展是解决一切问题的基础和关键，产业作为经济发展的载体，是实现高质量发展的必然前提，只有坚定不移地推动产业的高质量发展，共同富裕目标的实现才具有坚实的物质基础作为支撑。因此，产

业的高质量发展是实现共同富裕的前提和保障，是扎实推进共同富裕的物质基础和关键实现路径，是共同富裕的牢固基石。

（二）产业高质量发展能够增加居民收入从而助推共同富裕进程

中国式现代化是全民共同富裕的现代化，而想要实现全体人民的共同富裕，当前阶段需要依靠按劳分配的收入分配制度。在决定当前居民收入水平的各种因素中，就业工资水平的高低是核心因素，工资水平越高，居民收入水平就越高，全体人民共同富裕目标的实现就越有基础。然而，众所周知，工资水平不仅与经济发展阶段密切相关，与产业的劳动生产率更是存在直接联系。由于劳动密集型产业仍然是我国制造业的主要构成，劳动生产率对制造业工资水平具有重要影响。近年来，伴随着科技创新、工艺改造、政策驱动等因素，我国制造业劳动生产率已大幅提高，一线劳动者的收入也在稳步提高，这极大夯实了共同富裕的产业基础。因此，持续推动产业升级从而提高产业生产效率，是提高大多数居民工资收入的根本途径，也是推动共同富裕进程的重要动力。

（三）产业协同发展是缩小居民收入差距的重要前提

在影响共同富裕的诸多收入差距类型中，行业收入差距是最为重要的差距类型之一。受不同发展阶段的影响，不同行业在不同时期的发展环境截然不同，由此能够得到的利润份额也不相同，这也使得不同行业的工资水平存在巨大差距。在工业化初期，工业行业的收入水平要高于农业；在工业化中后期，高端制造业的收入水平要高于劳动密集型产业的收入；而在后工业化时期，金融业、信息服务业等行业的收入水平又要高于其他行业。可见，行业的收入差距会持续存在，且能对共同富裕目标产生巨大的阻碍作用。在中国经济发展模式中，由于市场经济机制的自发作用，不同行业间的收入差距也较为明显，工资水平高的如金融、互联网、软件、信息服务等行业的工资水平，要数倍于其他行业，这对整体共同富裕目标的实现也会产生负面影响。因此，在稳步提升整体工资水平的前提下，通过大力推动不同产业的协同发展，逐渐缩小行业收入差距，是实现共同富裕目标的应有之义。

二、产业协同发展推动共同富裕的进展

党的十八大以来，新一轮科技革命和产业变革加速，全球创新版图加快重构，世界经济格局深度重塑，我国进入发展方式转变、经济结构优化、增长动能转换的攻关期，创新日益成为破解发展难题的关键。面对新机遇新挑战，在以习近平同志为核心的党中央坚强领导下，全国上下坚决贯彻落实新发展理念，深入实施创新驱动发展战略，产业升级进展显著，产业发展效率稳步提高，产业协同发展新格局逐步形成，为实现共同富裕目标奠定了坚实基础。

（一）实体经济发展质量不断提高

工业是国民经济的命脉，工业的发展不断推动社会进步与人类生活水平提高。党的十八大以来，以习近平同志为核心的党中央高度重视实体经济，出台了一系列推动工业经济平稳健康发展的重大决策部署，我国工业经济迈上了更高质量、更可持续的发展之路，呈现出生产稳定增长、结构优化转型、多种经济类型蓬勃发展等特点，质量效益显著提升。

工业经济保持较快增长，有力支撑国民经济平稳运行。党的十八大以来，我国工业经济保持较快增长，不仅对国民经济平稳增长形成有力支撑，也助力了世界经济复苏。2013—2022年，我国工业增加值年均增长超过6%，远高于世界其他主要经济体增长水平。2022年，我国全部工业增加值突破40万亿元大关，占GDP比重达33.2%，比上年增长3.4%，是国民经济平稳运行的重要支撑力量。据世界银行数据，2010年我国制造业增加值首次超过美国，之后连续多年稳居世界第一，2022年我国制造业增加值占世界的份额接近30%，在全球工业经济增长中的驱动作用进一步增强。

工业企业效益稳步改善，工业经济展现强大韧性。近几年，面对世界经济复苏乏力、逆全球化掣肘、新冠肺炎疫情冲击等一系列压力，在党中央坚强领导下，我国工业经济经受住历次大考，随着“三去一降一补”、制造强国战略等系列措施的逐步实施和巩固，市场供需达到更高质量平衡，工业企业盈利空间增加，企业效益不断改善。2022年，全国规模以上工业企业实现营业收入137.9万亿元，比上年增长5.9%，实现利润总额8.4万亿元。与此同时，面临新冠疫情的冲击，我国工业经济也展现了强大的发展韧性，率先从疫情中恢复并向好发展。以造船业为例，面临疫情的持续冲击，中国的造船业逆风而上，2022年，中国造船完工量、新接订单量和手持订单量以载重吨计分别占全球总量的47.3%、55.2%和49%，都位居世界第一，其中，12种船型新接订单位居全球首位。[1]

①《从十个维度看中国经济发展信心》，央视网，http://news.cctv.com/2023/03/02/ARTIEXA96CSQpy2h1l7EKDgK230302.shtml。

工业产业链日臻完善，自主可控能力不断提升。党的十八大以来，党中央高度重视统筹发展和安全，通过不断调整完善产业链应对外部环境变化和潜在风险冲击。我国已成为全球唯一制造业全产业链的国家，产业链供应链自主可控能力不断提升，为打造以国内大循环为主体、国内国际双循环相互促进的新发展格局提供了可靠支撑。制造业国产化率提升，产业链供应链总体自主可控。产业链自给率较高，在输变电、轨道交通设备、工程机械、家用电器等多个领域的终端产品方面具有全球领先优势。

（二）服务业发展速度不断加快

党的十八大以来，党中央、国务院高度重视服务业发展，先后出台一系列政策措施鼓励、支持和培育服务业经济，服务业呈现稳步扩张的良好态势，逐步擎起国民经济的“半壁江山”，成为支撑和拉动经济发展的“主动力”。

服务业已经成为推动经济增长的“主动力”。党的十八大以来，我国加快转变经济发展方式，经济结构持续深化调整，产业结构不断优化升级，服务业实现快速增长，在国民经济稳定发展中的重要性日益凸显。2012—2021 年，我国服务业增加值从 24 万亿元增长至 64 万亿元，按不变价计算，2013—2022 年年均增长超过 7%，要高于国内生产总值（GDP）和第二产业增加值的年均增速。2012 年，服务业增加值占 GDP 比重达 45.5%，首次超过第二产业，2015 年起保持在 50% 以上，2022 年达 52.8%，高于第二产业 12.9 个百分点。2012—2019 年，服务业对国内生产总值的贡献率从 45.0% 增长到 63.5%，提高 18.5 个百分点。2020 年受新冠肺炎疫情冲击，聚集性、接触性服务业受到较大影响，服务业对经济增长的贡献率降至 46.3%，但仍稳居三次产业之首。此后服务业在抗击疫情的过程中呈现出强大发展韧性，为我国经济持续稳定恢复提供了重要支撑。

现代服务业发展速度持续加快。随着供给侧结构性改革的深入推进和信息技术的快速发展，现代服务业加速崛起，成为拉动国民经济增长、促进生产生活方式转变、带动产业转型升级和协调发展的重要力量。2022 年，信息传输、软件和信息技术服务业，金融业增加值比上年分别增长 9.1% 和 5.6%，合计拉动服务业增加值增长 1.5 个百分点，有力支撑服务业经济恢复。2013—2022 年，规模以上互联网和相关服务、软件和信息技术服务业企业营业收入年均增速分别超过 30% 和 19%，远超规模以上服务业企业 11.9% 的年均增速。同时，随着我国加快推动绿色低碳转型，节能环保服务业快速兴起。2013—2021 年，规模以上生态资源监测、环境治理业、与城乡生活垃圾综合利用有关的环境卫生管理企业营业收入年均分别增长 22.5%、13.4% 和 17.8%。

产业融合持续加深。近年来，我国三次产业融合发展持续深化，作为典型代表的供应链管理提供整合供应、制造、物流、销售等上下游链条服务，有效降低企业成本，提高企业效益。2021 年，规模以上供应链管理服务企业营业收入为 1324 亿元，是 2018 年营业收入的 3.0 倍。分工细化促进第一、二产业相关部门专业化发展，人力资源服务较快发展。第四次全国经济普查数据显示，人力资源服务企业法人单位 18.6 万个，其中劳务派遣企业占比 68.3%；2013—2021 年，规模以上人力资源服务企业营业收入年均增速为 18.9%，高出全部规模以上服务业企业年均增速 7.0 个百分点。

（三）整体就业质量不断提高

就业质量是产业发展质量的直接体现，也是稳定居民收入的重要前提。得益于产业的高质量发展，我国的就业质量也在不断提高。

城镇就业规模持续扩大。我国经济规模不断跃上新台阶，高质量发展持续推进，新发展格局加快构建，新的就业增长点不断涌现，为稳定和扩大就业打下了坚实基础。虽然受人口老龄化程度加深、劳动年龄人口逐步下降的影响，就业人员总量于 2014 年达到 76349 万人的峰值后开始减少，但随着城镇化进程加快，大量农村劳动力向城镇转移，城镇就业人员保持增长态势。2013 年，城镇就业人员比重首次超越乡村，达到 50.5%。2022 年，城镇就业人员总量达到 45931 万人，比 2012 年增加 8644 万人，年均增长 864 万人；城镇就业占比进一步提高到 62.6%，比 2012 年增加 13.7 个百分点，年均提高 1.5 个百分点。

工资水平不断增长。随着我国经济持续增长、最低工资标准调整机制的健全以及收入分配结构的优化，劳动者的工资水平稳步增长，获得感和满足感显著增强。2021 年，城镇非私营单位就业人员平均工资达到 106837 元，比 2012 年增长 1.28 倍，年均增长 9.6%；扣除价格因素，比 2012 年实际增长 0.91 倍，年均实际增长 7.4%。城镇私营单位就业人员平均工资达 62884 元，比 2012 年增长 1.19 倍，年均增长 9.1%；扣除价格因素，比 2012 年实际增长 0.83 倍，年均实际增长 6.9%。

新经济带动就业效应显著。随着新一轮科技革命以及数字经济的蓬勃发展，新产业新业态新商业模式日新月异，大数据工程技术人员、无人机驾驶员、网约配送员、互联网营销师等新职业新岗位不断涌现。新经济就业以其就业容量大、薪资水平高、灵活性和兼职性强等特点，成为吸纳就业的重要渠道。特别是在疫情冲击下，新经济发展提供了大量灵活就业岗位，在拓宽就业渠道、增强就业弹性、增加劳动者收入等方面发挥了积极作用。根据国家信息中心发布的《中国共享经济发展报告（2021）》，2020年，我国共享经济平台企业员工达到631万人，比2015年增加约131万人，平台带动的就业人数约8400万人，比2015年增加约3400万人。[①]

三、产业协同发展推动共同富裕的挑战

2022年，我国经济总量已经超过120万亿元，多项产业发展指标已经位居世界首位，产业发展取得了举世瞩目的成就，但从高质量发展要求看，产业协同发展在推动共同富裕目标上仍然存在较多挑战。

（一）部分“卡脖子”技术制约产业高质量发展

党中央多次提出要强化科技创新和产业链供应链韧性，并提出开展补链强链专项行动，加快解决“卡脖子”难题。何谓“卡脖子”技术？这是一个形象的说法，指的是别人有但自己还没有的关键核心技术，找不到替代，缺了它就没法运转，就像被人扼住了咽喉、卡住了脖子一样难受。当前，我国科技领域关键核心技术依旧是我们最大的命门，“卡脖子”的现象仍比

①《中国共享经济发展报告（2021）》，国家信息中心，www.sic.gov.cn/News/557/10779.htm。

较突出，这对我国产业的高质量发展带来了较大影响。

一是部分关键技术和核心零部件依靠进口。根据工信部对全国 30 多家大型企业 130 多种关键基础材料调研结果显示，32% 的关键材料在中国仍为空白，52% 依赖进口，绝大多数计算机和服务器通用处理器 95% 的高端专用芯片、70% 以上智能终端处理器以及绝大多数存储芯片依赖进口。[①] 二是产业研发投入特别是基础研究投入不足。近年来，我国研发投入和研发强度持续提升，但与发达国家研发投入水平仍存在一定差距。2022 年我国研发（R&D）经费已经超过 3 万亿元，研发强度为 2.55%，保持持续上升态势，但与发达国家 3.0% 至 3.5% 的水平相比仍有不小差距。同时，我国研发经费支出结构问题突出，偏重于短期性研发，对长期性基础研究重视程度不够。2022 年全国基础研究经费支出占研发支出比重仅为 6.3%，明显低于发达国家 15% 至 20% 的水平。三是产业的创新动力和能力仍然偏弱。受企业规模不足，研发投入不足，市场准入、研发制度不健全等因素制约，我国产业和企业的创新能力仍显不足。此外，虽然我国发明专利不少，但缺乏重大突破性、颠覆性技术。

由于“卡脖子”技术是制约一个国家产业升级的关键因素，倘若不能攻克这些技术，整个国家的产业体系就很难由国际产业链的中低端上升至中高端，整个产业体系能够得到的利润份额也会始终处于较低水平，这对提高居民工资收入和实现共同富裕目标将会带来巨大负面影响。

---

① 引自 2018 年 7 月 13 日中国工业和信息化部副部长辛国斌在“2018 国家制造强国建设专家论坛”上的演讲内容，见 https://www.thepaper.cn/newsDetail_forward_2271086。

（二）实体经济面临较大的发展压力

实体经济是一国经济的立身之本，是财富创造的根本源泉，是国家强盛的重要基础。改革开放以来，我国工业迅猛发展，规模不断扩大，依靠劳动力比较优势和资本深化，我国建立并稳住了制造业大国的地位。但近些年在传统比较优势逐渐减弱的情况下，工业发展开始面临诸多挑战。

实体经济产业空心化挑战。[①] 所谓的产业空心化指的是制造业或制造业的加工制造部分转移到其他国家和地区，从而导致制造业比重逐渐下降。这里的下降存在两种情况，一种是较高工业化阶段中产业结构升级的自然结果，另一种是过早的“去工业化”。过早“去工业化”的国家，实质上是一种“发展病”，正是这种病才导致很多国家陷入中等收入陷阱。当前，我国制造业比重下降，呈现出一定的“过早型”特征，要努力防范过早“去工业化”的风险。我国的制造业比重自 2011 年就开始下滑，相比于其他发达国家在完成工业化以后才开始下滑的趋势，我国制造业比重下降的时间过早，鉴于美国等发达国家和落入中等收入陷阱国家的多方面经验，对我国近几年出现的产业空心化现象，要引起高度重视。

房地产行业的过度发展间接制约了实体经济的可持续发展。房地产是实体经济的重要组成部分，对稳定经济发展具有重要作用。但随着房地产行业被赋予越来越多的金融和投资属性，房地产行业的泡沫化现象越发严重，这不仅使得自身及金融领域潜伏巨大的风险，而且导致居民财富差距显著扩大，抑制中

① 王小广：《促进实体经济创新发展需疏解关键“堵点”》，《国家治理周刊》2021 年第 29 期。

等收入家庭的成长，扭曲正常的居民消费行为，更为严重的是，它对以制造业为主的实体经济形成了越来越明显的“挤出效应”，成为实体产业出现过早过快空心化的重要诱因。经济的虚拟化倾向主要表现为房地产的长期泡沫化，即社会资金的过度房地产偏好，加之较为低效的金融服务和不合理的金融结构，导致资金在金融内空转，挤压房地产外的实体经济发展。

过高的制度性交易成本也对实体经济发展带来巨大挑战。目前，我国实体经济企业面临多重高成本难题，从国际竞争和创新发展的角度来看，税负过高可能是企业现阶段面临的最大的发展瓶颈。企业税负过重的根本原因是税制结构不合理，在以间接税为主体的税制结构下，大部分税收随着商品劳务的流转而产生，且以商品劳务的增值额或销售额为计税依据。在实际的市场交易中，由于最终交易价格包含了税收，必然使得征税下的均衡价格高于不征税的均衡价格，这不仅会降低企业产品竞争力，还会带来“超额负担”。此外，房地产税的缺失又加剧了资金的房地产偏好和经济虚拟化的趋势，从而使得实体经济主体——制造业的各种企业面临融资成本过高的困境。

（三）服务业发展仍然不充分

近年来，我国服务业涌现出了一批新产业、新业态和新模式，成为我国经济发展的新动能和新增长点。总体来看，我国服务业的发展质量明显提升。但也要看到，我国服务业的质量和水平与发达国家相比还有较大差距。其中，尤其需要重视以下四个方面的问题：

一是服务业行业管理体制有待完善。目前，我国服务业监管体系建设严重滞后，将资质要求等同于监管、以考试培训替代监管等误区在不同程度上依然存在，监管能力不足、监管手段落后等方面的问题尤为突出。此外，在电子商务、物流、专业服务、文化等具有跨界性、综合性、混业性的服务业领域，只要业务涉及的范围，就要接受相关部门的监管，因此存在企业要同时接受多个部门监管的情况，容易造成政出多门甚至监管政策相互抵触的情况。二是服务业对外开放需进一步扩大。进一步扩大服务业对外开放，以开放促改革、促发展、促创新，在更大范围、更广领域、更高层次上参与服务业国际合作与竞争，对提升我国服务业发展质量和国际竞争力有重要意义。目前，在服务业所达成的优惠贸易安排以及制定的贸易政策的友好度上，我国远低于发达国家的平均水平，也低于发展中国家的平均水平。在商业存在方面，我国对外资服务业企业采取了准入资格、进入形式、股权比例和业务范围等方面的限制性措施，导致我国服务业的真实开放水平依然较低。三是服务业行业标准和行业规范建设亟须加强。我国服务业行业标准及规范建设相对滞后，一些服务业的国家或行业标准制定工作尚处于起步阶段。现行标准体系中，存在着部分服务行业国内外标准不能对接、国家标准和地方标准相互矛盾、不同行业之间的标准难以衔接等诸多问题。四是垄断性行业改革有待深化。改革开放以来，我国电力、民航、铁路、石油、天然气等自然垄断行业的面貌发生了巨大变化，服务质量明显改善。但也要看到，目前，我国垄断性行业还有一些新矛盾和新问题需要通过深化经济体制改革加以解决。比如，在服务业的一些领域因为存在事实上的进入壁垒，市场化水平和开放度仍然较低。由于垄断性行业具有特殊的产业性质，我国垄断性行业改革也具有长期性和复杂性的特征。

（四）整个社会的就业压力逐渐增大

由于我国经济发展形势总体平稳、经济增长潜力巨大，就业形势长期处于良好稳定态势，但随着经济发展阶段转变、国际发展环境的变化，当前就业形势也面临巨大压力。

首先，劳动力供给的增量上升与存量累积正在形成长期压力。一方面，从劳动力供给的增量看，农民工等群体的流动性与就业积极性大幅提高。实际上，2022 年的农民工数量就已经达到 2.88 亿人，比 2021 年增加了 184 万人。与此同时，高校毕业生数量同样保持连年增长态势，全国高校毕业生总数从 2020 年的 934 万人上升到 2022 年的 1076 万人，2023 届高校毕业生规模更是会首次超过 1100 万人，达到 1158 万人。因此，我国劳动力供给的增量将继续走高。另一方面，从劳动力供给的存量看，过去几年未就业劳动力的存量累积也会给就业问题带来深远影响。过去几年，我国普通高校毕业生的就业率总体呈现下滑趋势，也由此积累了大量的未就业毕业生。因此，劳动力供给的增量上升与存量累积将给我国就业形成持续的长久压力。

其次，数量的短期失衡与质量的长期失衡叠加正在形成长期压力。劳动力数量的供过于求是就业难的直接表现，而导致这种供过于求的因素是多元的。从我国实际看，近几年除了疫情对实体经济产生冲击所导致的劳动力需求下降外，教辅、互联网、房地产等行业的结构调整与景气程度变化同样也影响了劳动力的顺利就业。然而，透过这些短期的偶然因素与局部的政策因素，我们也要看到目前导致就业难的原因不仅仅在于劳动力数量的短期匹配失衡，质量的长期匹配失衡也是重要原因，主要表现为我国教育体系与产业体系的适配性较低，而这也恰恰是我国就业问题存在巨大结构性矛盾的关键原因。

根据智联2020—2022年发布的系列《高校毕业生就业市场景气报告》，可以发现除了“考编”外，行政管理、咨询服务、人事管理、电子商务、金融法律、互联网等岗位是大多数青年人的首选，而市场需求最大的岗位则主要集中于制造设计、电子技术、半导体、集成电路等实体经济行业，两者显然存在巨大的偏差。实际上，伴随着国家对实体经济的重视和加大投入，我国很多制造业企业正在步入快速发展轨道，招聘需求正在急速扩大，如比亚迪一家企业在2022年就招聘了2万名高校应届毕业生，2023年还要招聘3万名应届毕业生。因此，可以预计随着我国实体经济的转型升级，相关行业会产生大量岗位需求。以芯片行业为例，根据相关数据，2022年芯片行业的人才缺口已达到30万，但由于教育体系无法供给足够多的人才，大量芯片企业在发展过程中只能采取“相互挖人”“重复挖人”的策略，导致整个行业的发展成本急速上升，也形成了短视化的发展氛围，极不利于芯片产业的正常发展。实际上，除了无法满足相对高端实体行业的人才需求外，教育体系的低适配性还体现在职业教育无法为我国全球第一的制造业体系源源不断地提供高水平的技术工人，这同样导致了巨大的结构性就业矛盾。可见，在短期数量失衡的基础上，劳动力供需的长期质量失衡也对就业问题产生越来越大的影响。

再次，就业弹性下降与经济增速下滑叠加正在形成长期压力。就业弹性指的是从业人数增长率与GDP增长率的比值，即

GDP 增长 1 个百分点带动就业增长的百分点。根据发达国家的经验，随着劳动生产率的提高与产业结构的升级，一个国家的就业弹性系数会逐步下降。我国就业弹性系数的演变也符合这一规律，根据测算，2014—2019 年我国就业弹性系数分别为 0.46、0.41、0.25、0.11、0.11、0.15，下降趋势非常明显。即使 2020 年得益于各级政府在应对就业压力过程中所采取的大量超常规举措，该年就业弹性系数一度反弹至 0.49，但随着超常规就业措施效果的逐步释放，2021 年的就业弹性系数又下滑至 0.12。可见，我国就业弹性系数的下降趋势已经不可避免。

与此同时，我国的经济增速下滑压力也在逐步增大，新冠疫情前的季度经济增速变化充分说明了这一趋势。从 2009 年第三季度到 2011 年第三季度，经济增速能够维持在 9% 以上；2011 年第四季度到 2015 年第三季度，经济增速能够维持在 7% 以上；2015 年第四季度到 2019 年第二季度，经济增速能够维持在 6% 以上。而自 2019 年第三季度开始，我国经济增速开始跌破 6%，此后除了得益于 2020 年低基数影响，经济增速能够超过 6% 的 2021 年第一、二季度外，2021 年第三、四季度与 2022 年的季度经济增速都低于 5%。可见，在就业弹性系数已进入下降区间的背景下，我国经济增速也开始面临巨大压力，两者的相互叠加使得单位 GDP 增长能实现的就业规模也开始逐步下降，这也极大地提高了解决就业问题的难度。

四、产业协同发展推动共同富裕的建议

基于当前产业协同发展遇到的问题，未来应以产业升级为根本方向，协同推动实体经济与服务经济发展，努力构建完善

充分的就业体系，为共同富裕目标的顺利实现提供坚实的产业基础。

（一）全力突破“卡脖子”技术，加快实现科技自立自强

“卡脖子”技术已经成为制约中国产业升级的关键因素，也是影响居民收入水平提高的核心条件，未来应全力突破“卡脖子”技术的限制与束缚。

加强顶层设计，加快推进高水平科技自立自强。充分发挥国家在重大科技创新中的组织者作用，加强国家战略科技力量，优化创新资源配置，提高国家创新体系整体效能。加快推进创新驱动发展，加大基础研究财政投入，加强原创性、引领性科技攻关。坚持以质量、绩效和贡献为核心的评价导向，深化科技评价改革。着力推动创新链、产业链、资金链和人才链四链深度融合。进一步提高科技伦理治理水平，让科技更好地造福人类。努力构建卓越的开放创新生态，深度参与世界科技治理。

要强化基础研究前瞻性、战略性、系统性布局。基础研究处于从研究到应用再到生产的科研链条起始端，是突破“卡脖子”技术的重要前提。未来要坚持“四个面向”，坚持目标导向和自由探索“两条腿走路”，把世界科技前沿同国家重大战略需求和经济社会发展目标结合起来，统筹遵循科学发展规律提出的前沿问题和重大应用研究中抽象出的理论问题，凝练基础研究关键科学问题。与此同时，要强化国家战略科技力量，有组织地推进战略导向的体系化基础研究、前沿导向的探索性基础研究、市场导向的应用性基础研究，注重发挥国家实验室引领作用、国家科研机构建制化组织作用、高水平研究型大学主力军作用和科技领军企业“出题人”“答题人”“阅卷人”作用。

鼓励企业成为创新的主体。只有让企业成为科技创新活动的主体，而不仅仅是成果应用的主体，才能使企业从源头全过程参与，从基础研究、应用基础研究到技术创新、成果转化都能发挥主体作用。因此，要进一步加大对企业成为科技创新主体的支持。支持企业成为科技创新主体，就要努力形成一种生态，一种有利于企业成为科技创新主体的生态，要实现权利公平、机会公平、规则公平。同时不管是国有、民营还是大中小微，企业只要从事科技创新活动，以科技来提升企业的发展质量、发展水平和竞争力，科技部门都应全力支持，而且在权利、机会和规则三个方面平等支持。

（二）将创新摆在实体经济发展的核心地位，提升实体经济的质量和效益

要从产业层面入手，全面提高创新投入强度，加快科技强国和制造强国建设步伐。大力培育发展战略性新兴产业，引导资金流入高端制造业和高新技术产业，同时，加快产业数字化和数字产业化进程，全面改造提升传统制造业。在重要领域，将现代新科技与现代金融有机结合，全面参与打造“以我为主”的新的全球产业链。

要从产品层面发力，完善产品创新与品牌创新的机制，走高度开放下自立自强的新路。要鼓励企业加大研发投入，引进精细化的先进管理模式，建立健全产品技术标准体系，打造自主品牌和国际一流品牌。特别是要培育崇尚创新、包容失败的社会风尚和企业文化，引导一大批富有冒险精神和创造热情的骨干企业家投身实体经济。

深化税收结构改革，加快促进以“间接税为主”的税制结构向“直接税为主”的税制结构转变，降低实体经济的制度性成本。要加大力度贯彻落实党的十八届三中全会指明的“逐步提高直接税比重”的税制改革任务，不断深化征税体制改革，增加个人所得税在总体税收中的比重，同时降低企业税负。一方面，要加快房地产税立法并适时实施，抑制房地产泡沫化和经济虚拟化倾向。我国房地产税制度设计，应将房地产税的主要功能定位放在培育地方税主体税种、调节收入和财富差距两个方面。可率先在一线城市实施房地产税法，并建议将只鼓励一户一套住房政策纳入相关立法。另一方面，要继续推进间接税改革。继续完善和改革增值税制度，创造条件促进增值税转型。深化消费税改革，发挥好消费税引导健康消费、绿色消费和促进社会公平的作用。同时，扩大资源税征收范围，使资源税从当前主要调节资源级差收入转变为促进绿色发展的生态型资源税。

（三）大力发展服务业

大幅放宽服务业的市场准入，推动生产性服务业向专业化和价值链高端延伸，尽可能发挥其对振兴实体经济的支撑作用。

要完善服务业行业管理体制。建议深入推进投资管理制度创新，用好负面清单的管理制度，进一步简政放权，大幅放宽市场准入，减少行政审批项目，使各类市场主体可依法依规平等进入负面清单之外的领域。与此同时，要完善事中、事后监管的规则，加强监管人才队伍建设，加强监管体系建设，推动监管方式由按行业归属监管向功能性监管转变，由交叉监管和分散多头监管向综合协同监管转变，继续推进全国统一市场建设，消除各地方对外地服务业企业的歧视性规定和行为。

要加快打破服务业的各种行政性垄断。以市场化和培育有效竞争为目标导向，继续推进和深化垄断性行业改革，将自然垄断环节与可引入竞争的环节分开，逐步放开可引入竞争的环节，切实贯彻“非禁即入”的政策，取消对非国有资本或者非本地要素的不平等做法。最重要的是要促进金融、科技服务业和信息服务业等高端服务业的开放，通过对外开放，倒逼服务业体制机制的改革。

切实加强服务业行业标准和行业规范建设。深化标准化工作改革，深入开展国家级服务业标准化试点，充分发挥政府部门、行业协会、行业内领军企业的作用，分类推进服务业重点领域标准研制工作，逐步建立与国际接轨的服务业标准体系。开展面向新兴服务业态的服务模式、服务技术与服务市场等标准化探索研究。促进内外资企业公平参与标准化工作。以促进服务业提升质量、打造品牌为着力点，实施服务业标准化行动。围绕服务业质量监测，针对重点服务业态，加强服务质量监测标准的研制，统一服务业质量监测的基本流程、方法。

（四）着力破解就业难题

破解我国就业难题，既要重视劳动力总量在短期内的数量匹配问题，更要重视劳动力质量与结构的长期匹配问题。

短期内要坚持稳住思维，努力缓解数量问题。首先，要充分利用疫情防控措施调整所带来的巨大消费增长动能，出台措施鼓励相关企业加大招聘力度。根据百度地图复苏指数，2023年全国100座主要城市的消费指数相比于2022年都出现了巨大增幅，消费正在强劲复苏，相关部门应高度重视这一复苏趋势，尽快出台减免税费、增加补贴等积极政策，鼓励相关行业的企业加大招聘力度。其次，要采取更加有力的措施来鼓励文化、旅游、电影、娱乐、创作等行业的发展。相比于零售、餐饮等服务业，文旅、电影、文创等行业更符合大学生就业偏好，而这些行业也恰恰是过去几年受疫情冲击最严重的行业类型。因此，相关部门应迅速进行大规模的行业调研，摸清行业发展现状与面临的主要“堵点”，系统制定一段时期内此类行业的复苏发展政策体系，鼓励行业龙头企业带头扩大招聘规模从而加快行业复苏进程。再次，要通过加大对教育、医疗、健康、医药、公共卫生等行业的支持力度，吸纳更多的大学生就业。随着国家安全的重要性日益凸显，各级政府应加快调整优化财政支出结构，避免继续将大量资金用于低效甚至无效的产业或基建投资，要将更多的资金用于教育、医疗、健康、医药、公共卫生等行业，吸纳更多的大学生就业。

中期内要坚持精准思维，加快实现供需匹配。供需错配是导致我国就业难的重要因素，破解这一难题必须坚持精准思维，立足校企深度合作，将企业需求信息融入学校人才培养体系，加快实现供需匹配。校企合作一直被视为是解决大学生就业难问题的重要举措，但该举措长期流于形式，校企双方无法产生积极有效的互动反馈效应，即使签订校企合作协议，也是各行其是的“两张皮”，无助于顺利解决就业难问题。因此，在解决大学生就业难的过程中，教育部门与经济部门应紧密合作，优先选择新一代信息技术产业、高档数控机床和机器人、高端仪器、航空航天装备、能源电子、节能与新能源汽车、新材料、生物医药及高性能医疗器械等重点行业和重点领域，支持龙头企业和高水平高等学校、职业学校牵头，组建学校、科研机构、上下游企业等共同参与的跨区域产教融合共同体，依据产业链分工对人才类型、层次、结构的要求，实行校企联合招生，开展委托培养、订单培养和学徒制培养，为行业提供稳定的人力资源。

长期内要坚持改革思维，着力提高就业质量。党的二十大报告明确将创新、科技、人才与教育问题融为一体，这也意味着未来我国的科技体系、教育体系、人才体系与产业体系也将融为一体。因此，要想从根本上破解就业难题并实现高质量就业，就必须确保教育体系和产业体系的高度匹配。

一方面，要加大高等教育改革力度，制定新的人才培养战略，重点破解高校重概念、轻实践的顽疾，完善学科专业“预警清单”制度，健全学科专业退出机制，对需求不大、水平不高、效益不好、竞争力不强的学科专业实行限招、隔年招生、停招等措施；对不适应经济社会发展、偏离办学方向、办学水平低、脱离社会需求的学科专业点予以退出；同时要严格控制社会需求不足、就业去向落实率低的学科专业招生规模，连续3年就业去向落实率低于60%的专业应暂停招生。另一方面，要发挥高等教育体系对产业发展的引领支撑作用，强化基础学科研究，立足人才链、创新链、产业链精准对接与深度融合，加快促进科技成果转化和产业化，推动科教资源优势转化为产业优势与发展胜势，加快构建包括硬能力和软能力在内的人才培养“素质模型”和“能力清单”，并不断根据基础学科与产业实践的最新进展进行动态调整，确保高等教育体系能够为未来经济增长和产业升级持续提供人才储备。

第七章
中国式共同富裕的收入分配制度实践

无论是流量型的收入分配，还是存量型的财富分配，都会通过收入分配制度来影响居民收入差距和最终的共同富裕目标。因此，实现共同富裕目标，既要考虑生产模式与制度的持续升级，更要不断优化收入分配制度，使之始终与共同富裕目标相匹配。

一、收入分配制度的内涵及其对共同富裕的意义

收入分配问题直接关系到居民的切身利益，对整个社会的稳定和国家的长治久安具有重要意义。从世界各国发展经验看，存在较大收入差距的国家，其国家发展和社会稳定程度都要低于收入差距较小的国家。我国是社会主义国家，坚持走中国特色社会主义道路，共同富裕是经济发展的应有之义，也是发展的终极目标。改革开放以来，城乡居民收入水平有了明显的提高。然而，不能否认，伴随着改革开放以来取得的巨大成就，我国的收入差距问题逐渐凸显出来，收入分配制度的改革逐渐成为社会各界关注的焦点。

（一）收入分配制度的内涵及其构成

收入分配制度主要包括初次分配、再分配和第三次分配三大内容。

初次分配是国民收入分配的基础。物质生产部门内的劳动

者，在生产过程中借助资本、土地等生产要素，创造出了新的价值，形成了社会赖以分配的国民收入。这些国民收入，首先以工资的形式归劳动者所有，剩下的部分作为劳动的剩余，在物质生产部门内的相关者之间进行分配，形成了国民收入初次分配的基本格局，这是进行再分配和第三次分配的基础。

再分配是国民收入分配的主体。社会中除了物质生产部门还存在大量的非物质生产部门，它们是社会生产和生活所必需的。非物质生产部门尽管不创造新价值，但它们能够维护社会稳定和安全，满足人们的多样化需求，提高人们的精神素养，是社会发展所必需的。初次分配所形成的收入，必须通过财政预算和服务费支出等形式，满足非物质生产部门各阶层的需要。再分配既有政府预算分配，也有服务费支出分配；既有依靠国家力量的强制性分配，也有相互交换行为的有偿分配。再分配点多面广，内容繁杂，是整个国民收入分配的主体部分。通过再分配，基本上形成了整个社会国民收入分配的总体格局。

第三次分配是对国民收入初次分配和再分配的进一步调整。在共同富裕的征途中，有先富和后富的内在逻辑。先富带后富是共同富裕的内在要求，第三次分配是先富带后富的具体形式。社会充满不确定性，人们在生产生活中总会有突发事件、意外伤害、重大疾病等风险出现。应对风险后果，除了完善的社会保障体系，还需要全体社会成员的共同参与，需要企业勇于承担社会责任，公民追求社会价值的实现。社会力量自愿通过民间捐赠、慈善事业、志愿行动等方式济困扶弱，也会形成国民收入的三次分配。第三次分配填补了初次分配和再分配的短板，是国民收入分配的进一步调整和有力补充。

初次分配、再分配和第三次分配是相互联系的。在国民收入分配中初次分配起基础的决定性的作用，决定分配的内容、规模和效果。再分配是初次分配的继续和进一步实现，第三次分配和再分配都决定于初次分配。同时，再分配和第三次分配对初次分配具有反作用。

（二）收入分配制度与共同富裕的关系

共同富裕是社会主义的本质要求，优化收入分配制度对扎实推进共同富裕具有重要意义。一方面，优化收入分配制度是夯实共同富裕的社会基础，形成共建共享合力的重要手段。当一个国家生产力发展到一定阶段，失去公平的经济必然会陷入停滞和倒退，失去高质量发展的社会基础。优化收入分配制度，是正确发挥人民群众的主观能动性、激发人民群众积极主动地通过奋斗实现共同富裕、形成共建共富动力的重要机制。另一方面，优化收入分配制度是厚植共同富裕的经济根基，解决不平衡问题的重要措施。扎实推进共同富裕，要正确处理好效率和公平的关系。经过多年艰苦卓绝的不懈奋斗，我国全面建成了小康社会，国力和人民生活水平跃上了新的台阶，但发展不平衡不充分问题仍然突出。共同富裕要抓住高质量发展这一主线，不断做大“蛋糕”，在高质量发展中持续优化收入分配制度，稳步解决不平衡的问题。

（三）收入分配制度的历史演变

改革开放以来我国分配制度的变革，主要受经济改革和市场化发展的影响，分配制度改革的指导思想往往在党的主要会议中被提出并付诸实施。如下表所示，几乎历次党的代表大会都对收入分配制度的改革提出了战略部署。

表 7-1 改革开放以来历次中央会议对收入分配的指导性意见

会议名称	提法
1984 年以前历次政治报告	未谈及居民收入分配问题。
十二届三中全会（1984）	允许和鼓励一部分地区、一部分企业和一部分人依靠勤奋劳动先富起来。
十三大（1987）	以按劳分配为主体，其他分配方式为补充；在促进效率提高的前提下体现社会公平。
十四大（1992）	以按劳分配为主体，其他分配方式为补充；兼顾效率与公平。
十五大（1997）	坚持按劳分配为主体、多种分配方式并存的制度，把按劳分配和按生产要素分配结合起来。效率优先，兼顾公平；允许和鼓励资本、技术等生产要素参与收益分配。
十六大（2002）	确立劳动、资本、技术和管理等生产要素按贡献参与分配的原则，完善按劳分配为主体、多种分配方式并存的分配制度；初次分配注重效率，再分配注重公平。
十七大（2007）	坚持和完善按劳分配为主体、多种分配方式并存的分配制度，健全劳动、资本、技术、管理等生产要素按贡献参与分配的制度，初次分配和再分配都要处理好效率和公平的关系，再分配更加注重公平。
十八大（2012）	努力实现居民收入增长和经济发展同步、劳动报酬增长和劳动生产率提高同步，提高居民收入在国民收入分配中的比重，提高劳动报酬在初次分配中的比重。初次分配和再分配都要兼顾效率和公平，再分配更加注重公平。完善劳动、资本、技术、管理等要素按贡献参与分配的初次分配机制，加快健全以税收、社会保障、转移支付为主要手段的再分配调节机制。
十八届三中全会（2013）	形成合理有序的收入分配格局。着重保护劳动所得，努力实现劳动报酬增长和劳动生产率提高同步，提高劳动报酬在初次分配中的比重。健全资本、知识、技术、管理等由要素市场决定的报酬机制。多渠道增加居民财产性收入。完善以税收、社会保障、转移支付为主要手段的再分配调节机制，加大税收调节力度。取缔非法收入，增加低收入者收入，扩大中等收入者比重，努力缩小城乡、区域、行业收入分配差距，逐步形成橄榄型分配格局。

续表

会议名称	提法
十九大（2017）	坚持按劳分配原则，完善按要素分配的体制机制，促进收入分配更合理、更有序。鼓励勤劳守法致富，扩大中等收入群体，增加低收入者收入，调节过高收入，取缔非法收入。坚持在经济增长的同时实现居民收入同步增长、在劳动生产率提高的同时实现劳动报酬同步提高。拓宽居民劳动收入和财产性收入渠道。履行好政府再分配调节职能，加快推进基本公共服务均等化，缩小收入分配差距。
二十大（2022）	分配制度是促进共同富裕的基础性制度。坚持按劳分配为主体、多种分配方式并存，构建初次分配、再分配、第三次分配协调配套的制度体系。努力提高居民收入在国民收入分配中的比重，提高劳动报酬在初次分配中的比重。坚持多劳多得，鼓励勤劳致富，促进机会公平，增加低收入者收入，扩大中等收入群体。完善按要素分配政策制度，探索多种渠道增加中低收入群众要素收入，多渠道增加城乡居民财产性收入。加大税收、社会保障、转移支付等的调节力度。完善个人所得税制度，规范收入分配秩序，规范财富积累机制，保护合法收入，调节过高收入，取缔非法收入。引导、支持有意愿有能力的企业、社会组织和个人积极参与公益慈善事业。

注：内容根据相关文件整理而得。

从表 7-1 可以看出，改革开放以来中央有关收入分配的指导性意见大致可以分为三个阶段：

第一阶段为 1984—2001 年。该阶段为促进改革开放和市场经济的建立与发展，重点突出“按劳分配”的主体地位，同时在该阶段逐步实践完善“按生产要素分配”的分配制度，以及要重视效率与公平问题。

第二阶段为 2002—2012 年。该阶段一方面不断促进“按劳分配”和“按生产要素分配”相结合的分配制度，另一方面对效率与公平问题的认识有了新的发展，即延伸到了“初次分配”与“再次分配”的每个阶段中。

第三阶段为2013年至今。在该阶段重点突出四项改革，一是提高劳动报酬在初次分配中的比重；二是开始重视财产性收入在居民收入中的重要性问题；三是将扩大中等收入者比重、形成橄榄型分配格局上升到国家政策层面；四是对收入结构的优化调整开始成为重点工作。

需要指出的是，中央在每个阶段关于收入分配的指导性意见都是依据改革开放发展实际、市场经济进程以及经济社会发展中的实际问题和长远发展而提出的，均是为了应对收入分配中存在的一系列问题而实施的。梳理上述每个阶段中央关于收入分配的指导性提法，有助于从纵向历史的维度理解以及提出下一阶段的收入分配制度意见。

二、中国收入分配制度改革的成效及其表现

党的十八大以来，我国持续深化收入分配制度改革，大力实施减税降费，居民收入水平稳步提高，企业效益不断改善。随着一系列政策的实施，我国宏观收入分配结构不断改善，住户部门和企业部门收入在国民总收入和国民可支配总收入中的比重总体提高，广义政府部门收入比重持续下降。与此同时，居民收入结构也不断完善，消费能力持续提升。

（一）收入分配的制度建设日益完善

在初次分配上，已经确立了市场在配置资源中起决定性作用的原则，进一步发挥有为政府的职能。通过要素市场体系的建立健全，效率原则在初次分配中得到体现。此外，相关制度进一步完善，保障国有企业、民营企业和外资企业等不同所有制形式的市场主体公平地参与经济活动和市场竞争；市场机制

不断健全，维护市场有序运行，防止垄断和不正当竞争成为有为政府的重要工作；户籍制度改革不断深化；大力推进劳动合同集体协商和集体合同签订；出台限制国有企业高管薪酬的规定；《中华人民共和国劳动法》第十二条明确规定“劳动者就业，不因民族、种族、性别、宗教信仰不同而受歧视”。这一系列举措最大程度上确保了初次分配的公平。

再分配制度体系建设取得巨大成就。个人所得税制度、社会保障体系和社会救助制度等都取得了长足发展。2006 年起，我国全面取消农业税，比原定用五年时间取消农业税的时间表整整提前了三年，大大减轻了农民的负担。1980 年《中华人民共和国个人所得税法》正式颁布；1994 年，国务院发布《中华人民共和国个人所得税法实施条例》，初步建立起内外统一的个人所得税制度。目前个人所得税收抵扣制度初步建立，税收征收体系基本建成，个人所得税体系进一步健全和完善。从 1985 年开始，我国先后启动了养老、医疗、失业、工伤和生育费用社会统筹试点，2010 年《中华人民共和国社会保险法》正式颁布，基本养老金全国统筹、农村和城镇居民基本医疗保险合并等，标志着社会保险体系建设取得重大进展。

在第三次分配上，法律制度和组织机构建设也取得长足进展。《中华人民共和国红十字会法》《中华人民共和国公益事业捐赠法》《中华人民共和国慈善法》等法律法规制定颁布，红十字会和中华慈善总会等社会组织也在健康发展。

（二）居民收入稳步增长，住户部门收入占比持续提高

党中央、国务院始终坚持以人民为中心的发展思想，不断深化收入分配制度改革，居民收入保持稳步增长，住户部门收

入在国民收入初次分配和再分配中的比重不断提高。一方面，不断提高劳动者报酬收入，拓宽居民财产收入渠道，住户部门初次分配收入占国民总收入比重稳步提高。2020 年，住户部门初次分配总收入占国民总收入比重为 62.0%，比 2012 年提高 3.2 个百分点。其中，住户部门劳动者报酬收入占国民总收入比重为 52.7%，比 2012 年提高 2.9 个百分点，是拉动住户部门初次分配总收入占比提高的最主要因素。另一方面，不断完善收入再分配调节机制，实施个人所得税改革，扩大社保制度覆盖范围，加大社会救助补助资金投入，住户部门可支配收入占国民可支配总收入比重整体提高。2020 年，住户部门可支配总收入占国民可支配总收入比重为 62.2%，比 2012 年提高 4.8 个百分点。

（三）供给侧结构性改革成效逐步显现，企业部门收入占比总体提高

2015 年以来，我国持续深入推进供给侧结构性改革，企业去产能、去杠杆、降成本取得积极成效，企业效益不断改善，带动了企业收入的较快增长，企业部门收入在国民总收入及可支配总收入中的比重逐步提高。2020 年，企业部门初次分配总收入占国民总收入比重为 26.9%，比 2015 年提高 2.4 个百分点；可支配总收入占国民可支配总收入比重为 22.9%，比 2015 年提高 2.7 个百分点。

（四）减税降费政策效果显著，广义政府部门收入占比不断下降

党中央、国务院有序推出一系列减税降费政策，包括全面推开营改增试点、简并和降低增值税税率、实施个人所得税改

革、清理规范行政事业性收费等。2013—2021年新增减税降费累计8.8万亿元。随着一系列减税降费政策的实施，广义政府部门收入在国民总收入及可支配总收入中的比重不断下降。2020年，广义政府部门初次分配总收入占国民总收入比重为11.1%，比2012年下降4.7个百分点；可支配总收入占国民可支配总收入比重为14.9%，比2012年下降6.5个百分点。

（五）居民收入来源多元化，转移净收入和财产净收入占比上升

各地区各部门有效落实各项就业创业政策，不断加大民生保障力度，多管齐下拓宽居民增收渠道，持续优化营商环境，不断完善社会保障体系，进一步健全各类生产要素参与分配机制。全国居民转移净收入和财产净收入快速增长，占比不断提高。2021年全国居民人均可支配收入中，人均转移净收入6531元，比2012年增长139.4%，年均增长10.2%，占人均可支配收入的比重由2012年的16.5%提高到2021年的18.6%。2021年人均财产净收入3076元，比2012年增长149.8%，年均增长10.7%，占人均可支配收入的比重由2012年的7.5%提高到2021年的8.8%。居民工资性收入和经营净收入保持较快增长。2021年人均工资性收入19629元，比2012年增长109.3%，年均增长8.6%；人均经营净收入5893元，比2012年增长85.8%，年均增长7.1%。

（六）居民生活质量持续提升，消费能力显著提高

党的十八大以来，随着居民收入和消费水平的提高，消费能力进一步增强，消费升级步伐加快，城乡居民主要耐用消费品拥有量不断增多，汽车、空调、移动电话等在居民家庭中日渐普及。2021 年，城乡居民平均每百户家用汽车拥有量为 50.1 和 30.2 辆，分别比 2012 年提高 132.7% 和 358.3%；平均每百户移动电话拥有量为 253.6 和 266.6 部，分别比 2012 年提高 19.3% 和 34.8%。农村居民基本生活家电拥有量较快增加，生活便捷度大大提高。2021 年，农村居民平均每百户电冰箱拥有量为 103.5 台，比 2012 年提高 53.8%；平均每百户洗衣机拥有量为 96.1 台，比 2012 年提高 42.9%。

三、完善收入分配制度　推动共同富裕取得更大进展

虽然收入分配实践已经取得明显成就，但由于我国发展基础较低，且人口规模较大，持续深入推动收入分配制度的实践仍然面临诸多挑战。

（一）居民收入差距面临拉大的压力

结合过去数十年的发展实际，我国国民收入差距面临持续拉大的压力。从居民财富的绝对规模看，无论是包括存款、股票、债券在内的金融资产，还是包括商品房、贵金属在内的实物资产，我国国民财富总量在过去几十年都出现了快速增长。财富总量方面，根据《中国财富报告 2022》，2021 年中国居民财富总量已达到 687 万亿元，居全球第二，仅次于美国，户均资产约 134 万元，2005—2021 年年均复合增长率达到 14.7%。[①] 其中，金融资产增速更为迅猛，根据安联集团发布的《2022 年安联全球财富报告》，2021 年我国家庭金融资产总额创历史新纪录，达到 3.2 万亿欧元，占亚洲地区金融资产总额首次超过

①《中国财富报告 2022》，由泽平宏观和新湖财富联合发布，见 https://finance.ifeng.com/c/8GLkl3QmkWs。

50% 大关，在全球市场占比也由 2011 年的 7.2% 攀升至 2021 年的 13.6%。[①] 然而，伴随着国民财富水平的快速增长，在不同的生产要素禀赋结构、自由市场经济机制的内生缺陷以及经济体制逐步转型等多重因素的共同影响下，我国居民财富的相对差距也开始逐渐拉大，比如我国的基尼系数长期高于国际警戒线 0.4，2015 年后更是有所上升。

（二）初次分配过程中的劳动者报酬仍有提升空间

劳动报酬持续增长是勤劳致富的基础，是推动经济发展方式转变和经济高质量发展的重要驱动力，也是促进社会公平的重要保障。在推动全体人民迈向共同富裕的重要时刻，党的二十大报告把分配制度作为促进共同富裕的基础性制度，提出努力提高劳动报酬在初次分配中的比重，这是实现共同富裕的必然要求。

初次分配是指国民总收入直接与生产要素相联系的分配。任何经济活动都离不开劳动、资本、自然资源、技术和管理等生产要素。在中国特色社会主义市场经济制度建设过程中，破除了传统计划经济体制下平均主义的分配方式。在初次分配领域中，初步形成了以按劳分配为主体，资本、技术、管理等要素按贡献参与分配的新分配制度，有力地调动了各种要素发展的积极性。改革开放后，我国经济总体效率的提高和国民经济快速发展，与初次分配的体制进步有紧密联系。但是，我国初次分配的体制机制仍有许多不完善之处，突出表现为劳动者报酬在初次分配中占比过低。

① 数据见第一财经网站，https://baijiahao.baidu.com/s?id=1746648571920818719&wfr=spider&for=pc。

劳动者报酬是居民部门的主要收入来源，而1992—2013年间，居民部门的收入份额由1992年的68.7%下降到2013年的61.3%，21年间下降7.4个百分点，同时，企业和政府收入份额分别上升6.4和1个百分点，表明居民主体在这一时期的收入分配格局中处于弱势地位。从具体过程看，居民部门的收入份额2008年降到57.2%的最低点，随后在2009—2013年间开始回升至61.3%，2020年进一步提升至62%。与20世纪90年代初相比，目前居民收入占比仍然偏低。与全球16个主要经济体相比，中国居民部门收入占比同样处于国际偏低水平，低于美国（75.9%）、英国（66.5%）等国家。针对这一情况，《中共中央关于制定国民经济和社会发展第十四个五年规划和二〇三五年远景目标的建议》也明确，“十四五”时期要提高劳动报酬在初次分配中的比重，完善工资制度，健全工资合理增长机制，着力提高低收入群体收入，扩大中等收入群体。

（三）二次分配对收入差距的调节功能没有充分发挥

二次分配是收入分配制度的重要组成部分，也是优化居民收入分配格局的重要手段，理应在实现共同富裕目标进程中发挥重要作用，但从具体实践看，二次分配没有完全发挥作用。

首先是个人所得税调节收入分配力度弱化。一是错调，即税收调控收入分配的对象与制度设计出现错位，使税收调控效果适得其反。个人所得税原本是调节高收入群体的，但由于税制设计不科学、不合理，使工薪阶层成为其主要调节对象，这在一定程度上加剧了收入差距的扩大，影响了收入分配的公平性。二是漏调，即税制对高收入者的收入调节作用乏力。由于我国初次分配环节秩序混乱，个人收入中不合理、不合法的灰色及黑色收入大量存在，由于政府难以对其来源及数量掌握全面的信息，使得大量高收入者的收入游离于个人所得税之外。三是偏调，即来源不同的收入征收的税赋有偏差。我国现行个人所得税征收模式采用国外很少采用的纯粹分类所得税制，容易使收入相同者由于所得来源不同而导致税负不同，不利于实现普遍、平等纳税。四是弱调，即我国个人所得税调整力度较弱。

其次是企业所得税调节能力有限。所得税税制的复杂性导致了调控手段的不力。企业所得税是各税种中专业性最强、纳税处理及税收管理最为复杂的税种之一。就税务机关而言，征收手段、税务管理员的业务能力制约了税收的调控作用。就纳税人而言，所得税的申报内容复杂，税收规定与企业财会制度差异大，纳税人掌握税政难度大。三是内外资企业所得税两套税制扭曲了税收的调节功能。税前扣除内外有别，致使内外资企业间实际税负差异较大，外资企业税前扣除标准宽，限制少，而内资企业普遍存在成本费用补偿不足问题。

再次是社会保障没有完全发挥“托底”作用。一方面，当前社会保障发展不平衡，制度的公平性、互济性明显不足，城乡之间、地区之间、群体之间的差距过大，不同身份或岗位的社会保障权益不同，有的制度安排甚至存在逆向调节现象。另一方面，当前社会保障制度发展不充分，主要表现为幼儿、妇女及残疾人三大群体的服务供给滞后，需求高涨与满足有限存在较大落差，影响人民生活品质的提升，也直接制约全体人民走向共同富裕的步伐。

（四）第三次分配发展速度仍然偏慢

三次分配主要指捐赠，是对初次分配和再分配的有益补充，具有较强的公益性和自愿性，我国在这方面与发达国家仍有不小的差距。

一是慈善机构筹款能力仍有提升空间，第三次分配力度还有待提升。根据《慈善蓝皮书：中国慈善发展报告（2022）》显示，我国2021年捐赠总规模虽然已经达到了4466亿元，但与国际水平相比，仍有较大提升空间。根据福布斯发布的数据，美国捐赠总额早在2019年就已经达到4500亿美元，最大的100家慈善机构共计捐赠495亿美元，占比高达11%。

二是参与第三次分配的主体仍然以企业为主，个人积极性仍有调动空间。根据中国慈善联合会发布的《2022年中国慈善捐助报告》，我国现阶段参与第三次分配的主体仍然是民企和国企，个人捐赠的积极性与规模并不高。若以国外情况作为参考，不难发现，个人捐赠部分才是总捐赠额的主要组成部分，占比通常能够达到六成以上，且基金会的捐赠也占据较大比例，而企业占比则是相对较低的。

三是第三次分配开展缺乏持续资金基础。西方发达国家大笔捐赠的基础在很大程度上取决于科学合理的综合财产税制，我国至今还没有开征遗产和赠与税，直接导致大批富豪和绝大多数中产阶层都选择直接积累财富再直接传递给子孙后代，并不会首先考虑进行慈善捐赠。这不仅会导致收入差距的急剧扩大，而且在很大程度上导致我国现阶段开展第三次分配缺乏持续的资金基础。这一点从近年来的数据中也不难看出，我国在灾难多发年或存在突发性灾难的非常态情况下，慈善捐赠总额会明显飙升，而在平稳的常态情况下，慈善捐赠总额会呈现非常明显的下降趋势，实际上就是制度供给短缺所导致的第三次分配持续资金基础缺乏的写照。①

（五）财富增值渠道没有充分发挥作用

除了三次分配的重要作用外，居民收入水平的提高也依赖于多元化的财富增值渠道。无论是缩小国民收入水平差距，还是提高国民收入整体水平，都需要着力拓宽居民财富的增值渠道。当前我国财富增值渠道并不通畅，潜力也未充分挖掘。一方面，从世界主要发达国家的财富积累经验看，股票等金融市场是普通居民财富保值增值的重要渠道。我国股市在过去十余年不仅没有明显增长，甚至还屡次出现巨大波动，没有充分发挥财富增值保值功能。另一方面，我国农民财产增值的潜力巨大。当前我国农民财产性收入绝对值低、占总收入的比重低，2021 年我国农村居民人均财产性收入为 469 元，仅占总收入的 2.48%，这也是导致我国国民财富差距较大的重要原因。与此同时，农村还存在大量未被盘活和有效利用的资源，各类闲置资产，农民的土地承包经营权、宅基地使用权等关键财产并未完全释放其价值，农民财产增值存在巨大空间。

四、收入分配制度推动共同富裕的政策取向

面对当前收入分配存在的系列问题，未来需要坚持以共同富裕为最终目标，有针对性地破解三次分配领域存在的各种难题。

---

① 苏京春:《什么是第三次分配？我国第三次分配存在哪些问题？》，来源于界面新闻的采访，https://baijiahao.baidu.com/s?id=1708420045331277775&wfr=spider&for=pc。

（一）发挥好初次分配的基础性作用

提高发展的平衡性、协调性、包容性。人民的幸福生活是奋斗出来的，共同富裕要靠勤劳智慧来创造。要把推动高质量发展放在首位，形成人人参与的发展环境，厚植共同富裕的物质基础。一是促进人的全面发展。要维护社会公平正义，防止社会阶层固化，畅通向上流动通道，促进机会公平，为人民提高受教育程度、增强发展能力创造更加普惠公平的条件，提高全社会就业创业和创新创造能力，鼓励勤劳致富。二是健全城乡融合发展体制机制。要坚持以城带乡、以工促农，巩固拓展脱贫攻坚成果，全面推进乡村振兴，对易返贫人口加强监测、及早干预，确保不发生规模性返贫和新的致贫。开拓乡村特色产业发展等增收渠道，使更多农民勤劳致富。加强农村基础设施和公共服务体系建设，保障农民基本生活条件。完善新型城镇化战略，促进农民工融入城市。三是健全区域协调发展体制机制。要深入实施区域协调发展战略、区域重大战略，加大对欠发达地区的支持力度，增强欠发达地区自我发展能力。四是强化行业发展的协调性。要加快垄断行业改革，营造公平竞争的市场环境，让平均利润率规律发挥作用；要发挥企业促进协调发展的能动性，鼓励、支持和引导企业与金融机构增加环境、社会、治理（ESG）投资。

提高居民收入和劳动报酬比重。目前，我国住户部门可支配收入占国民可支配总收入的比重约为60%，劳动者报酬占国民可支配总收入的比重约为50%，有待提高。要坚持居民收入增长和经济增长基本同步、劳动报酬提高与劳动生产率提高基本同步，构建体现效率、促进公平的收入分配体系。一方面，努力提高居民收入在国民收入分配中的比重。要通过扩大就业和提高就业质量增加劳动者收入，拓展服务业、中小微企业、劳动密集型企业、知识和技能密集型企业就业空间，稳定新就业形态、灵活就业人员就业增收，帮助高校毕业生、农民工等重点群体就业增收。另一方面，提高劳动报酬在初次分配中的比重。要坚持多劳多得，着重增加劳动所得；完善劳动者工资决定、合理增长和支付保障机制，健全最低工资标准调整机制，完善农民工欠薪治理长效机制；健全国有企业市场化薪酬分配机制和科技创新薪酬分配激励机制，改革完善体现岗位绩效和分级分类管理的事业单位薪酬制度，落实并完善公务员工资正常调整机制；完善劳动争议调解仲裁机制，健全劳动关系协商协调机制。

扩大中等收入群体。目前，我国中等收入家庭人口占总人口的比重为30%多，提升空间较大。要增加低收入者收入，着力提高中等收入家庭人口比重。一是高校毕业生是有望进入中等收入群体的重要方面。要提高高等教育质量，做到学有专长、学有所用。二是技术工人应成为中等收入群体的重要组成部分。要加大技能人才培养力度，提高技术工人工资待遇，吸引更多劳动者加入技术工人队伍。三是中小微企业和个体工商户从业者是创业致富的重要群体。要完善营商环境，促进稳定经营增收。四是进城农民工是中等收入群体的重要来源。要深化户籍制度改革，解决好农业转移人口住房、医疗、教育、社保等问题。要合理提高基层公务员和基层企事业单位职工的工资待遇。

完善按要素分配政策制度。实行劳动、资本、土地、技术、管理、知识、数据等生产要素由市场评价贡献、按贡献决定报酬的机制，有利于提高效率效益、推动创新发展和转型升级。要健全各类生产要素由市场决定报酬的机制，拓展和创新收入分配方式。一是拓宽财产性收入渠道。要从农村土地、金融资产入手，探索通过土地、资本等要素使用权和收益权增加中低收入群众要素收入，多渠道增加城乡居民财产性收入；深化农村土地制度改革，赋予农民更加充分的财产权益；有序推动农村宅基地出租、流转、抵押，探索实现已入市农村集体土地与国有土地同地同权，探索农村集体经济收益分配向当地低收入困难群体倾斜；推动资本市场稳定健康发展，丰富居民可投资金融产品，完善上市公司分红激励机制；促进房地产市场持续健康发展，支持居民合理拥有住房资产。二是增加技术、管理和知识要素收入。要鼓励符合条件的企业用足用好股权、期权等激励核心人才；完善职务科技成果转化激励政策，健全科研人员职务发明成果权益分享机制。三是构建数据要素收益分配机制。要积极培育数据市场并健全数据价值实现机制，科学界定数据要素权属，探索建立合理分配数据要素收益的方法制度，促进数字红利共享。

（二）加大税收、社会保障、转移支付等的调节力度

完善税收调节机制。税收是国家财政的主要来源，也是收入分配的调节利器。一是优化税制结构。要健全地方税、直接税体系，提高直接税比重，增强税收对收入分配的调节作用。二是完善个人所得税制度。要健全综合与分类相结合的个人所得税制度，完善专项附加扣除范围和标准，优化个人所得税税率结构。三是完善消费、财产等方面税收。要加大消费环节税收调节力度，积极稳妥推进房地产税立法和改革，探索建立与

数字经济发展相适应的税收制度。四是完善税收征管。要深化税收征管制度改革，健全自然人税费服务与监管体系，提升税收监管能力。

促进基本公共服务均等化。这是促进共同富裕的重要途径。要尽力而为量力而行，提高基本公共服务和社会保障能力，逐步实现人均基本公共服务均等化。一是完善低收入人口保障服务。要逐步健全生活救助和专项救助制度，加快缩小社会救助城乡标准差异，逐步提高城乡最低生活保障水平，完善社会救助和保障标准与物价上涨挂钩联动机制。二是促进教育公平。要加大普惠性人力资本投入，推动义务教育优质均衡发展和城乡一体化，有效减轻困难家庭教育负担。三是完善养老和医疗保障体系。要逐步缩小职工与居民、城市与农村薪资和保障待遇差距，逐步提高城乡居民基本养老金水平，加快优质医疗资源扩容和区域均衡布局。四是完善住房供应和保障体系。要坚持租购并举、因城施策，完善长租房政策，扩大保障性租赁房供给，重点解决好新市民住房问题。五是完善公共文化服务体系。要不断满足人民群众多样化、多层次、多方面精神文化需求，促进人民精神生活共同富裕，加强促进共同富裕舆论引导，营造良好舆论氛围。

加大转移支付。这是促进区域协调发展的重要工具。2022年中央对地方转移支付规模近9.8万亿元，比2021年增加约1.5万亿元，作用明显。一是完善财政转移支付制度。要继续增加财政转移支付，缩小区域人均财政支出差距，逐步实现主要按常住人口进行均衡性转移支付，增强基层公共服务保障能力。加大对口支援和帮扶工作力度。二是优化转移支付结构。要明确中央和地方财政事权与支出责任，稳定提高一般性转移支付比重，提高均衡性转移支付在一般性转移支付中的比重。三是强化转移支付管理。要提高转移支付项目实施的精准性，提高转移支付资金使用效率，促进转移支付制度化、规范化。

规范收入分配秩序。这是消除分配不公、防止两极分化的重要措施。一是保护合法收入。要保护劳动和要素收入，保护居民财产，保护产权和知识产权，保护并调动企业家积极性。二是调节过高收入。要加强反垄断和反不正当竞争，规范资本性所得管理，规范财富积累机制，通过个人所得税、消费税、财产税等加强对高收入的调节。清理规范不合理收入，治理分配乱象，合理缩小行业收入分配差距。三是取缔非法收入。坚决遏制权钱交易，坚决打击内幕交易、操纵股市、财务造假、偷税漏税等获取非法收入行为。

（三）建立健全第三次分配机制

支持有意愿有能力的企业、社会组织和个人积极参与公益慈善事业。进入 21 世纪，我国社会公益事业迅速起步，捐赠财物较快增长，志愿者队伍不断扩大。但公益慈善事业发展总体上仍相对滞后，社会参与不足。要进一步调动社会各方面发展公益慈善事业的积极性，支持更多人财物投入社会公益领域。企业是我国慈善捐赠的主体，目前企业捐赠占款物捐赠总量的 60% 以上。要鼓励企业更好履行社会责任，积极参与生态治理、民生建设、乡村振兴和区域协调发展，持续增加慈善捐赠。社会组织参与第三次分配具有较好条件。要积极有序发展慈善组织，动员更多社会组织从自身实际出发参与慈善捐赠。个人是参与第三次分配的源头活水。目前我国个人捐赠占捐赠总量比重不到30%，需要提高。要增强个人公益慈善意识，采取财物捐赠、志愿服务、互助互济等多种方式参与公益慈善活动。

探索公益慈善活动有效实现形式。一方面，完善适合中国国情的慈善组织模式。要加强现代慈善组织制度建设，建立健全非营利法人制度，打造慈善捐赠主平台。完善志愿者注册、服务记录、激励嘉许、保险保障、基层组织等制度，搭建好志愿者服务平台。另一方面，探索各类新型捐赠模式。要探究金融助力第三次分配的方式，鼓励设立慈善信托；利用数字网络便捷泛在的优势，积极培育和规范发展互联网慈善。

完善公益慈善事业政策法规体系和社会文化环境。一是落实公益慈善税收优惠政策。对非营利组织从事公益性或非营利性活动，予以免税；对企业发生的公益性捐赠支出，不超过年度利润总额12%的部分，准予扣除企业所得税；对个人将其所得用于教育、扶贫、济困等公益慈善事业的捐赠额，未超过纳税人申报应纳所得税额30%的部分，可从其应纳税所得额中扣除；对符合条件的公益慈善事业捐赠，实行企业所得税或个人所得税全额税前扣除。建立健全慈善褒奖制度，让捐赠者获得光荣感和成就感。二是加强慈善领域法治建设。要执行好《中华人民共和国慈善法》《中华人民共和国公益事业捐赠法》《中华人民共和国红十字会法》《中华人民共和国民法典》以及《社会团体登记管理条例》等，推进相关立法修法工作。三是健全慈善综合监管体系。要加强慈善组织专业化、规范化建设，建立健全慈善组织、志愿者、捐赠方和政府部门协调联动机制，加强政府部门对慈善行业的监督管理。四是创造有利于公益慈善事业发展的社会环境。要弘扬中华民族乐善好施、守望相助的传统文化，提倡向上向善、关爱社会的美德，引导更多个人、社团和企业自愿积极参与社会公益事业。

案例篇

第八章
共同富裕的地方实践
——浙江模式探究

2021年6月10日，《中共中央　国务院关于支持浙江高质量发展建设共同富裕示范区的意见》（以下简称《意见》）发布，支持鼓励浙江先行探索高质量发展建设共同富裕示范区。随后，浙江省委全会细化落实《意见》精神，制定实施方案，明确推进示范区建设的路线图、任务书、时间表。计划到2025年，推动高质量发展建设共同富裕示范区取得明显实质性进展，率先基本建立推动共同富裕的体制机制和政策框架，率先基本形成更富活力创新力竞争力的高质量发展模式，率先基本形成以中等收入群体为主体的橄榄型社会结构，率先基本实现人的全生命周期公共服务优质共享，人文之美、生态之美、和谐之美更加彰显。

一、浙江推进共同富裕的总体情况

促进全民共富、全面富裕、共建共富和逐步共富，进而实现共同富裕，具有鲜明的时代特征和中国特色，也是我们党矢志不渝的奋斗目标。伴随着我国全面建成小康社会、开启全面建设社会主义现代化国家新征程，必须把促进全体人民共同富裕摆在更加重要的位置，贯穿我国社会主义现代化建设全过程和各方面。推动共同富裕示范区建设，是一个前所未有的探索和尝试，是丰富共同富裕思想内涵的重大实践，是探索破解新时代社会主要矛盾的有效途径，为我国共同富裕先行先试提供范例范本，为解决全人类所面临的收入分配两极分化问题提供中国方案、贡献中国智慧，进一步向全世界彰显中国特色社会主义制度优越性。

（一）共同富裕示范区试点的重要意义

共同富裕是社会主义的本质要求，是人民群众的共同期盼。实现共同富裕不仅是经济问题，而且是关系党的执政基础的重大政治问题。促进全体人民共同富裕是一项长期艰巨的任务，不可能一蹴而就，也不可能齐头并进，要分阶段、分区域逐步实现，因此，选取条件相对成熟的地区先行先试是扎实推动共同富裕这一重大战略部署的路径选择。2021 年 5 月，中共中央、国务院考虑到浙江的经济生活水平和区域发展特色，决定支持浙江率先高质量发展建设共同富裕示范区，通过共同富裕示范区的实践探索，进一步丰富共同富裕的思想内涵，探索破解新时代社会主要矛盾的有效途径，为全国推动共同富裕提供省域范例，打造新时代全面展示中国特色社会主义制度优越性的重要窗口。

习近平总书记强调，我们正在向第二个百年奋斗目标迈进，适应我国社会主要矛盾的变化，更好满足人民日益增长的美好生活需要，必须把促进全体人民共同富裕作为为人民谋幸福的着力点，不断夯实党长期执政基础[①]。因此，要充分认识到当前已是扎实推进共同富裕的历史阶段，我们必须从战略和全局高度深化认识，增强使命感责任感。对于浙江而言，高质量发展

① 习近平：《扎实推动共同富裕》，《求是》2021 年第 20 期。

建设共同富裕示范区是习近平总书记亲自谋划、亲自定题、亲自部署、亲自推动的重大战略决策，是党中央、国务院赋予浙江的光荣使命。

支持浙江高质量发展建设共同富裕示范区，具有重大的历史意义和现实意义。

一是有利于通过实践进一步丰富共同富裕的思想内涵。建设共同富裕示范区，是贯彻落实习近平新时代中国特色社会主义思想的具体实践，将为党的创新理论特别是共同富裕的思想内涵提供丰富理论素材和生动实践例证。

二是有利于探索破解新时代社会主要矛盾的有效途径。建设共同富裕示范区，有针对性地解决人民群众最关心最直接最现实的利益问题，在高质量发展进程中不断满足人民群众对美好生活的新期待，将为破解新时代社会主要矛盾探索出一条成功路径。

三是有利于为全国推动共同富裕提供省域范例。通过开展示范区建设，及时形成可复制推广的经验做法，能为其他地区分梯次推进、逐步实现全体人民共同富裕作出示范。

四是有利于打造新时代全面展示中国特色社会主义制度优越性的重要窗口。浙江多年来一以贯之践行“八八战略”，持续深化改革开放，在市场经济、现代法治、富民惠民、绿色发展等方面成果显著。打造共同富裕区域性示范，将助力推动中国特色社会主义制度优势转化为治理效能、发展优势，形成为全球治理贡献中国智慧的重要窗口。

（二）浙江省开展共同富裕示范区建设的基础和优势

共同富裕示范区必然在共同富裕方面具有代表性、典型性，具有可复制可推广经验。国家赋予浙江共同富裕示范区建设的历史使命，是因为浙江省这几年在探索解决发展不平衡不充分问题方面取得了明显成效，具备开展共同富裕示范区建设的基础和优势，在促进城乡区域协调发展方面具有广阔空间和巨大潜力。浙江建设共同富裕示范区的优势条件可以总结为以下几个方面：

一是经济发展速度快，区域发展代表性强。从经济发展水平看，2021 年浙江省地区生产总值为 7.35 万亿元，按可比价格计算，比上年增长 8.5%，增速高于全国平均水平 8.1%，浙江省 GDP 总量占全国比重为 6.4%，连续 28 年稳居全国第四，人均地区生产总值为 11 万元（按年平均汇率折算为 1.75 万美元），比上年增长 7.1%。从地理区划来看，浙江呈现“七山一水二分田”的自然地理特征，行政区划上有 2 个副省级城市、9 个地级市和 53 个县（市），代表性较强。从城乡发展状况来看，浙江既有城市也有农村，农村户籍人口占了一半，2021 年浙江常住人口城镇化率为 72.7%。

二是城乡发展比较均衡，差距相对较小。城乡居民收入比能够比较清晰地体现出当地城市与农村的差距情况，该数值越高说明城乡发展越不均衡，该数值越低证明城乡发展更为均衡。浙江省城镇居民人均可支配收入和农村居民人均可支配收入多年来始终位于全国省（区）第一位，2021 年全省人均可支配收入为 5.75 万元，比上年增长 9.8%；城镇居民人均可支配收入为 6.85 万元，比上年增长 9.2%；农村居民人均可支配收入为 3.5 万元，比上年增长 10.4%。2021 年城乡居民人均可支配收入比值为 1.94，比上年缩小 0.02，居全国第 3 位，远低于全国 2.5

的水平，居民可支配收入最高与最低收入倍差为1.61，是全国区域发展差距最小的地方之一，也是全国唯一一个所有设区市居民收入都超过全国平均水平的省份。

三是改革创新意识强，先行先试示范意义强。“干在实处、走在前列、勇立潮头”是浙江精神的充分体现。自改革开放以来，浙江省就奋力走在时代发展的前沿，积极主动推动改革与创新工作，并在改革开放过程中积累了一定的丰富经验。浙江在实践探索中创造了“枫桥经验”“最多跑一次”等全国具有典型意义的做法和经验。与此同时，浙江在市场经济、现代法治、富民惠民、绿色发展等多个领域都取得了显著成果，此次共同富裕示范区建设，浙江将担负新的历史使命，通过大胆试、大胆闯，及时总结提炼共同富裕示范区建设的成功经验和实现路径，为全国其他地区实现共同富裕提供示范。

四是市场化程度比较高，民营经济发达。市场化程度高、民营经济发达是浙江经济的一大特色，2020年浙江全省各类市场主体已经超过800万户，国有经济创造的经济总量在全省的GDP当中仅占22.5%，民营经济创造的财富占66.8%，占比将近2/3。个体、私营经济发达，民营企业的数量规模、发展实力都较强，为推动浙江经济持续发展提供了充足动力，也为实现共同富裕提供了坚实保障。民营企业数量多、财源广，不仅为地方财政收入提供源泉，也能够有效解决就业问题，有利于保障居民收入。近年来，得益于政府超前战略决策布局，浙江省在数字经济、互联网经济等新经济新业态等方面取得积极成效，为新时代推进共同富裕示范区建设提供了坚实的物质保障基础。

（三）浙江高质量发展建设共同富裕示范区的战略使命

锚定共同富裕示范区建设，浙江明确了时间表和路线图：力争到 2025 年，城乡区域发展差距、城乡居民收入和生活水平差距持续缩小；到 2035 年，基本实现共同富裕，人均地区生产总值和城乡居民收入争取达到发达经济体水平。要实现这一目标，浙江提出，一是要夯实共同富裕的物质基础。到 2025 年，人均生产总值达到 13 万元，居民人均可支配收入达到 7.5 万元。同时，建立健全先富带动后富新机制。二是要形成区域一体化新格局、城乡新格局，形成以中等收入群体为主体的橄榄型社会结构。到 2025 年，地区人均 GDP 最高最低倍差缩小到 2.1 以内，城乡居民收入倍差缩小到 1.9 以内，家庭年可支配收入 10 万元—50 万元的群体比例达到 80%、20 万元—60 万元的群体比例力争达到 45%。同时，聚焦共同富裕示范区建设亟须突破和创新的重要方向和关键领域，《意见》中明确了浙江示范区建设的四个战略定位：

一是高质量发展高品质生活先行区。浙江要率先探索实现高质量发展的有效路径，促进城乡居民收入增长与经济增长更加协调，构建产业升级和消费升级协调共进、经济结构和社会结构优化互促的良性循环，更好满足人民群众品质化多样化的生活需求，在富民惠民安民方面走在全国前列。

二是城乡区域协调发展引领区。浙江要坚持城乡融合、陆海统筹、山海互济，形成主体功能明显、优势互补、高质量发展的国土空间开发保护新格局，健全城乡一体、区域协调发展体制机制，加快基本公共服务均等化，率先探索实现城乡区域协调发展的路径。

三是收入分配制度改革试验区。浙江要坚持按劳分配为主体、多种分配方式并存，着重保护劳动所得，完善要素参与分配政策制度，在不断提高城乡居民收入水平的同时，缩小收入分配差距，率先在优化收入分配格局上取得积极进展。

四是文明和谐美丽家园展示区。浙江要加强精神文明建设，推动生态文明建设先行示范，打造以社会主义核心价值观为引领、传承中华优秀传统文化、体现时代精神、具有江南特色的文化强省，实现国民素质和社会文明程度明显提高、团结互助友爱蔚然成风、经济社会发展全面绿色转型，成为人民精神生活丰富、社会文明进步、人与自然和谐共生的幸福美好家园。

二、浙江推进共同富裕的历史脉络

新中国成立以来，浙江先行推动共同富裕发展进程，经历了共富奠基、先富带后富、初级小康、全面小康和共同富裕示范区五个演进发展阶段，形成了具有鲜明特色的共富“浙江模式”。

（一）共富奠基期

1949—1978 年为浙江共同富裕的摸索奠基阶段。这一时期浙江在国家计划经济政策指导下形成了较为完善的社会主义国民经济体系，在共富摸索中首先奠定了牢固的制度基础。1953 年中央提出“一化三改”社会主义过渡时期总路线，浙江众多的家庭小手工业者、小农场主及资本主义工商业主积极配合社会主义改造，工人和农民翻身做主人，工商业主成为后来个体户的主体。1956 年前后浙江各地完成“三大改造”，确立了社会主义经济制度，基本消除了农村中的两极分化。在社会治理方面，20 世纪 60 年代初，诸暨县（今诸暨市）枫桥镇干部群众创造了“发动和依靠群众，坚持矛盾不上交，就地解决，实现捕人少，治安好”的“枫桥经验”。经济发展方面，浙江省通过实施第一至第五个五年计划大力发展乡村集体经济，初步实现社会主义工业化。根据浙江省统计局的历史数据测算，1978 年浙江工业增加值占 GDP 的 38%，与新中国成立初期相比工业总产值增长突破 25 倍，年平均增长率达 11.9%，为共同富裕奠定了坚实的经济基础。

（二）先富带后富

改革开放伊始，邓小平提出“让一部分地区、一部分人可以先富起来，带动和帮助其他地区、其他的人，逐步达到共同富裕”。浙江在全国率先全面开放农村贸易市场和农副产品市场，促使专业市场不断涌现，在机制体制大胆创新中探索“先富带后富”的共富路径。1978 年，在浙江金华农村地区开始自发出现包产到组、到户和联产计酬的生产责任制。1982 年随着中共中央第一个农村工作“一号文件”出台，浙江全面推广家庭联产承包责任制，引导农民发展“一优两高”效益农业，率先开启粮食购销市场化改革，鼓励农民发展多种经营。特别是温州农民企业家及时抓先机，凭借“走遍千山万水、说尽千言万语、想尽千方百计、尝遍千辛万苦”的“四千精神”大力兴办乡镇企业，以生产消费资料的轻工业产品为中心建设专业市场，呈现出“村村点火、户户冒烟”的商品经济繁荣景象。1992 年党的十四大以后，浙江率先探索混合所有制改革，支持个私企业打破商品市场的地域限制向省外甚至国外拓展，通过发展加工贸易使商品经济实现质的飞跃，逐渐摸索出了“建一个市场，带一批产业，活一方经济，富一方百姓，兴一座城镇”的先富路径。随着生产经营方式的变革，以温州模式为典型出现了多种新的分配方式，将收入同劳动和经营成果紧密挂钩，将等量劳动交换与等价交换有机统一，生产要素按投入量、稀缺程度及在生产中的作用共同参与分配。这种新型分配机制彻底打破了平均主义陋习，有力发挥出了先富带后富的示范效应。浙江省 1996 年率先实现覆盖城乡的低保制度，1997 年率先解决贫困县难题，2002 年率先清除贫困乡镇，成为中国“先富带后富”发展的早期范本。

（三）初级小康社会

2003 年，时任浙江省委书记的习近平在总结浙江经济社会发展经验的基础上，围绕实现小康社会的目标，提出了发挥八个方面的优势、推进八个方面举措的“八八战略”。优势方面强调将浙江在先富带后富的发展中已经显现出来的体制机制、产业特色、协调发展、生态、文化等优势发挥好，将潜在优势变为现实优势，为此进一步提出了推动经济社会发展增创新优势、再上新台阶的八大举措，具体提出了文化大省、平安浙江、法治浙江、人才强省等一系列发展要求，体现了经济增长与社会效益均衡协调的发展理念，标志着浙江的共富发展从局部突破跨入系统布局和整体推进的新阶段。这个时期，浙江乡镇企业、个私企业集聚的产业园区逐步与小城镇建设互为依托、互相促进、集中连片、协调发展。义乌过去的“鸡毛换糖”催生了农工商相结合的新格局。新一代浙商发扬“新四千精神”，从一无所有到无所不有，创建了全球最大的小商品市场。习近平将富民强市的“义乌经验”归纳为“兴商建市、产业联动、城乡统筹、和谐发展、丰厚底蕴、党政有为”六大内涵，实践中义乌也成为中国农村人居环境整治、城乡一体化、宅基地改革等多项国家政策先行先试的试验田。这个时期，践行“八八战略”全面建设经济强省、法治浙江、文化强省、生态浙江，积极打造创新型省份，增强全社会人民民主与法治意识，加强浙江凝聚力。2012 年浙江全省初级小康实现度已达 90% 以上，共同富裕的实践由经济领域逐渐向政治、文化、社会、生态等各领域全面铺开，为全面实现小康奠定了坚实的经济社会基础。

（四）全面建成小康社会

党的十八大以后，浙江秉承“共同富裕路上一个也不能掉队”的庄严承诺，先行踏入全面建成小康社会新征途。2013 年至 2015 年浙江省全面推进“三改一拆”，改造旧住宅区、旧厂区和城中村，拆除违法建筑，使城乡居住环境大为改善；同时开展“五水共治”，先行探索生态治理创新路径。党的十八届五中全会以后，浙江全面践行共享发展理念，增强“民营民富民享”获得感，真正做到藏富于民。为此，浙江持续加大民生支出，制定落实各项惠农强农富农政策，在 2016 年率先取得脱贫攻坚战胜利的基础上，以精准扶贫打造富民样本，建立重点帮扶村，大力发展村域经济，帮助百万农民完成易地搬迁，实现乡村全面振兴，走上致富之路。党的十九大以后，随着中国经济由高速增长阶段转变为高质量发展阶段，浙江省以“电商之都”杭州为中心，大力发展以智慧型互联网产业为主体的数字经济，以数字化赋能高质量发展，以高质量发展促进共同富裕，催生了引人注目的“杭州现象”，并辐射浙江全域。这个时期，浙江通过推行“亩产论英雄”促进传统工业园改造和转型升级；

通过“最多跑一次”改革提升服务型政府和社会治理现代化水平；通过打造新时代全面展示中国特色社会主义制度优越性的重要窗口创建社会主义现代化先行省。近年来，浙江主要市县都将工农产业与城乡一体化相结合，将科技创新和制度改革相结合，将“扩中”和“提低”相结合，将物质富裕和精神富有相结合，义乌、慈溪、余姚、诸暨、乐清、瑞安、温岭、桐乡、海宁等县市长期居于全国百强县前列，为浙江迈向共同富裕更高阶段提供了良好的社会经济基础条件。

（五）共同富裕示范区

2021 年 6 月 10 日，《中共中央 国务院关于支持浙江高质量发展建设共同富裕示范区的意见》（以下简称《意见》）发布，赋予浙江重要示范改革任务。《意见》紧扣推动共同富裕和促进人的全面发展等提出六方面二十条重大举措，支持浙江省于 2025 年推动高质量发展建设共同富裕示范区取得明显实质性进展，并于 2035 年基本建成共同富裕示范样本。浙江具有显著先行优势，但也还存在一些短板弱项。为此，浙江省持续优化产业结构，加快提升区域治理创新能力，以数字创新改革为抓手，以“两高三均衡”为核心探索新时代共富之路。“两高”即实现高质量发展，做大社会财富“蛋糕”；打造高品质生活，通过建设未来社区和乡村，探索公共服务共享路径，建立现代生活的幸福家园。“三均衡”着眼于区域、城乡、收入均衡，念好新时代“山海经”，深入推进区域协调发展战略，统筹城乡一体化发展，进一步缩小城乡差距，深化收入分配制度改革，增加城乡居民收入渠道，同时持续完善帮扶机制，增加低收入群体收入，不断壮大中等收入群体。通过先行先试全面推进共同富裕示范区建设，力争在经济高质量发展、收入分配制度改革、公共服务优质共享、城乡区域协调发展、社会主义先进文化发展、生态文明建设和社会治理创新等方面为全社会全体人民实现共同富裕提供省域范例和中国方案。

三、浙江推进共同富裕的重点难点与战略举措

（一）浙江存在的短板弱项

首先，浙江产业结构有待进一步优化，具体体现在产业创新能力不足和产业附加值水平仍较低。一方面，浙江在工业技术上整体还处于落后追赶的阶段，技术研发投资仍不足，单一的融资渠道无法充分满足企业的自主创新需要；一些公司虽然重视设备的引进，但并不具备很好的消化能力，无法实现技术和能力的本地化吸收。另一方面，整体产业附加值低。近年来，浙江的高新技术企业在引领产业升级方面发挥了重要作用，但其核心技术仍然以外延为主，科技成果转化与产业化水平相对低下，传统产业的转型升级虽取得了一些成绩，但整体处于产业链的下游，附加值低，缺乏核心技术支撑，产业竞争力不强。与此同时，浙江很多企业长期以来都把重点放在了生产上，忽略对产业链上其他关键环节的布局。面对激烈的市场竞争，大部分厂商更多的是在生产过程中通过技术革新来减少生产成本、改善产品品质，而忽视其他环节的投入，并不利于浙江制造业产业链、供应链长远高质量发展。

其次，城乡差距有待进一步缩小，具体体现为农村居民生活水平较低和城乡发展不平衡。虽然，我国实现了全面建成小康社会的第一个百年奋斗目标，消除了绝对贫困，但是绝对

贫困的消除并不意味着贫困的终结。按照全国居民收入中位数的40%为相对贫困标准，农村的相对贫困发生率在不断上升，90%的相对贫困人口长期以来都分布在农村。相较于城镇居民而言，农村居民的消费支出只有其中的一半，农村公共服务、社会保障水平和基础设施建设水平显著低于城镇。浙江依旧存在着规模庞大的农村低收入人口。另一方面，2022年，发达国家的城乡收入比约等于1，发展中国家将近1.9，低收入国家最高也只有2.3左右，但是我国高达2.45。另外，根据城乡差距在全国范围内的贡献率，我国约为27%，而发达国家仅为10%。尽管浙江省的城乡居民收入比1.9在全国范围内处于比较低的水平，但与发达国家相比城乡差距仍然较大，还有极大优化空间。总而言之，缩小城乡差距对于浙江实现共同富裕目标非常重要，也是未来在推动建设共同富裕示范区过程中应当着力解决的重点。

再次，省内区域发展差距仍然显著。虽然浙江省内不同区域之间的发展差距在全国范围来看是最小的，但是从绝对水平来看，短板和弱项依然明显，浙江省山区26县就是短板之一。目前，26个山区县发展总体还较为滞后，26个山区县的GDP总量不到全省的十分之一；人均GDP只有全省的61.3%。出台并落实具体举措，支持山区26县高质量发展是建设共同富裕示范区的重中之重。

此外，近年来浙江省始终保持高速增长，有较大人口流入，浙江外来人口社会保障问题也较为突出，要实现公共服务均等化，需要进一步缩小地区差距、城乡差距、收入差距和人群差距，这已成为浙江高质量发展建设共同富裕示范区必须破解的课题。

（二）战略举措

针对以上发展的重点难点，高质量发展建设共同富裕示范区，要坚持国家所需、浙江所能、群众所盼、未来所向，完整、准确、全面贯彻新发展理念，以解决地区差距、城乡差距、收入差距问题为主攻方向，着力抓好一系列创新性突破性的重大举措。

1. 以新发展理念为引领，努力推动经济高质量发展

共同富裕首要还是做大“蛋糕”，高质量发展是基础，也是必然路径。要在科学的理念指引下推动经济高质量发展。2021年3月22日至25日，习近平总书记在福建考察时强调，推动高质量发展，首先要完整、准确、全面贯彻新发展理念。新发展理念和高质量发展是内在统一的，高质量发展就是体现新发展理念的发展[①]。共同富裕示范区建设要以新发展理念为指引，以更宽领域、更高层次开拓创新驱动发展模式，推动科技创新、模式创新、业态创新、管理创新等不同领域和不同层面的创新，深入实施人才强省、创新强省首位战略，努力建成新时代活力浙江、高水平创新型省份，加快建设“互联网+”、生命健康、新材料三大科创高地和创新策源地；要大力建设全球数字变革高地，深化国家数字经济创新发展试验区建设，建设具有全球影响力的数字产业集群和全球数字贸易中心，推动全民共享数字红利；要探索“腾笼换鸟、凤凰涅槃”新路径，拓宽绿水青山就是金山银山转化通道，培育壮大新富民产业，培育更加活

①《在服务和融入新发展格局上展现更大作为　奋力谱写全面建设社会主义现代化国家福建篇章》，《人民日报》2021年3月26日。

跃、更有创造力的市场主体，健全平台经济治理体系，形成支撑共同富裕的现代产业体系；要努力促进产业升级与消费升级协调共进、加快构建经济结构与社会结构优化互促的良性循环，基本建成国内大循环的战略支点、国内国际双循环的战略枢纽；要统筹推动数字化改革和共同富裕，重塑政府、社会、企业和个人关系，以数字赋能推动政策集成化、精准化，探索构建数字化时代有利于共同富裕的新规则、新政策、新机制。

2. 化解社会主要矛盾，缩小城乡地区发展差距

发展不平衡不充分是我国当前社会经济发展过程中矛盾的主要方面。浙江也同样面临着区域城乡发展不平衡的问题。早在21世纪初，习近平在浙江工作期间就十分重视区域协调发展，在深刻认识区域发展规律和准确把握浙江省情、区域发展特征的基础上，开创性地提出了深入实施“百亿帮扶致富工程”“欠发达乡镇奔小康工程”和“山海协作工程”三大工程，成为化解浙江区域、城乡发展不平衡的战略安排。进入新时代，浙江在化解发展不平衡问题上仍不遗余力。针对地区发展差距问题，浙江专门编制出台了山区26县跨越式高质量发展实施方案，制定“一县一策”发展路径，构建山区高质量发展政策体系，分类引导、精准施策，为每个山区县量身定制发展方案和支持政策。念好新时代“山海经”，以大湾区大花园大通道大都市区建设为统领，以高质量就业为核心，创新实施山海协作升级版，系统性增强内生动力，超常规推动山区共同富裕。持续深化山海协作工程，推动山海协作结对双方聚焦平台共建、产业共兴、项目共引，促进山海资源要素精准对接、合作共赢。进一步优化调整山海协作结对关系，全省50个经济强县结对帮扶山区26县，支持26县到省内发达地区投资建设产业、科创、消薄（消除薄弱）等三类“飞地”。明确山区新目标定位，挖掘提升山区特色优势，加快建设诗画浙江大花园最美核心区，加快培育形成新发展格局中的新增长极，开辟山区新发展路径。实施山区新发展行动，推进招大引强、牵引型重大项目建设、“两山”转换促进、新型城镇化建设、乡村振兴和现代化建设、突破性集成改革推进、新时代山海协作、公共服务提质扩面等“八大行动”。深入实施新型城镇化和乡村振兴战略，以农业转移人口和农村人口为重点，打好城乡一体化改革组合拳，畅通城乡经济循环，率先实现城乡一体化发展。大力实施强村惠民行动，深化“两进两回”，实施科技强农、机械强农行动，健全村集体经济收入增长长效机制，引导支持村集体在带动公共服务普及普惠上发挥更大作用。深入实施乡村集成改革，系统探索宅基地“三权”分置有效实现形式，建立健全集体经营性建设用地入市办法和增值收益分配机制，构建“新型农业经营主体+‘三位一体’合作经济组织”的现代农业经营体系，打开农民权益价值和农业价值空间。

3. 多渠道增加城乡居民收入，扩大中等收入群体规模

打造收入分配制度改革试验区是中央赋予浙江共同富裕示范区的“四大战略定位”之一，“扩中”“提低”改革也是浙江共同富裕示范区建设的重中之重。为进一步落实共同富裕示范区建设，2021年7月，浙江省着手研究起草《浙江省“扩中”“提低”行动方案》，目标是推动率先基本形成以中等收入群体为主体的橄榄型社会结构，并提出了具体的量化目标，到2025年，家庭年可支配收入10万元—50万元群体比例要达到

80%，20 万元—60 万元群体比例要达到 45%。从“社会结构系统性优化”的全局出发，提出了促就业、激活力、拓渠道、优分配、强能力、重帮扶、减负担、扬新风等“扩中”“提低”八大实施路径，切实发挥好“扩中”“提低”改革对共同富裕各领域改革的牵引带动作用。在促就业方面，提出了健全就业促进机制、着力解决就业结构性矛盾、营造公平就业环境等举措；在优分配方面，提出了建立健全科学的工资制度、创新完善有利于调节收入差距的财税政策制度、完善公平可持续的社会保障体系、加快构建新型慈善体系等举措；在强能力方面，提出了推进基础教育优质均衡、增强职业教育适应能力、提升高等教育发展质量、完善终身教育开放共享体系等举措。抓住重点，精准施策，推动更多低收入人群迈入中等收入行列。按照全面覆盖和精准施策相结合的原则，瞄准增收潜力大、带动能力强的“扩中”重点群体和收入水平低、发展能力弱的“提低”重点群体，提出了当前阶段需要重点关注的九类群体，包括技术工人、科研人员、中小企业主和个体工商户、高校毕业生、高素质农民、新就业形态从业人员、进城农民工、低收入农户、困难群体，率先推出了一批差别化收入分配激励政策。比如，技术工人主要从工资制度、培育机制等方面提出具体的激励举措；新就业形态从业人员主要从用工管理和权益保护、技能培训、社会保障等方面提出具体的激励举措。未来还将推动构建“全面覆盖 + 精准画像”基础数据库，对重点群体政策实施情况开展效果评估，并不断调整完善重点群体类别，推动更多人迈入中等收入行列。

4. 促进基本公共服务均等化，提高社会保障水平

共同富裕是属于全社会的共同富裕，是全体人民共同参与、共同分享的，实现基本公共服务均等化是共同富裕的内在要求。高质量发展建设共同富裕示范区，要始终把人民对美好生活的向往作为奋斗目标，推动人的全生命周期公共服务优质共享，不断提高广大人民群众的获得感、幸福感、安全感；要推进城乡区域基本公共服务更加普惠均等可及，加强基础性、普惠性、兜底性民生保障建设，稳步提高保障标准和服务水平，率先实现基本公共服务均等化；要推动义务教育优质均衡发展，建成覆盖城乡的学前教育公共服务体系，普及高等教育，建成“伴随每个人一生的教育、平等面向每个人的教育、适合每个人的教育”；要深入实施健康浙江行动，加快建设强大的公共卫生体系，打造“健康大脑＋智慧医疗”，健全整合型医疗卫生服务体系，深化县域医共体和城市医联体建设，推动优质医疗资源均衡布局；积极应对人口老龄化，构建幸福养老服务体系，试点长期护理保险制度，改革完善城乡居民基本养老保险制度；要持续改善城乡居民居住条件，完善住房供应和保障体系，扩大公租房、保障性租赁住房和共有产权住房供给，全面推进城镇老旧小区改造和社区建设，提升农房建设质量，加强农村危房改造，探索建立农村低收入人口基本住房安全保障机制，塑造江南韵、古镇味、现代风的新江南水乡风貌，提升城乡宜居水平。

5. 提高社会文明程度，丰富人民精神文化生活

共同富裕是社会主义的本质要求，是中国式现代化的特征。中国式现代化新道路是一条物质文明、政治文明、精神文明、社会文明和生态文明协调发展的现代化道路，共同富裕作为彰

显这条现代化道路的重要特征，其内涵与中国式现代化道路不仅具有一致性，而且必将随着中国式现代化道路的不断拓展而持续丰富。共同富裕是全体人民的富裕，是人民群众物质生活和精神生活都富裕。因此，要坚持以社会主义核心价值观为引领，加强爱国主义、集体主义、社会主义教育，厚植勤劳致富、共同富裕的文化氛围；要守好“红色根脉”，大力弘扬伟大建党精神和红船精神、浙江精神，实施传承红色基因薪火行动，提升文化软实力，塑造社会新风尚，以文化创新推动思想进步、文明提升推动社会进步；要实施全域文明创建工程，推进新时代文明实践中心建设全覆盖，深化“最美浙江人”品牌培育行动，推进文明好习惯养成；要弘扬诚信文化，推进诚信建设，营造人与人之间互帮互助、和睦友好的社会风尚；加强家庭家教家风建设，健全志愿服务体系，广泛开展志愿服务关爱行动；要打造江南特色的文化创新高地，深化文化研究工程，打造具有代表性的浙江文化符号和文化标识，传承弘扬中华优秀传统文化，充分挖掘浙江文化优势，深入推进大运河国家文化公园、大运河文化带建设，振兴非遗记忆；实施新时代文艺精品创优工程，推进文化产业数字化战略，扩大高品质文化产品和服务供给，完善覆盖全省的现代公共文化服务体系，提高城乡基本公共文化服务均等化水平。

四、浙江推进共同富裕的经典案例

高质量发展建设共同富裕示范区，承载着国家战略、全球意义、时代价值，是历史逻辑、理论逻辑与实践逻辑相统一的探索奋进历程。浙江省通过建体系、强推进、抓改革、建机制，已完成了示范区建设的开局起步，全省各地涌现了许多典型案例。本部分围绕区域合作、乡村振兴、山区共富三个方向，有针对性地选取三个案例进行呈现。

（一）滨富特别合作示范区探索共同富裕跨区产业协作模式案例

浙江有“七山一水二分田”之说，全省地形起伏较大，西南千米以上的群山盘结，令山区发展特别困难。杭州虽是省会，但同样存在东强西弱问题，西部山区经济发展相对滞后，东西发展差距较大。杭州市富阳区处于钱塘江中游富春江畔，是杭州以东带西、拥江发展的桥头堡。富阳区富春江南岸的灵桥、大源等乡镇的造纸行业曾经严重污染富春江水质，为了从源头上防治污染，富阳全面腾退造纸企业，这几乎砍掉该区 1/4 的 GDP、1/3 的财政收入，百姓就业和收入受到影响，急需加快“腾笼换鸟”和区域转型。与此同时，富阳以东面积仅 73 平方千米的高新区（滨江区）聚集了全省一大批高新技术和上市企业，遇到了产业高速发展、区域空间不足的瓶颈。为此，杭州市委、市政府推动成立滨富特别合作示范区，充分发挥滨江产业优势和富阳空间优势，加快富阳新兴产业培育，释放滨江发展空间，协调区域发展，缩小地区差距。

在长三角一体化发展背景下，2019 年 7 月 30 日，杭州市委十二届七次全会提出，要健全市域内企业正常流动信息平台和共建共享机制，建设滨江与富阳特别合作示范区。8 月 28 日，杭州高新区（滨江）富阳特别合作区挂牌成立。杭州高新区（滨江）富阳特别合作区（以下简称“滨富特别合作区”），是继深圳和汕尾合作设立的深汕特别合作区、南京和淮安合作设立的宁淮特别合作区之后，全国第三个、浙江省首个特别合作区。滨富特别合作区位于富阳区灵桥镇，总面积5.8平方千米，北起富春江，西至小源溪和杨元坎村，东、南至杭新景高速，距离滨江区约20千米，车程约30分钟，杭新景高速（灵桥互通）、杭州二绕（大源互通）、中环高速（里山互通）、杭黄高铁富阳站、规划地铁四期近在咫尺，交通十分便利。滨富特别合作区充分发挥滨江产业优势和富阳空间优势，以错位发展、特色发展、共享发展为目标，坚持合作共赢、优势互补、权责清晰、创新机制的原则，积极培育智能物联、数字健康、数字制造等产业，合力建设成为区域合作发展示范区、自主创新拓展区、产业有序转移承载区，为实现共同富裕树立了全新样本。

1. 主要举措

滨富特别合作区是结合滨江、富阳的实际情况提出的一种全新跨区协作模式，按照合作框架协议，合作期暂定20年，10年内两区不参与收益分配，全部收入用于当地发展，GDP、投资等政府内部考核统计指标重复计入各区，由两区共同组建特别合作区管委会作为运营主体。特别合作区成立以来，始终贯彻杭州市委“更高格局、更大视野、更实行动”的工作要求，运用改革思维、改革办法构建特别合作区发展新格局，聚焦重点产业项目开工、加快项目引进落点，全力破解难题、加强保障，优化区域发展体制机制，大力推进数字经济和新制造业发展“双引擎”驱动，打造跨区域高质量发展的合作样板，探索共同富裕的新路径。

（1）探索高效运行机制为区域融合发展输出合作经验

滨富特别合作区积极探索高效运行机制，着力在推进“人合、事合、力合”上下功夫、想办法、求突破，取得了初步成效，为“全域融合发展、城乡一体建设”提供经验。一是机构融合促“人合”。2020年8月，特别合作区管委会在市委编办的指导下，加快行政机构及下属事业单位机构设置。12月底，两区组织部门研究，确定首批11名干部（滨江区2名、富阳区9名）调入特别合作区管委会，归口滨江区管理，加快完善机构规范化运行和干部任用机制。同时，两区主要领导及组织部门开展望闻问切式谈心谈话、主题党日团日等活动，推动从机构、场所的“物理整合”向思想、人心的“化学融合”转变，缩短机构融合产生的磨合期。二是协商议事求“事合”。建立两区主要领导会商制度，主要研判招引产业定位、政策支持、合作体制机制等；建立两区联席会议制度，两区区级分管领导根据实际工作需要，定期或不定期商议特别合作区项目推进的难点、堵点问题；建立特别合作区管委会与富春湾新城管委会沟通协调会议制度，及时对接解决项目推进过程中的供地、基础设施建设、公共配套等具体问题。三是协同攻坚谋“力合”。围绕富芯半导体等重大项目推进，两区第一时间跨区域协同作战，成立主要领导亲自挂帅、分管区领导牵头抓总的项目推进专班，倒排计划表，量化作战图，每日报送项目进度，破解节点难题。如正泰新能源项目受空间规划指标制约，两区班子成员多次赴省发改委、省自然资源厅，通过申报省重大产业项目获得531亩土地指标奖励。

（2）推进大项目落地投产，共同打造先进制造业示范基地

滨富特别合作区着力在重大、高端项目推进上主动跨前一步通力合作，落实“强招引、补短板、快落地、见实效”机

制，合力打造高起点的先进制造业示范基地。一是优抓项目招引。依托滨江智能物联、数字制造产业新生态，聚焦龙头企业衍生裂变项目和上市公司发展方向，两区共商引进标志性、引领性及对国家产业命脉具有特殊意义的高端制造业大项目。建立“大后台+急先锋”的工作机制，实施项目带动战略。招商分队联动两区各产业部门平台，密切关注正泰等领军大规模制造业、拟上市公司核心制造业项目、有外迁意向企业等，逐户敲门招商。二是抢抓项目建设。先后组建项目服务小专班和全生命周期推进大专班，以小专班为纽带，密切跟踪项目，主动发现问题；以大专班做统筹，协调各方资源，全力攻坚克难。围绕项目建成投产“一件事”，明确任务、问题和时间节点“三张清单”，从供地、技术前期、审批等各环节，系统性推动项目审批，能前置的尽量前置，能并联的绝不串联，释放政策直达的叠加效应，实现项目落地建设的最快速度。三是强抓产业生态。按照尊重工艺、节约土地、产城融合原则，围绕富春湾新城整体规划定位，探索城市工业发展模式，确定项目落点后，深入研究企业生产工艺和生产线布局，打造未来工厂和智能工厂的表现形态。目前，富芯半导体、正泰新能源、宏华数码等新制造业项目均按浙江省“未来工厂”建设要求打造。充分发挥“链主型”企业在杭州市域范围内的产业链主导地位、上中下游核心凝聚力，谋划特别合作区创新创业生态，形成更高能级的产业集聚。

（3）协同破题合作共赢，推动两区合作实现跨越式发展

作为浙江省唯一的特别合作区，滨富特别合作区坚持杭州市域统筹，整合两区力量、资源和政策，促进平台共建、优势

互补、政策叠加，不仅成为杭州市优质项目的稳定器、主战场、展示区，也成为“跨区协作、多方共赢”的生动实践。一是有效解决了滨江“有产少地”难题，发挥创新产业引领作用。特别合作区瞄准滨江区内有拓展生产基地需求的项目和有意移出杭州或滨江的好项目，主动承接滨江资本、技术、人才、信息等要素的梯度转移，推动形成杭州市域范围内“总部+生产基地”的联动发展模式，促进先进制造业规模化、特色化、集群化发展，实现高新产业资源溢出与区域领军企业衍生发展的有序流动。二是有力破解富阳“有地少产”难题，带动富春湾新城快速转型升级。结合项目落地情况，对区域内的规划用地布局、路网体系、开发强度、公共服务配套建设等形成三年行动计划，将特别合作区打造成集创智研发、智慧制造于一体的产业功能区和宜居宜业宜游的生活服务区。目前，已启动富春湾大道（二期）、灵桥互通迁改、滨富路等交通路网工程，浙江省人民医院、青鸟国际学校、杭黄未来社区的相关建设工作也在具体落实中。未来，富春湾新城有望形成互联互通、舒适宜居的城市配套体系，加快实现共同富裕。三是有力推动杭州新制造业层级提升，打造辐射全省的创新策源地。特别合作区促进了滨江创新资源与杭州富春湾新城空间资源相结合，打造一个承接高新产业溢出的重要平台，从以往的以“亩均论英雄”导向直接迈入“集约性、高新化”的发展阶段，推动产业层级的跨越式提升。同时，该区域积极与“两区一廊”深入对接，吸引创新成果在特别合作区就近落地转化，打造新产品新技术落地应用的最佳试验场。比如，陈纯院士科技成果转化项目——宏华数码喷印装备和耗材生产基地项目已落地合作区，建成后将成为全球最大的工业喷印数字化装备基地。

2. **案例评价**

自建设以来，滨富特别合作区取得傲人成绩，从机构组建到体制机制创新，从资源保障再到项目不断落地，已形成了稳步发展的态势。截至2021年3月，已签约落地宏华数码、东方通信、富芯半导体模拟芯片、奇汇电子提花机、百芯电子和正泰太阳能电池等8个新制造业项目，其中省重点产业项目2个、市重点产业项目3个、省市县长项目工程3个，已供地产业项目总投资206亿元，项目总投资约470亿元，带动滨江、富阳的转型发展。特别合作区正全力探索跨区产业协作的改革新模式，加快开启"大杭州、高质量、共富裕"的发展新格局。

（1）滨富特别合作区贡献跨区协作的新样本

为解决我国发展不平衡不充分的问题，党的十八大以来，相继提出了京津冀协同发展、长江经济带发展、粤港澳大湾区建设、长三角一体化发展等重大区域发展战略。同时，出台了《关于支持"飞地经济"发展的指导意见》等具体政策文件，支持各地创新"飞地经济"合作机制。2021年，为加快建设共同富裕示范区，浙江出台《关于进一步支持山海协作"飞地"高质量建设与发展的实施意见》《关于建设数字经济"飞地"平台的指导意见》等政策，促进产业跨区协作，发挥地区比较优势，优化资源配置，完善发展成果分享机制。国家高新区是推动高质量发展的重要载体，对示范引领全国更高水平的改革开放有重要作用。2021年7月，浙江省政府出台《关于加快推进高新技术产业开发区（园区）高质量发展的实施意见》，提出要促进区域协同创新发展，强化辐射带动作用。选取在杭州高新区

（滨江）和富阳区的特别合作区先行先试，有利于为其他省市通过跨区合作缩小地区差距、推动共同富裕提供示范样本，为推进城乡一体化发展作出新贡献。

（2）滨富特别合作区开创高质量发展的新路径

滨江区有产业发展需求，富阳区有空间要素优势，两区合作符合彼此的发展需要。滨江区能够为企业拓展发展空间、做大做强产业能级，更好地建设世界一流高科技园区；富阳区能够加快产业引进、推动产业高质量发展、城市高质量转型。滨富特别合作区主动承接滨江区资本、技术、人才、信息等要素的梯度转移，积极引进标志性、引领性重大产业项目落地，既稳住了滨江区的产业链，也带动了富阳区加快新旧动能转换，实现产业转型升级，推动富阳区由县域经济向都市型经济跨越。两区合作，为杭州优化资源配置，实现高质量发展开创了新路径，有效推动数字经济和新制造业“双引擎”融合发展，高新企业可在滨江布局研发端，在滨富特别合作区布局核心制造，带动周边地区，布局上下游供应链，形成核心制造产业生态，向全国示范以协作促发展的新路径。

（3）滨富特别合作区示范共同富裕的新模式

与富阳区地理相近的滨江区发展能级相对较高，2020 年滨江区的 GDP、人均 GDP、高新技术产业增加值等均为富阳区的数倍。富阳区正处于产业发展、城市建设、社会治理全面转型的关键期，处于发展质量、发展速度、发展环境全面竞跑的关键期，推动产业转型升级由量变到质变的跃升任务异常艰巨。滨江区准备通过构建“主城区总部研发 + 特别合作区核心制造、大规模生产基地 + 周边地区元器件配套”的跨区产业协同发展模式推进特别合作区建设，引进的先进制造业和带动的配套产业链将推动富阳区产业转型升级和百姓就业的扩大、收入的提升。特别合作区建设可使当地产业结构乃至就业、人口结构发生转型，也使全市城乡统筹机制、先富带后富的帮扶机制等实现模式创新。

（二）滕头模式“三位一体”拓宽乡村振兴的共富之路案例

促进共同富裕，最繁重最艰巨的任务在农村。农村一些地区产业发展后劲不足，各类资源匮乏，社会建设滞后。留在村里的农民，大多文化水平不高、年龄偏大、收入来源少、致富渠道窄。农村共同富裕的路上还有许多坡要爬、许多坎要过。宁波市奉化区滕头村爬坡过坎，在共同富裕路上作出了坚持不懈的努力探索。

滕头村，位于宁波市奉化区萧王庙街道，区域面积不到2平方千米，现有村民354户891人。村党委下设1个党总支和25个党支部，有正式党员276名。自1993年获评联合国“全球生态500佳”以来，滕头村相继获得全国先进基层党组织、世界十佳和谐乡村、国家AAAAA级旅游景区、首批全国文明村、全国模范村委会、全国爱国主义教育基地等70多项世界级、国家级荣誉，是全球唯一入选上海世博会“城市最佳实践区”的乡村。滕头村在推进乡村振兴实现共同富裕的大背景下，以奋斗致富、联盟带富、赋能促富的“三位一体”模式拓宽共同富裕之路。

1. 主要举措

（1）奋斗致富

改革开放以来，滕头村历届党组织一直把共同富裕作为追求目标。一是在旧村改造中提升民生共富指数。滕头村原是一个远近闻名的穷村，滕头村党组织从基础设施、人居环境改造到公共服务中心建设，再到建成现代乡村生活综合体，为村民着力打造高质高效、宜居宜业的美好生活环境，形成以公共服务提升促进村民共同富裕的格局。二是在“三产融合”中构建共同富裕体系。滕头村党组织始终秉承“绿水青山就是金山银山”的绿色生态发展理念，结合资源特色，不断调整并优化农业产业结构，基本形成集精品、高效、创汇、生态、观光农业于一体的发展格局，实现休闲农业发展方式由粗放向集约、产品服务由低端向高端的转变。滕头村党组织探索“景区 + 村庄”“生态 + 文化”的乡村旅游新格局，把整个村庄打造成全国首家 AAAAA 级乡村旅游景区。滕头村在发展园林绿化、房地产等产业后，又拓展了较大的发展空间。滕头园林公司被原建设部评为园林资质一级企业，绿化业务拓展到北京、上海、福建等 20 多个省（市）。三是在优化产业布局中实现共同富裕目标。滕头村整合所属大大小小 50 余家企业，形成滕头控股、爱伊美、滕头园林、滕兴公司、高科技、全域旅游、自主创业七大产业体系，并以滕头集团为主导，爱伊美公司开展服装、金融、医院等多元化经营，滕头控股布局高科技、新材料、农村金融等领域，滕头园林深耕园林绿化产业，滕兴公司开拓绿色生态产业，着力促进经济发展壮大、村民富裕富足。四是在推进项目建设中推动共同富裕。滕头村加强同中国航天五院、中国国能、开投蓝城等大型企业合作，着力发挥项目带动作用，建立循环经济产业园区，搭建起废纸回收—原纸贸易—纸板加工—纸箱制作为主的闭环运作产业链。当前，又以数字化发力以环境整治、生态修复、设施完善、生活便利等为目标的“未来乡村”建设项目，努力把共富梦想变成现实。

（2）联盟带富

滕头村党委聚焦农村发展问题，综合考虑区域特点、村情民情、产业基础等情况，牵头成立“桃李芬芳 · 康美常青”党建引领共同富裕联盟。“桃李芬芳 · 康美常青”党建联盟成立于2015年初，联盟坚持不改变行政区划、不增加管理层级、不违背各村意愿以及有内在动力、有管理幅度、有地域关联、有发展纽带的“三不四有”原则，选择滕头、青云、傅家岙、肖桥头、塘湾五个村，充分发挥滕头村的龙头辐射和示范带动作用，通过组织联建、民生联动、治理联手、规划联定、产业联兴等联合共建，促进区域各村和谐稳定、融合发展，使滕头村惠民辐射面进一步提升。2018年初，在取得初步成效的基础上，进一步扩大联盟范围，将周边的林家、陈家岙两村和区域范围内的浙江医药高等专科学校纳入，联盟区域面积达到17平方千米，2078户、5639人，农村党员297名。党建联盟积极构建“党建强、发展强，一村富、共同富”的新农村示范群，着力打造以滕头村为“龙头”，以共强基层组织、共促区域发展、共优公共服务为“助推器”的党建引领共同富裕新模式。一是搭建“区域党建大平台”。党建联盟以滕头村党委书记为召集人，其余村党组织书记为成员，定期召开商议区域大事的党建工作联席会议，加强各村组织共建；建立区域统一的党员教育管理制度，组织各村联合开展主题党日等活动，整体规范党内政治生活。二是实现“区域发展大联合”。党建联盟为推动规划并联，制定联盟总体规划，推进区域内村镇建设、交通路网、产业布局、休闲旅游等方面的融合发展，联合实施订单农业、旅游观光等项目开发。三是建立“区域服务大集群”。党建联盟发挥滕头村阵地优势，建设起一站式中心服务区，作为辐射区域各村的综合服务窗口，通过挖掘区域服务资源，布局功能性特色服务点，整合镇村人力资源，组建治安、环卫、家政等区域服务团队，为各村村民提供人性化服务。

（3）赋能促富

滕头村党委早就以“一村富不是富，共同富才是真的富”的主动赋能姿态扛起“先富带后富”的社会责任。一是“输血式”扶贫和“造血式”扶贫相结合。先后在福建三明、安徽安庆、江西宜春等十多个省（市）的贫困地区建立10万亩苗圃基地，促进集体经济发展。在与吉林省安图县红旗村结对帮扶时，滕头村出资20万元建设旅游度假区，通过派专业旅游骨干实地指导、把滕头灯光秀金字招牌“搬”过去等举措，推动红旗村休闲旅游产业升级蝶变。在与河北阜平村级集体经济年收入几乎为零的店房村结对帮扶时，滕头村党委考虑到店房村的山泉水质好、水资源丰富，投入300万元援建山泉水厂，给苦于无法致富的店房村找到了奔富路径。二是依托滕头乡村振兴学院赋能。2019年初，滕头小乡村办起了“大学院”——乡村振兴学院，并在新疆、吉林等地建设6所滕头乡村振兴学院分院，通过这一方式向全国推广滕头共同富裕模式，向贫困地区的农村干部、产业带头人传授乡村振兴的滕头经验。合计承办全国

12个省（市）131个培训班，推动扶贫扶智项目30个。2020年新冠肺炎疫情防控期间，滕头乡村振兴学院创新线上自学模式，制作推出系列线上课程，线上学习超过4万人次。2021年10月23日下午，“雪窦山全球智库论坛”在滕头乡村振兴学院举行。这一论坛以共同富裕为主题，探索共同富裕的背景、路径、科学推进方法。论坛通过举办主题演讲、圆桌对话、专家研讨等系列活动，为加快建设共同富裕示范区提供智力支撑及地方案例。三是打造教育平台赋能。滕头村建立学生社会实践基地、滕头展览馆、世博滕头馆、新时代文明实践站等一批具有题材优势和地方特色的教育平台，与乡村振兴学院一起形成了爱国教育“大平台”、培训交流“大课堂”、理论研究“集散地”、致富发展“指导站”等多位一体的全域化教育基地。2021年，滕头村共接待参观学习人员86万人次。

2. 案例评价

（1）实现了滕头村民的致富梦想

滕头村曾经是宁波最贫穷的村庄之一，当时有民谣：“田不平，路不平，亩产只有二百零，有囡不嫁滕头人”。为摆脱贫穷，奔向富裕，滕头村历届党组织一年接着一年干、一任接着一任干，创造了一个又一个不凡业绩。滕头村依托高效的立体农业和优美的生态环境，把村庄建成“生态大花园”，成功创建全国首个村域AAAAA级景区。绿色产业占滕头村经济总量的80%，实现了经济持续、快速、健康发展。2021年，滕头村实现生产总值125.69亿元，上缴利税12.37亿元；村民人均收入7.5万元，比宁波市农村居民人均可支配收入（39132元）高出92%，比奉化区（34945元）高出115%，是浙江省农村居民可支配收入的2倍、全国的4倍。滕头村每月向每位村民发放1500元的福利金，老年人都享有每人每月3500—5500元的退休金；每年对当年考上博士、硕士、大学的本村学生进行奖励，33年来共表彰130多人，发放奖金150多万元，如今全村有博士研究生2人、硕士研究生23人、大学生100多人。滕头“二轮攀高”新征程迈出了坚实步伐，实现了村民的致富梦想，为浙江乃至全国共同富裕示范区建设作出了有益探索。

（2）彰显了党建联盟的带富活力

滕头党建联盟以构建区域“命运共同体”为最终目标，通过加快土地、资金、阵地、人才等资源的优化配置，实现基层党组织协同对区域党建资源和公共服务资源的统一调配，形成了先富带后富的党建统领机制，因地制宜地推进联盟各村发展各类产业。目前，联盟各村集体经济和村容村貌实现了双飞跃。如党建联盟内的青云村，有民国古村旅游资源，但一直没做大，滕头帮助制定并实施“新村+古村”联动发展规划，古村旅游呈井喷态势。又如党建联盟内的塘湾村，书记新上任，党建引领能力相对薄弱，滕头、塘湾两村结对，通过师徒领学，塘湾村书记较快进入角色，两村干部经常一起研究村庄发展规划，为塘湾村发展增添更大活力。近年来，以滕头党建联盟为模板的区域党建联盟在宁波市奉化区全面铺开。宁波市奉化区激活区域党建联盟动能、推动乡村“抱团”全面振兴工作开展以来，全区建立的党建联盟中，基层党组织星级评定为四星级以上的行政村党组织增加94个，增幅达156%，村级集体经济收入增长80%以上，村级集体经济年经营性收入20万元以上的村增加56.7%。

（3）推广了共同富裕的滕头模式

滕头乡村振兴学院创办以来，多次开展“书记开讲”“书记沙龙”等教学活动，面对面传授基层“治理经”“致富经”。同时在河北阜平、吉林珲春、新疆库车等地设立滕头乡村振兴学院分院，运用云授课、云指导等多种教学形式精准帮扶，解决发展难题。滕头乡村振兴学院的做法被新华社、中央广播电视总台和《光明日报》等广泛宣传，其中中央广播电视总台《新闻联播》以《“小乡村”建了个“大学院”》为题，用2分35秒单条播发。累计有8000余人次的全国各地基层干部到学院“游学”“取经”。其中有来自湖南省新田县的乌下村干部，他们带着村内发展的困惑来到学院，进行为期两个月的跟班学习。通过专家集中“会诊”和导师“跟踪”帮扶，乌下村借鉴滕头产业发展模式，成立了农业产业合作社，利用富硒资源，陆续建成覆盖蔬菜水果生产、包装、物流、营销一体化的产业链，新增集体经济收入20万元。另外，滕头村与千里之外的河北阜平店房村、吉林安图红旗村结对帮扶，既解决了当地的就业问题，也为结对村增强了“造血”功能，滕头模式已生根发芽。

（三）遂昌“未来乡村”建设撬动山区县“三生共融”案例

遂昌地处浙江省西南山区，总面积2539平方千米，人口23万，是浙江省山区26县之一。遂昌生态环境得天独厚，全县森林覆盖率82.3%，出境水质常年达Ⅱ类以上，历来有“九山半水半分田”之说。

2020年9月，遂昌县在浙江省农业农村厅的指导及浙江省标准化研究院的支持下，出台了《未来乡村建设导则》，成为首个地方性县域未来乡村建设标准。遂昌的“未来乡村”按照“人本化、数字化、融合化”的价值导向，以乡容、乡愁、乡风“三乡共建”，科创、文创、农创“三创共融”，智治、智能、智联“三智共享”为基本特征，对乡村生态空间、产业发展、人居环境、基础设施和乡村治理重塑，积极构建未来田园、未来产业、未来居所、未来建筑、未来交通、未来治理等场景，构建生态、生产、生活“三生共同体”。以《未来乡村建设导则》为指引，遂昌选择了珠村畈、大田和蕉川三个村作为试点，率先展开了实践探索。

“未来乡村”建设以城乡面貌提升助力生态文明建设先行示范，以乡村经济产业增值助力城乡区域协调发展先行示范，以数字技术应用助力公共服务优质共享先行示范，从而为农民带来了切切实实的利益，有效缩小了城乡差距，推动了城乡共同富裕。

“未来乡村”是绿色乡村：“洁净乡村”“仙侠湖湖面整治”等专项环境整治行动擦亮生态底色，进一步提升城乡风貌；GDP 和 GEP（生态系统生产总值）双核算的模式让遂昌的绿水青山有了实实在在的“身价”，为进一步实现生态产品价值转化、拓宽“两山”转化路径打下了坚实基础。“未来乡村”是数字乡村：数字化技术改变了传统乡村的面貌，“一杆农业眼”等现代农业技术让农业生产更加智能便捷；以“天工之城 · 数字绿谷”为代表的数字科创新平台给当地带来了大量的经济效益。“未来乡村”是智慧乡村：“大搬快聚”富民安居工程促进人口集聚，提高城镇化率，有效推进城乡居民基本公共服务均等化；借助数字技术，打造“i 遂昌”等民生服务智能平台，老百姓足不出户也可以办理诸多事项；信用治理和智慧治理的结合有效推动了遂昌基层治理体系和治理能力现代化。

1. 主要举措

（1）绿色乡村助推生态产品价值实现

“洁净乡村”行动擦亮生态底色。2010 年 3 月，遂昌在全县开展“洁净乡村”行动，旨在打造中国最洁净乡村，掀起了一场生活方式的全新革命。“屋头薛树蜕鸣蛩，池上沟泉凿石通。香老蒲花春洞影，凉生槲叶午窗风。”诗人王镃诗中的悠闲田园是“洁净乡村”行动发源地——浙江省遂昌县湖山乡珠村畈村。珠村畈村向全国游客发出“免费吃大餐帖”：谁在村里找到三个烟头，便可免费到农家乐吃一顿大餐。凭此，珠村畈村摇身一变成为“史上最牛农家乐”，前来参观的游客络绎不绝。2021 年 3 月，遂昌县开展了“打造洁净乡村升级版　擦亮花园数字乡村底色”环境综合整治大评比行动，未来村庄、花园数字乡村重点村以及沿线村庄均被列入环境综合整治重点区域。

“仙侠湖湖面整治”项目推进生态旅游。2021 年，遂昌县仙侠湖流域生态环境导向开发（EOD）项目入选国家试点，是浙江省三个入选试点项目之一。2021 年以来，湖山乡政府累计开展“两违”巡查 30 余次，拆除违法建筑 85 处、面积 25185 平方米；拆除网箱面积 17.91 万平方米，浮排面积 8574 平方米，湖面网箱泛滥、船舶乱行等现象得到有效缓解。随着环湖绿道的修建和区域生态环境的优化，仙侠湖流域大力发展户外生活、户外运动、户外休闲业态，加快推进温泉养生岛、国际赛艇中心等绿色产业项目，全力打造长三角户外休闲运动生活目的地。2021 年 4 月，数字绿谷 · 遂昌仙侠湖首届半程马拉松赛举办，吸引了来自全国 18 个省（市）近 1200 人参赛。

GDP、GEP 双核算开启生态产品价值转化。大田以茶闻名，全村共有茶叶加工作坊 120 余家，每年产茶 1300 余吨，全村茶产值达 1.3 亿余元。近年来，大田村依托得天独厚的生态资源，大力开发茶叶种植，提档升级温泉疗养，积极拓展生态系统价值与经济价值双转化实现路径，走出了一条村级经济绿色、可持续发展之路。2018 年，大田村实现 GDP 8858 万元，区域经济特色明显。经初步计算，2018 年，大田村生态产品及相关产业增加值 6479 万元，占大田村 GDP 的比重为 73.1%。2019 年，大田村成为全国首个村级 GEP 核算试点村：大田的 GEP 达 1.6 亿元。这份评估报告让大田村的绿水青山有了实实在在的"身价"，也带来了蝴蝶效应：银行将 GEP 纳入授信的参考指标，农民自家的土地就可以拿来进行抵押贷款，利率更低，为大田的发展提供了资金保障。随着 GEP 核算第一村的名气越来越响，游客纷至沓来，大田的茶品牌和茶文化有了更多的消费群体。随游客而来的还有投资者，90 后返乡创业大学生王周敏注册了"柘里薯香"品牌，销售生态番薯干，番薯干单日产量达 4000 千克，年销售额达 500 万元。现在的大田围绕"云梦茶香，净心大田"主题，计划投资 1080 万元推动村茶文化一条街、荷塘餐厅、云上茶歇、"一亩茶园"等重点项目建设。

（2）数字乡村推动山区跨越式发展

数字经济是浙江省的"一号工程"。抢抓数字经济风口，抢占数字经济蓝海是遂昌实现换道超车和跨越式发展的独特路径——在最美的地方，发展数字经济；以向往的生活，聚集有趣的人。近年来，遂昌探索实践以湖山为中心的"天工之城·数字绿谷”新平台，引进了包括阿里云、网易、中电海康等20多家头部数字经济企业，多点位推进研发中心、创新中心、培训中心等项目落地。2021年，“天工之城·数字绿谷”项目入选省重大产业项目名单。

“一杆农业眼”赋能农业现代化。遂昌县新路湾镇是浙江省最大的杂交稻制种基地，新路湾镇的蕉川村是遂昌县最大的行政村，主要产业以杂交稻制种和茶叶为主。2021年，水稻制种田内安装上了新科技“一杆农业眼”，通过空气温湿度传感器等实时监测区域内的数据和指标。其配备的土壤盐碱度分析仪也可以为农业种植提供指导依据，进行科学种植与管理，最终实现增产增收的目标。

“数字驾驶舱”推动服务现代化。“未来村庄”试点蕉川村的“数字驾驶舱”，位于正中心的电子屏幕上，全面展示蕉川村的整体风貌，涵盖党建引领、乡村治理、产业布局、3D民房等，实现了产业端、治理端和服务端的全覆盖。目前，遂昌县数字乡村平台已建成并在蕉川、大柘试运行，下一步将扩面至48个村推广应用。

“数字物流”打通配送“最后一公里”。为破解农村物流配送中的快递进村和农产品上行变现问题，中国邮政遂昌县分公司引入“数字物流”概念，率先建成了浙江省首个数字乡村物流中心，实现县、乡、村三级物流体系共配。借由数字乡村物流中心快递入村、农产品出村，给遂昌本地农产品销售带来巨大便利，促进了农民增收致富。

（3）智慧乡村破解社会服务覆盖难题

受制于地形因素，遂昌乡村较为分散，最远的西畈乡离遂昌县城3个多小时车程，且山路崎岖，交通不便。极为分散的乡村分布制约着遂昌的城镇化，也给偏远地区的村民带来生活上的诸多不便。

“大搬快聚”工程推动城乡一体化。2019年9月，遂昌实施“大搬快聚”富民安居工程，让老百姓“搬得下，稳得住，富得起”。截至2021年12月，实现搬迁2714户9716人，补贴总金额超过6亿元。“大搬快聚”农户选到了自己心仪的新房，“以前，每天只有一班客车，从乡里到县城得花大半天时间。现在骑上电动车很快就到了城区，买菜、看病都很方便”。村民的生活品质不断提升的同时，也能享受到包括教育、医疗等在内的更为优质便捷的公共服务。对于遂昌县城城区来说，新聚集的人口也带来新的劳动力、新的消费市场、新的发展动力。“大搬快聚”不仅打开了城市空间、缩短了城乡距离，更有助于盘活人才资源，系统性地重塑人与空间关系，推动城乡共荣共富。

“i遂昌”实现民生服务城乡共享。直接面向村民的“i遂昌”门户和“百姓通”应用逐步推广，村民可一键查询惠农资金、涉农补贴、公交信息等，也可以一键办理社保、民政、公安、医疗等服务事项。考虑到年老的村民群体，该应用还推出了电视端。

“MMC”推动智慧医疗城乡共享。遂昌乡村的老龄化趋势明显，因此，高质量便捷的医疗服务是民众关切的重点问题之一。遂昌县中医院率全省县级中医院之先，引入并成立国家标准化代谢性疾病诊疗中心遂昌分中心（MMC），蕉川、大田的“未来乡村”“慢病管理+智慧医疗”是其重要的子系统之一。智慧医疗、未来医疗是“未来乡村”的重要组成部分，拥有数据监控、健康教育、线上诊疗、线上续方等众多功能，既是患者实现自我健康管理的重要举措，也是医生诊疗触手可及的重要平台。

“遂心分”成为基层治理新模式。遂昌县是全省唯一“信用+乡村治理”场景试点。遂昌以新路湾镇蕉川村为试点先行探索，利用“遂心分”作为媒介打造信用治理的新模式。“遂心分”的分值是由省自然人公共信用分和基层治理赋分组成，其中基层治理赋分由村评分组委会根据个人道德、家庭美德、社会公德、特色赋分四大维度进行考量，并通过加减分数的方式来决定村民们信用等级的高低。通过确定“遂心分”以及应用范围和奖惩机制，无形中对村民形成正面激励导向和负面惩戒警示，村民从“被管理者”成为基层治理的积极参与者。

2. 案例评价

2021 年，遂昌县 GDP 为 153 亿元，比上一年增长 12%，增幅居浙江山区 26 县首位、全市第一；一般公共预算收入增长 14.1%，城乡常住居民人均可支配收入分别增长 10.5% 和 12.7%。在乡村振兴方面，农林牧渔业增加值 13.4 亿元，增长 4.5%；茶产业产量增长 17.1%，产值增长 25.2%；旅游总人数增长 58%，总收入增长 61%；被评为浙江省数字乡村建设试点县和新时代美丽乡村建设优胜县。

聚焦环境保护，助推践行生态产品价值实现。2021 年，仙侠湖成功入选全国生态环境导向开发（EOD）模式试点项目；大田完成全国首个村级 GDP、GEP 双核算；遂昌建立运营“两山基金”，成立“两山银行”，在全省率先争取到国家开发银行 22 亿元“生态产品价值实现”专项贷款。

聚焦数字经济“一号工程”，推动经济跨越式发展。以湖山为核心的“天工之城 · 数字绿谷”科创平台新增市场主体 606 家，社会资本合同投资额近 80 亿元，已落地实施逾 14 亿元。成功举办“阿里云创峰会 · 遂昌专场”“天池大赛 · 2021 全国数字生态创新大赛”等活动。遂昌入选全省数字经济创新发展试验区，获省财政数字生活新服务样板县专项激励，高新技术产业增长值连续两年保持两位数增长。

聚焦公共服务优化，提升居民幸福感。伴随“大搬快聚”的推进，遂昌城镇化率稳步提升。2020 年，遂昌城镇化率为 55.03%，比上年提升了 1.23 个百分点。医疗卫生人才“省属县用”以及慢性病管理中心的铺设，让老百姓在家门口就可以享受高质量医疗服务。信用治理和智慧治理的结合则推动了遂昌基层治理体系和治理能力现代化。“信用村”治理获“中国十大社会治理创新典范”，连续三年创浙江省无信访积案县，2020 年群众安全感综合满意率居浙江省第一。

五、浙江高质量发展建设共同富裕示范区的经验启示

中国式现代化，是全体人民共同富裕的现代化。浙江按照“每年有新突破、5 年有大进展、15 年基本建成”的目标，扎实推进共同富裕示范区建设。一方面不断完善共同富裕示范区建设的“设计施工图”，系统化推进相关工作；另一方面抓住群众急难愁盼事项，不断缩小“三大差距”，不断做大“蛋糕”分好“蛋糕”，一步一个脚印，蹚宽蹚实共同富裕之路，得到以下典型经验和启示：

（一）坚持党建引领“共富工坊”建设

浙江省委组织部充分发挥党组织政治功能和组织功能，坚持党建引领“共富工坊”建设，畅通村企合作渠道，搭建村企合作平台，促进农民家门口就业增收。截至2022年底，全省共建成“共富工坊”5599家，累计吸纳农民就业27.8万人，人均月增收约2600元，合计年增收约87亿元。

（二）深化“亩均论英雄”改革

浙江“七山一水两分田”，资源、能源、环境约束一直是困扰经济发展的难题。2007年，绍兴县率先开展“亩产论英雄”，探索破解资源环境约束、转变经济发展方式的有效途径。2017年，浙江全面实施“亩均论英雄”改革，2018年浙江省政府出台《关于深化“亩均论英雄”改革的指导意见》，2019年浙江省政府办公厅出台《关于深化制造业企业资源要素优化配置改革的若干意见》，促进“亩均论英雄”改革向纵深发展，通过企业亩均效益综合评价和资源要素差别化配置，推动资源要素向优质高效领域和优质企业集聚，努力实现效益最大化和效率最优化。2022年，浙江省规上工业亩均税收达34.8万元，亩均增加值达176.9万元，较2017年分别累计提升36.5%和71.4%，制造业呈现高质量发展态势。

（三）实施数字经济“一号工程”

早在2003年，习近平在浙江工作时就作出了建设“数字浙江”的重要决策。二十年来，浙江省始终遵循习近平同志擘画的“数字浙江”蓝图，大力实施数字经济“一号工程”，开展数字经济五年倍增行动，以产业数字化、数字产业化、数字化改革为主线，走出了数字经济特色发展道路，形成一批具有浙江辨识度的标志性成果，成为浙江高质量发展的“金名片”。2022 年浙江省数字经济增加值占 GDP 比重和数字化综合发展水平均居全国第一。

（四）开展“两进两回”行动

近年来，浙江省实施“两进两回”行动，即科技进乡村、资金进乡村、青年回农村、乡贤回农村。根据各乡镇产业特点和发展需要，选派科技专家下沉并服务基层。各乡镇充分利用派出单位的人才、项目、成果等农业科技创新资源，引领和支撑地方产业发展。撬动社会资金“上山下乡”，健全金融支农政策体系，打造财政惠农政策直通车，支持青年回农村，组织乡贤回农村，实质性加速科技、资金、人才资源要素流向农村。2022 年，全省农村居民人均可支配收入达 3.76 万元，较 2017 年增长 51.56%，年均增长 8.8%；城乡居民收入比降至 1.90，低于全国 2.45 的水平，走出一条城乡协调发展的路子。

（五）实施农村科技特派员制度

遵照习近平要坚持把科技特派员制度作为科技创新人才服务乡村振兴的重要工作进一步抓实抓好的指示精神，浙江深入实施农村科技特派员制度，拓展科技特派员服务功能，有效促进了乡村振兴战略实施，“科技兴农”为扎实推动共同富裕积累了宝贵的经验。2003 年至今，浙江农村科技特派员制度由最初在浙江省最不发达的 101 个乡镇开展试点，到在欠发达地区全面推行，再向全省域拓展，省、市、县三级共累计派遣科技特派员 2.4 万人次，省财政累计投入特派员专项资金 5.1 亿元，实施科技项目 1 万余项，实现经济效益超百亿元。

（六）打造山海协作工程

习近平指出，实施山海协作工程是缩小地区差距、促进区域协调发展的有效载体。2002 年以来，浙江深入实施山海协作工程，聚焦陆海统筹、山海互济，加大对欠发达地区的帮扶力度，完善帮扶机制，实施做大产业扩大税源和提升居民收入富民行动，补齐交通基础设施短板、优质公共服务短板、新型城镇化短板，接续发力、久久为功，大力推动山区县高质量发展。2022 年，浙江山区 26 县地区生产总值、固定资产投资、规上工业增加值、城乡居民收入等主要指标增速均高于全省平均水平。

（七）培育壮大产业工人队伍

技能人才是支撑中国制造、中国创造的重要力量。浙江省深入贯彻习近平总书记关于技能人才工作的重要指示批示精神，实施新时代浙江工匠培育工程，持续深化技能人才培养体制机制改革，省委人才办、省人社厅、省发改委等 12 部门联合印发《高质量打造“浙派工匠”金名片助力共同富裕示范区建设行动计划（2022—2025 年）》，制定涵盖 900 个职业的浙派工匠目录，健全与产业发展相适应的技能人才全方位、全链条培育体系，让越来越多的劳动者“增技又增收”，为共同富裕示范区建设提供强有力的技能人才支撑。截至 2022 年底，浙江省技能人才总量达到 1195 万人，占全部就业人员的比重超过 30%，其中，高技能人才 395.2 万人，占技能人才的比重超过 33%；产业工人月平均工资超 7000 元。

（八）帮扶残疾人就业增收

残疾人是共同富裕道路上“最容易掉队”的困难群体。在高质量发展建设共同富裕示范区的进程中，浙江通过实施“政策扶持 + 渠道拓展 + 平台搭建”，构建残疾人就业增收体系，完善摸清底数、分类施策、提升技能、优化服务、完善机制等工作，实现劳动年龄段有劳动能力、就业意愿的残疾人就业率达 96.51%，残疾人家庭人均可支配收入超过 3.6 万元，位居全国前列。

（九）推进县域医疗共同体建设

2017 年以来，浙江省深入推进县域医疗共同体建设，全省 72 个县（市、区）将 204 家县级医院和 1161 家乡镇卫生院组建成为 165 家医共体，全面统筹医保、医疗、医药、医院、中医、医生，提升基层医疗服务能力，方便群众就近看病、看得好病。疫情防控期间，医共体实现医疗救治网格化管理，牵头医院为成员单位提供疫苗接种技术指导和医疗保障，全省形成省、市、县、乡、村多级联动的医疗服务体系，在疫情防控和医疗救治工作中发挥了重大作用。如今，每年有 5000 余名县级医院医生到乡镇卫生院定期排班工作；省级县域龙头学科增加到 175 个，微创手术实现全覆盖；全省乡镇卫生院 99.8% 开设夜门急诊，98.2% 开展门诊小手术，72.8% 提供住院服务。

政策篇

第九章
共同富裕的目标、评价体系与实现路径

实现共同富裕，是中国共产党人的不懈追求。中国共产党的一切努力，从新民主主义革命胜利到社会主义制度的确立，从解决温饱问题到达到小康水平，从全面建设小康社会到全面建成小康社会，从富裕到全体人民共同富裕，“一张蓝图”绘到底，在实践中根据不同历史时期的特征不断推进共同富裕目标的实现。共同富裕是中国式现代化的重要特征，中国特色社会主义制度是共同富裕的根本保证。共同富裕不是社会现代化的普遍特征，资本主义社会的发展只会离共同富裕的目标越来越远，因为生产社会化和生产资料私人占有之间的矛盾不可调和，私有制导致资本对劳动的剥削，其结果就是两极分化越来越严重。

中国共产党领导下的中国式现代化，以实现共同富裕为根本目标，实现中国式现代化与推动共同富裕阶段目标也高度一致，即到 2035 年，基本实现社会主义现代化，同时人民生活更加美好，全体人民共同富裕取得更为明显的实质性进展，基本公共服务实现均等化。到 21 世纪中叶，要把我国建成富强民主文明和谐美丽的社会主义现代化强国，同时全体人民共同富裕的目标要基本实现，居民收入和实际消费水平差距缩小到合理区间。

一、全体人民共同富裕的目标

共同富裕，是马克思主义的一个基本目标。马克思、恩格斯指出："无产阶级的运动是绝大多数人的、为绝大多数人谋利益的独立的运动"，在未来社会，"生产将以所有的人富裕为目的"。[①] 新中国成立初期，毛泽东同志就指出："现在我们实行这么一种制度，这么一种计划，是可以一年一年走向更富更强的，一年一年可以看到更富更强些。而这个富，是共同的富，这个强，是共同的强，大家都有份。"[②] 邓小平同志指出："社会主义的本质，是解放生产力，发展生产力，消灭剥削，消除两极分化，最终达到共同富裕。"[③] 江泽民同志指出："贫穷不是社会主义。一部分人富起来、一部分人长期贫困，也不是社会主义。鼓励一部分地区、一部分人先富起来，先富带动和帮助未富，最终实现共同富裕，是我们既定的政策。"[④] 胡锦涛同志指出："要始终把实现好、维护好、发展好最广大人民的根本利益作为党和国家一切工作的出发点和落脚点，尊重人民主体地位，发挥人民首创精神，保障人民各项权益，走共同富裕道路。"[⑤] 习近平同志指出："共同富裕是社会主义的本质要求，是人民群众的共同期盼。我们推动经济社会发展，归根结底是要实现全体人民共同富裕。"[⑥] 马克思主义关于共同富裕的理论探索，是

---

①《马克思恩格斯选集》第1卷，人民出版社2012年版，第411页。

②《毛泽东文集》第6卷，人民出版社1999年版，第495页。

③《邓小平文选》第3卷，人民出版社1993年版，第373页。

④《江泽民文选》第1卷，人民出版社2006年版，第549页。

⑤《胡锦涛文选》第2卷，人民出版社2016年版，第624页。

⑥ 习近平：《关于〈中共中央关于制定国民经济和社会发展第十四个五年规划和二〇三五年远景目标的建议〉的说明》，《人民日报》2020年11月4日。

从分析经济社会制度层面入手的，是以分析生产关系为切入点的，是通过研究资本主义私有制导致资本剥削劳动得出结论的。因此，共同富裕的理论基础来源于马克思主义政治经济学。西方福利经济学仅仅是对西方经济学“大厦”的修修补补，通过补贴、救济、福利等方式稳定社会、安抚人心，以此更好地维护资产阶级的统治地位。

（一）共同富裕是全民富裕

共同富裕是全民富裕，不是少数人富裕。全民富裕，是就共同富裕的覆盖面而言的，是全体人民的富裕，是要实现 14 亿人共同富裕，不是少数人富裕、一部分人富裕。改革开放以来，我们允许一部分人、一部分地区先富起来，解放和发展了生产力，使人民生活水平总体上不断提高。在进入全面建设社会主义现代化国家的新征程之后，我们需要把实现全体人民共同富裕摆在更加重要的位置上。全体人民的共同富裕，既表现在收入水平的提升和收入差距的缩小上，也表现在基本公共服务水平的均等上。促进全体人民共同富裕，最艰巨最繁重的任务仍然在农村。打赢脱贫攻坚战是实现农村共同富裕的基础，要巩固拓展脱贫攻坚成果，全面推进乡村振兴，加强农村基础设施和公共服务体系建设，使更多农村居民勤劳致富。

（二）共同富裕是全面富裕

共同富裕是全面富裕，不仅仅是物质富裕。全面富裕，是就共同富裕的内容而言的，包括物质生活和精神生活都富裕，不仅仅是物质富裕。促进共同富裕与促进人的全面发展是高度统一的。马克思主义理论的基本立场就是发展生产力，最终要实现人的全面发展，包括物质领域和精神领域共同的发展和提高，以及人的各项权利的充分实现。列宁指出，人的全面发展是指人不断发展着的“物质需要”和“精神需要”都得到充分满足的过程。邓小平同志强调，我们要建设的社会主义国家，不但要有高度的物质文明，而且要有高度的精神文明。习近平总书记指出，要强化社会主义核心价值观引领，加强爱国主义、集体主义、社会主义教育，发展公共文化事业，完善公共文化服务体系，不断满足人民群众多样化、多层次、多方面的精神文化需求。共同富裕是物质富裕和精神富裕的统一，需要齐抓共建、同向发展。当然，物质富裕是前提和基础，如果温饱都无法满足，何谈人的全面发展。在物质条件得到满足之后，人们就会有更多的时间、精力追求更高层次的精神需要。

（三）共同富裕是共建富裕

共同富裕是共建富裕，不是自然而然实现的。共建富裕，是就共同富裕的实现方式而言的。天道酬勤，幸福是奋斗出来的，只有共建才能共富，共同富裕要靠勤劳智慧来创造。发展为了人民，发展也要依靠人民，共建的过程就是实现共同富裕的过程。只有广泛汇聚民智，最大激发民力，形成人人参与、人人尽力、人人都有成就感的生动局面，提升全社会人力资本和专业技能，提高就业创业能力，增强致富本领，才能真正实现共同富裕。共同富裕不是“养懒人”，“等靠要”“懒惰”“躺平”“内卷”只会离共同富裕越来越远。天上不会掉馅饼，世界上也从来没有“免费的午餐”，什么时候都不要想象可以敲锣打鼓、欢天喜地实现共同富裕，唯有奋斗和辛勤劳动，不断跨越新时代的“雪山草地”“娄山关”和“腊子口”，才能实现共同富裕。

（四）共同富裕是渐进富裕

共同富裕是渐进富裕，不是同步同等富裕。渐进富裕，是就共同富裕的推进进程而言的。共同富裕的程度和经济社会发展的水平是一个水涨船高的关系，水浅划小船，水深行大船。经济社会发展是一个从低水平向高水平不断推进的过程，共同富裕也必将经历一个从低级到高级、从不均衡到均衡的过程，即使达到很高水平也会有差别，不是同步同等富裕。各地区在推进共同富裕的进程上会有差异，不可能完全同步；在水平上也会有差异，不可能完全同等。不同人群不仅实现富裕的程度有高有低，时间上也会有先有后，不可能齐头并进。这就需要立足国情、立足经济社会发展水平来思考设计推动共同富裕的政策，既不要裹足不前，也不要好高骛远，口惠而实不至。

二、全体人民共同富裕的评价体系

共同富裕是社会主义的本质要求，是人民群众的共同期盼。经济社会发展的根本目标是要实现全体人民共同富裕。习近平总书记 2017 年 1 月 18 日在联合国日内瓦总部的演讲《共同构建人类命运共同体》中强调："既要做大蛋糕，更要分好蛋糕，着力解决公平公正问题。"这为我们建立共同富裕评价指标体系提供了理论参考与科学依据，也是我们实现共同富裕的根本遵循。2021 年 3 月，十三届全国人大四次会议通过的《中华人民共和国国民经济和社会发展第十四个五年规划和 2035 年远景目标纲要》（以下简称《纲要》）明确指出，展望 2035 年，人民生活更加美好，人的全面发展、全体人民共同富裕取得更为明显的实质性进展。从经济学意义的角度分析，共同富裕反映了人民的生活质量、收入水平和财富的拥有程度。共同富裕，不仅指现代货币意义上的收入和财产，也覆盖了社会文明程度、生态文明建设、民生福祉水平和国家治理效能等方面的进步与提高，即统筹了经济发展与人民生活的双重目标。为此，设计全体人民共同富裕的评价指标体系，需要遵循上述目标特别是《纲要》提出的总体目标。在具体操作层面，共同富裕评价指标体系既要充分体现共同富裕的概念内涵和目标，也要为中央和地方政府评价全面实现共同富裕的发展程度提供理论参考和评价工具。下文将从经济发展、社会结构、居民收入与财产、公共产品可及性、人民生活质量、收入分配公平度和生命健康 7 个方面设计指标体系。

（一）经济发展指标

经济发展是全面实现共同富裕的基础。经济发展指标是按照《纲要》中提出的：国内生产总值年均增长要保持在合理区间，常住人口城镇化率提高到 65%，现代化经济体系建设取得重大进展而设置的。为此，经济发展指标共包括 4 个三级指标：人均国内生产总值、城镇化率、科技进步贡献率和全国社会消费品零售总额。

人均国内生产总值主要是衡量国家经济状况的最佳指标，反映了国家的人均经济实力和市场规模。从目前国际上对富裕社会的理解来看，富裕社会首先是高收入社会，衡量一个社会是否整体进入富裕社会或高收入社会的主要指标是人均国内生产总值，这一指标要达到高收入国家水平以上，才标志着一个国家进入富裕社会。城镇化率反映了随着一个国家或地区社会生产力的发展、科学技术的进步以及产业结构的调整，其社会由以农业为主的传统乡村型社会向以工业（第二产业）和服务业（第三产业）等非农产业为主的现代城市型社会逐渐转变的历史过程，进而反映了全体人民实现共同富裕的基本过程。以人为中心的城镇化不仅是缩小城乡差距的有力举措，也是缩小区域发展差距的重要方面，更是实现共同富裕的根本途径。科技进步贡献率是决定经济高质量发展的重要指标之一，随着中国经济向高质量发展转型，科技进步越来越成为我国 GDP 增长的主要引擎。在百年未有之大变局背景下，新一轮科技革命和产业变革为新技术、新产业、新业态、新模式的发展提供了有力支撑，各类产业创新的协同共促有利于实现产业之间的协同互补、有利于推动区域创新要素流动、有利于解放和发展生产力，是全面小康社会向共同富裕社会转型的原动力。全国社会消费品零售总额反映了消费对经济发展的贡献，能够代表居民真实的福利变动和生活条件改善等特征。商品和服务消费带来的效用增加是决定个人福利最基本且重要的因素，也是经济增长的最终需求。消费是生产的目的和动力，生产是消费的基础和前提，经济的健康发展一定是由消费来拉动的。因此，实现共同富裕需要增强消费对经济发展的基础性作用。

（二）社会结构指标

根据《纲要》中提出的中等收入群体显著扩大和多层次社会保障体系更加健全的要求，设置了社会结构指标。社会结构指标共包括 3 个三级指标：中等收入群体占比、城市最低生活保障人数占城市人口比重和农村最低生活保障人数占农村人口比重。

中等收入群体占比能够较为科学地衡量一个国家的社会结

构，高质量、大规模的中等收入群体意味着拥有一定的生产经营技能、较强的消费能力和更优的消费结构，是实现共同富裕的中坚力量。中等收入群体提质扩容不但有利于形成广泛稳定的国内市场、促进消费升级进而有效扩大内需，还有利于促进企业创新，进而推动经济高质量发展。因此，实现共同富裕就要想方设法增加中等收入群体的占比，形成一种“中间大、两头小”的橄榄型社会结构。城市最低生活保障人数是指在期末家庭平均收入在当地规定的最低生活保障线以下的城市居民数，城市最低生活保障人数占城市人口比重＝城市最低生活保障人数／城市人口。城市最低生活保障人数占比是衡量城市低收入群体规模的重要指标。实现共同富裕，不但需要着力扩大中等收入群体规模，更需要提高低收入人群收入，即稳步减少低收入群体比重。从社会结构看，只有推动越来越多的城市低收入者增收，才能让更多人向中等收入群体流动。只有低收入群体共同享用共同富裕的果实，共同富裕社会才算是真正实现。农村最低生活保障人数指报告期末在建立农村最低生活保障制度的地区，得到当地政府或集体给予最低生活保障的农业人口家庭人数，农村低保人数占农村人口比重＝农村最低生活保障人数／农村人口。农村最低保障人数占比是衡量农村低收入群体规模的重要指标。共同富裕重点难点在农村，农民的“扩中”“提低”问题更是农村走向共同富裕所要面临的巨大挑战。只有切实提高已进入城镇的农民工群体、未来新增加的城镇人口、剩余农村居民的收入，稳步缩小农村低收入群体规模，才能逐渐缩小城乡差距进而走向共同富裕。

（三）居民收入与财产指标

根据《纲要》中提出的居民人均可支配收入增长与国内生产总值增长基本同步，分配结构明显改善的要求，设置了居民收入与财产指标。居民收入与财产指标共包括 4 个三级指标：人均可支配收入、人均年末存款数量、人均汽车保有量和城镇人均住房面积。

人均可支配收入是反映富裕程度最直接的指标，“口袋鼓起来”是达到富裕水平的根本性要求。推动共同富裕要有雄厚的物质基础，缩小收入差距，实现发展与共享的统一、效率与公平的和谐，这是“共同”的要义所在。共同富裕能否实现实质性进展的阶段性目标，关键在于低收入人群和高收入人群能否形成收入增长内生动力，为进入富裕稳态奠定基础。人均年末存款占有量即金融机构存款余额与年末总人口的比值。人均年末存款数量指的是一个国家或地区在特定年份内，按照居民平均计算的年末存款数量，是反映居民积累财富水平的重要指标之一。人均年末存款数量越高说明居民财富分配相对较为平均，居民财富积累水平较高，进而促进社会繁荣稳定，实现从“先富”向“同富”的转移，是实现共同富裕的基础。人均汽车保有量是指购买以消费为主的各种家用汽车数量，反映居民的财产水平。随着中国经济高质量发展，国民收入和消费支出的增加所带来的庞大消费潜力，将给中国汽车工业发展提供巨大发展空间。汽车工业的发展是共同富裕的具体实践，对国民经济影响稳中有升。人均汽车保有量的提高在一定程度上代表着该国家居民经济条件相对较好，是实现共同富裕的重要支撑。城镇人均住房面积反映居住条件与财产状况，人均住房面积＝住宅建筑面积／居住人口，其中住宅建筑面积本书以城市建设用地面积中的居住用地代替。住房是居民生活中最重要的大宗商品，就促进共同富裕而言，要着重强调住房在调节收入差距和保障民生上的作用。支持居民合理拥有住房资产，不仅是房地产需求的支撑，也是促进共同富裕的重要方面。

（四）公共产品可及性指标

根据《纲要》中提出的民生福祉达到新水平，基本公共服务均等化水平明显提高，全民受教育程度不断提升，多层次社会保障体系更加健全，卫生健康体系更加完善的要求，设置了公共产品可及性指标。公共产品可及性指标共包括 8 个三级指标：城镇基本养老保险参保人数、城镇基本医疗保险参保人数占比、普通小学生师比、劳动年龄人口平均受教育年限、人均公路和铁路营业里程、城市生活垃圾无害化处理率、城市污水处理率和人均公园绿地面积。

城镇基本养老保险参保人数占比是用来衡量城镇基本养老保险覆盖程度，即覆盖程度＝（城镇基本养老保险参保人数／城镇劳动力人数）×100%。提高城镇基本养老保险参保人数占比意味着特殊职种人群、灵活就业人员以及相对贫困人口的民生福祉得到保障。通过优化参保结构等方式，更多劳动年龄阶段人员将被纳入职工养老保险，由此可以引导广大人民群众选择高档次缴费、持续性缴费，逐步提高老年群体养老金水平，进而逐步缩小老年群体收入差距，为实现共同富裕目标提供有力保障。城镇基本医疗保险人数占比是用来衡量城镇基本医疗保险覆盖程度的，即覆盖程度＝（城镇基本医疗保险参保人数／城镇劳动力人数）×100%。提高城镇职工基本医疗保险人数占比意味着降低了贫困人口的健康脆弱性和经济脆弱性，可以有效解决因病致贫、因病返贫的问题。通过扩大参保覆盖面等方式，着力提高贫困人口医疗服务可及性和贫困地区医疗卫生服务水平，增强低收入群体、弱势群体稳定获取健康资源的能力，为实现共同富裕目标提供健康保障。普通小学生师比是指普通小学在校学生数与学校专任教师数的比例，是衡量一个国家或地区学校教育规模、办学水平和办学质量的重要指标。小学生师比越低，意味着教师可能为每个学生提供的教育服务就越多，学生的学业成绩就越有可能得到提高。合理的生师比有利于提高教师的“教育关照度”，有助于实现教育机会的真正均等，提高教育教学质量，为实现共同富裕目标提供长效保障。劳动年龄人口平均受教育年限是指社会总人口中处于劳动年龄范围内（目前为16—59岁）的人口人均接受学历教育（包括成人学历教育，不包括各种非学历培训）的年数，是反映国民素质和人力资源开发水平的综合指标。教育是劳动力再生产的手段，与其他资本要素相比，人力资本之间的差异更容易通过教育进行弥补与缩小。不断提升人力资本水平是有效促进社会阶层流动、扩大中等收入群体、实现共同富裕的根本途径。人均铁路和公路营业里程是反映铁路公路等交通运输业基础设施发展水平的重要指标。交通运输是国民经济和社会发展的基础性、先导性、服务性产业，是资源要素流动的基本支撑和保障。发挥交通先行作用，可以让相对贫困地区经济民生因路而兴，有效打通“最后一公里”，有利于提高便民惠民利民水平。因此，改善交通基础设施条件、优化交通基础设施建设是引领全体人民共同富裕的关键一环，也是必经之路。城市生活垃圾无害化处理率指城市中经过无害化处理的垃圾占总垃圾的比率，主要用来衡量城市环境基础设施建设水平。提高生活垃圾无害化处理率，不仅体现了生活垃圾的综合利用能力提升和产业化发展，还反映了生活垃圾综合治理中服务体系的完善和公共治理能力的提升。生活垃圾无害化、减量化是城市迈向共富过程中应有的环境面貌。城市污水处理率指经过处理的生活污水、工业废水量占污水排放总量的比重，主要用来衡量城市水资源循环和处理能力。推进城乡污水治理提档提质，可以有效改善城乡人居环境，有利于进一步保护和改善生态环境，促进经济、社会和环境的可持续发展。人均公园绿地面积是指城镇公园绿地面积的人均占有量，是反映城市居民生活环境和生活质量的重要指标，人均公园绿地面积＝公园绿地面积／城市人口数量。人均公园绿地指标是国家生态园林城市评选和国家生态文明建设示范区创建的重要指标，对保障城市园林绿化的高品质建设具有重要意义。保障人均公园绿地面积，有利于建设人与自然和谐相处共生共荣的共同富裕社会。

（五）人民生活质量指标

根据《纲要》中提出的人民生活更加美好，人的全面发展、全体人民共同富裕取得更为明显的实质性进展的要求，设置了人民生活质量指标。人民生活质量主要包括 5 个三级指标：城镇登记失业率、商品房价格、全国居民恩格尔系数、居民人均教育文化娱乐支出和全年国内旅游人次。

城镇登记失业率指的是在城镇登记失业的人数占城镇劳动力人口的比重。它是表征城镇就业市场供求状况的指标之一，能够比较客观地体现失业的真实情况。城镇登记失业率的上升意味着城镇就业市场供求状况的恶化，造成贫困人口的增加，增加社会治安的风险，导致弱化社会的整体经济实力和潜力，这对共同富裕是不利的。因此，就业扩容提质是壮大中等收入群体规模最有效的支点，是推进共同富裕的有效抓手。商品房价格，包含土地费用、前期工程费用、建筑安装工程费用、商品房的经营费用、小区内的配套费、利润和税金等费用，明显影响宏观经济稳定，并通过“财富效应”“收入效应”对社会投资和居民消费预期产生影响。因此，稳定房价是治本之策，是实现共同富裕的关键节点。恩格尔系数，即居民家庭中食物支出与个人消费总支出的比值。这一指标反映居民生活富足水平和物质富裕程度，是国际上通用的、用以衡量一个国家或地区居民收入差距的常用指标。因此，全国居民恩格尔系数是衡量共同富裕推进程度的重要指标。

居民人均教育文化娱乐支出即居民用于教育方面、享受文化和娱乐商品消费方面的全部开支。共同富裕与促进人的全方位发展是高度统一的。在满足人民物质生活需要的基础上，充分满足人民日益增长的精神文化需要，进而实现人的全面自由发展、社会的文明进步，是追求共同富裕目标的要义所在。

全年国内旅游人次是衡量旅游业接待水平的重要指标。旅游业的发展在扩大中等收入群体、促进社会公共服务均等化、提升居民生活品质和精神富裕等方面发挥着不可忽视的作用，极大地增强了人民群众的获得感、幸福感。在人民群众日常生活需求日益丰富的情况下，旅游促进共同富裕的重要功能应得到更好发挥。因此，发展旅游业是加快人民物质生活、精神生活均衡发展的生动实践。

（六）收入分配公平度指标

根据《纲要》中提出的缩小地区、城乡和居民收入差距，让发展成果更多更公平地惠及全体人民，不断增强人民群众获得感、幸福感、安全感的要求，设置了收入分配公平度指标。收入分配公平度主要包括3个三级指标：基尼系数、城乡居民收入比和区域泰尔指数。

基尼系数是国际上通用的衡量一个国家或地区居民收入差距的常用指标，主要是通过收入分布曲线计算得来。基于数据可得性，该指标主要是根据城镇数据计算。合理、适度的收入差距能够激发劳动者的积极性，对经济增长起到积极作用，但当收入差距超过一定标准，不但会抑制经济增长，还会导致社会不公的滋生与社会矛盾的激化。因此，缩小居民收入差距不仅是共同富裕的根本要求，还是促进共同富裕的基本任务。城乡居民收入比是衡量城乡收入差距的重要指标。城乡居民收入比＝城市居民可支配收入／农村居民可支配收入。在二元经济背景下，我国家庭收入差距主要来自于城乡收入差距。农村发展不充分是我国社会主要矛盾的集中体现，与城市相比，农村发展滞后，是制约实现全体人民共同富裕的最大短板。因此，有效提升农村居民收入水平，缩小城乡差距是实现共同富裕的主攻方向。区域泰尔指数是衡量地区间收入差距的重要指标。如果区域收入差距过大，则说明一些地区的经济发展水平相对较高，而另一些地区则可能面临着经济困难和发展机会不足的问题。当前我国东部地区、东北地区、中部地区、西部地区的发展差距客观存在，区域协调发展要求经济条件较好的地区可以为其他地区提供示范作用，通过先富带后富的方式，促进生产要素流动，从而带动其他地区的发展。因此，区域协调发展对共同富裕有着重要支撑作用。

（七）生命健康指标

根据《纲要》中提出的把保障人民健康放在优先发展的战略位置，坚持预防为主的方针，深入实施健康中国行动，完善国民健康促进政策，织牢国家公共卫生防护网，为人民提供全方位全生命期健康服务的要求，设置了生命健康指标。生命健康主要包括3个三级指标：居民人均预期寿命、每千人口卫生技术人员数、医疗卫生机构床位数。

居民人均预期寿命是反映人类健康水平、死亡水平的综合指标，它的高低是一个国家或区域经济、社会、文化、环境等方面综合作用的结果。同时，居民人均寿命的提高与公共服务水平直接相关联，预期寿命与当地居民更健康的消费行为高度正相关，衡量是否能够实现共同富裕，应当把提高居民人均寿命作为一项重要标准。每千人口卫生技术人员数 =（年末卫生人员数 / 年末常住人口数）×1000，这一指标与人民群众健康保障水平、公共卫生服务水平密切相关。健康是人类全面发展和社会全面进步的基础，共同健康是实现共同富裕的基石。完善中国特色基本医疗卫生制度和建立卫生健康实施体系需要越来越多的卫生技术人员积极参与，为推进共同富裕提高基础保障。医疗卫生机构床位数是医疗服务可达性评价的指标，也是医疗机构设置规划的主要指标。充足的医疗卫生机构床位数能够为提升突发公共卫生事件应急处理能力提供基础设施，提高有需求公共卫生服务的人民群众获得医疗照顾的效率，保障人民健康地走向共同富裕。

三、全体人民共同富裕的实现路径

任何事物的发展都需要一个从量变到质变的过程，实现共同富裕同样是一个长期的历史过程，不可能毕其功于一役，不可能一蹴而就，不能把长期目标短期化、系统目标碎片化。我国仍处于并将长期处于社会主义初级阶段，这是我国的基本国情，没有变；我国仍然是世界上最大的发展中国家，这是我国基本的国际地位，也没有变。我国当前尚存在大量短板，发展不平衡不充分的问题突出，城乡、区域、收入之间的差距明显，供给结构对需求的适配性不高，统筹发展和安全的压力较大，住房、教育、医疗、养老等民生领域的短板有待解决，中等收入群体所占比例不到三分之一，实现共同富裕是一项长期艰巨的任务，只能一步一个脚印、脚踏实地向前推进。“治国之道，富民为始。”党的十八大以来，党中央把逐步实现全体人民共同富裕摆在更加重要的位置上，采取有力措施保障和改善民生，打赢脱贫攻坚战，全面建成小康社会，为促进共同富裕创造了良好条件。当前，我们正在向第二个百年奋斗目标迈进，必须把促进全体人民共同富裕作为为人民谋幸福的着力点。我们要在高质量发展中促进共同富裕，坚持公有制为主体、多种所有制经济共同发展，构建初次分配、再分配、第三次分配协调配套的基础性制度安排，完善社会主义市场经济体制。

（一）坚持以经济建设为中心

发展是实现共同富裕的基础，经济不发展，实现共同富裕就无从谈起，要坚持在高质量发展中实现共同富裕的路径。只有不断发展生产力，才能实现共同富裕。历史唯物主义的一个基本原理，就是认为生产力发展是社会主义的最终决定力量，正是生产力的发展，才引起了生产关系以及其他一切关系的变革。这个原理适用于一切社会形态，社会主义社会也不例外。共产主义社会是一个生产高度发展、物资极其丰富的社会，要实现并达到这样的社会发展水平，发展生产力就成为一个必要的途径。社会主义革命的目的是发展生产力，社会主义时期的主要任务是发展生产力，使物质财富不断增长，人民生活一天天好起来，为进入共产主义创造物质条件。社会主义制度优越性的根本表现，就是生产力的迅速发展，使人民不断增长的物质文化需要能够逐步得到满足。判断我们工作得失是非的根本标准应该主要看是否有利于发展社会主义社会生产力，是否有利于增加社会主义国家的综合国力，是否有利于提高人民的生活水平。马克思主义执政党必须高度重视解放和发展生产力。离开发展，坚持党的先进性、发挥社会主义制度的优越性和实现民富国强都无从谈起。因此，我们要不断解放和发展社会生产力，坚持以经济建设为中心，聚精会神搞建设，一心一意谋发展。

我国取得今天这样的成就，就是因为坚持了“发展是硬道理”的观点，把发展经济放到压倒一切的首位，坚持发展，加快发展，不停顿地发展。发展不仅是经济问题，更是政治问题，世界各国都把发展作为本国的战略核心，我国也必须把发展作为自己最基本的战略。从方法意义上讲，扭住经济建设为中心不放，就是要求在改革中认准方向，站稳脚跟，排除一切干扰，努力强化和发展自身。正所谓咬定青山不放松，任尔东西南北风。改革开放以来，我们之所以能够取得骄人的成就，靠的就是聚精会神搞建设、一心一意谋发展。站在新的历史起点上，我们仍然要把发展作为党执政兴国的第一要务，发展是硬道理的战略思想要坚定不移地坚持下去。

作为有 14 亿人口的大国，我国用几十年的时间走完了发达国家几百年走过的发展历程，无疑是值得骄傲和自豪的。但同时也要清醒地看到，我国还存在大量短板，距离共同富裕的要求还有较大差距。统筹发展和安全的压力依然较大，创新能力不强的问题突出，供给结构对需求的适配性不高，生态环境保护任重道远；民生领域短板更多，体现在住房、教育、养老、医疗等方方面面。存在这些短板表明，我国人民要过上美好生活，还要继续付出艰苦努力。发展依然是当代中国的第一要务，中国共产党的首要使命就是集中力量提高人民生活水平，逐步实现共同富裕。要解决上述短板，只能靠进一步的发展，实现高质量发展。

以经济建设为中心是兴国之要，只有实现经济持续健康发展，国家才能繁荣富强，人民才能幸福安康，社会才能和谐稳定，共同富裕的目标才能真正实现，社会主义制度的优越性才能体现出来。习近平总书记指出："从根本上说，没有扎扎实实的发展成果，没有人民生活不断改善，空谈理想信念，空谈党的领导，空谈社会主义制度优越性，空谈思想道德建设，最终意识形态工作也难以取得好的成效。只要国内外大势没有发生根本变化，坚持以经济建设为中心就不能也不应该改变。"① 我们站在世界第二大经济体、第一大货物贸易国、第一大工业制

① 中共中央文献研究室编:《习近平关于社会主义经济建设论述摘编》，中央文献出版社 2017 年版，第 5 页。

造国的成就上，才能更好体现社会主义制度优越性；站在全面打赢脱贫攻坚战、在我们这样一个14亿人口的大国全面建成小康社会的基础上，才能更加自信；站在10天建成火神山医院、12天建成雷神山医院、率先打赢新冠肺炎疫情防控阻击战的成就上，才能更加坚信社会主义制度的优越性。取得这些成就，靠的就是新中国成立70多年来、改革开放40多年来所攒下的深厚“家底子”。面向未来，我国开启了全面建设社会主义现代化国家、向第二个百年奋斗目标进军的新征程，要继续把发展作为第一要务，把经济建设作为中心任务，不断满足人民日益增长的美好生活需要，集中精力把经济建设搞上去、把人民生活搞上去。

（二）坚持“两个毫不动摇”

公有制为主体、多种所有制经济共同发展，按劳分配为主体、多种分配方式并存，社会主义市场经济体制等社会主义基本经济制度，既体现了社会主义制度的优越性，又同我国社会主义初级阶段社会生产力发展水平相适应，是党和人民的伟大创造。毫不动摇地巩固和发展公有制经济，毫不动摇地鼓励、支持、引导非公有制经济发展；探索公有制多种实现形式，推进国有经济布局优化和结构调整，发展混合所有制经济，增强国有经济竞争力、创新力、控制力、影响力、抗风险能力，做强做优做大国有资本；深化国有企业改革，完善中国特色现代企业制度；健全支持民营经济、外商投资企业发展的法治环境，完善构建亲清政商关系的政策体系，促进非公有制经济健康发展和非公有制经济人士健康成长。

党的十五大指出，公有制为主体、多种所有制经济共同发展，是我国社会主义初级阶段的一项基本经济制度。[①]党的十六大强调了两个“毫不动摇”：必须毫不动摇地巩固和发展公有制经济，必须毫不动摇地鼓励、支持和引导非公有制经济发展[②]。党的十七大又一次强调了两个“毫不动摇”，坚持和完善公有制为主体、多种所有制经济共同发展的基本经济制度，毫不动摇地巩固和发展公有制经济，毫不动摇地鼓励、支持、引导非公有制经济发展，坚持平等保护物权，形成各种所有制经济平等竞争、相互促进新格局[③]。党的十八大继续强调两个“毫不动摇”，毫不动摇巩固和发展公有制经济，推行公有制多种实现形式，深化国有企业改革，完善各类国有资产管理体制，推动国有资本更多投向关系国家安全和国民经济命脉的重要行业和关键领域，不断增强国有经济活力、控制力、影响力。毫不动摇鼓励、支持、引导非公有制经济发展，保证各种所有制经济依法平等使用生产要素、公平参与市场竞争、同等受到法律保护[④]。党的十八届三中全会在两个“毫不动摇”基础上进一步明确两个“不可侵犯”，即公有制经济财产权不可侵犯，非公有制经济财产权同样不可侵犯[⑤]。党的十九大再一次强调了两个“毫不动摇”。发展壮大国有经济，国有经济控制国民经济命脉，对

① 中共中央文献研究室编:《十五大以来重要文献选编》(上)，人民出版社 2000 年版，第 20 页。

② 中共中央文献研究室编:《十六大以来重要文献选编》(上)，中央文献出版社 2005 年版，第 19 页。

③ 中共中央文献研究室编:《十七大以来重要文献选编》(上)，中央文献出版社 2009 年版，第 20 页。

④ 中共中央文献研究室编:《十八大以来重要文献选编》(上)，中央文献出版社 2014 年版，第 16 页。

⑤ 中共中央文献研究室编:《十八大以来重要文献选编》(上)，中央文献出版社 2014 年版，第 515 页。

于发挥社会主义制度的优越性，增强我国的经济实力、国防实力和民族凝聚力，具有关键性作用。集体经济是公有制经济的重要组成部分，对实现共同富裕具有重要作用。

始终坚持共同富裕的目标是国有企业发展壮大的使命，坚持公有制为主体和共同富裕密不可分。共同富裕是坚持公有制为主体的必然结果，公有制为主体是实现共同富裕的内在要求。社会主义的目的就是要全国人民共同富裕，不是两极分化。共同富裕作为我国改革开放的一大根本原则，必须要在国有企业发展壮大中得到具体落实和充分体现。国有企业是全国人民的企业，是造福全民、服务社会的企业。国有企业效益的提升，最能得到实惠的就是国有企业的“大股东”——全国人民。做强做优做大国有企业，发展壮大国有经济，对于发挥社会主义制度的优越性，增强我国经济实力、国防实力、国家竞争力和民族凝聚力，具有关键性作用；对于提高人民生活水平，实现共同富裕，保持社会稳定，建设中国特色社会主义，具有十分重要的意义；对于后起工业化国家实现“换道超车”，实现从跟跑到并跑再到领跑的巨大飞跃，具有十分重要的意义。

民营企业同样是实现共同富裕的基础，非公有制经济是我国经济的重要组成部分。必须毫不动摇鼓励、支持、引导非公有制经济发展，注重发挥企业家才能，全面落实促进民营经济发展的政策措施，增强各类所有制经济活力，让各类企业法人财产权依法得到保护。我国民营经济具有“五六七八九”的特征，即贡献了50%以上的税收，60%以上的国内生产总值，70%以上的技术创新成果，80%以上的城镇劳动就业，90%以上的企业数量。民营经济已经成为推动我国发展不可或缺的力量，成为创业就业的主要领域、技术创新的重要主体、国家税收的重要来源，为我国社会主义市场经济发展、政府职能转变、农村富余劳动力转移、国际市场开拓等发挥了重要作用。民营经济是我国经济制度的内在要素，是社会主义市场经济发展的重要成果，是推动社会主义市场经济发展的重要力量，是推进供给侧结构性改革、推动高质量发展、建设现代化经济体系的重要主体，也是我们党长期执政、团结带领全国人民实现中华民族伟大复兴中国梦的重要力量，更是实现我国全体人民共同富裕的重要基础。

（三）坚持按劳分配为主体、多种分配方式并存的收入分配制度

坚持按劳分配为主体、多种分配方式并存；坚持多劳多得，着重保护劳动所得，增加劳动者特别是一线劳动者劳动报酬，提高劳动报酬在初次分配中的比重；健全劳动、资本、土地、知识、技术、管理、数据等生产要素由市场评价贡献、按贡献决定报酬的机制。

所有制制度是分配制度的基础，生产资料所有制是生产关系的基础。不同的生产资料所有制决定了不同要素所有者在生产中的地位和相互关系，进而决定了分配方式和分配关系。我国以公有制为主体、多种所有制经济共同发展的基本经济制度决定了我国实行按劳分配为主体、多种分配方式并存的收入分配制度。所有制决定分配关系的原理，是不同的社会经济制度总结出的共同规律。马克思在《资本论》中写道：“凡是社会上一部分人享有生产资料垄断权的地方，劳动者，无论是自由的或不自由的，都必须在维持自身生活所必需的劳动时间以外，

追加超额的劳动时间来为生产资料的所有者生产生活资料，不论这些所有者是雅典的贵族、伊特鲁里亚的神权政治首领、罗马的市民、诺曼的男爵、美国的奴隶主、瓦拉几亚的领主、现代的地主，还是资本家。”[①] 分配关系由所有制决定的基本规律，在不同的社会制度中都是真理。

在社会主义初级阶段，实行按劳分配和按要素分配相结合的分配原则，是由多种所有制并存所决定的。必须完善收入分配制度，坚持按劳分配为主体、多种分配方式并存的分配制度，把按劳分配和按生产要素分配结合起来，处理好政府、企业、居民三者的分配关系。资本、技术、土地等不同的生产要素和劳动要素一样，都参与到社会价值的分配中来。从我国实际出发，我们确立了按劳分配为主体、多种分配方式并存的分配制度。实践证明，这一制度安排有利于调动各方面积极性，有利于实现效率和公平有机统一。由于种种原因，目前我国收入分配中还存在一些突出的问题，主要是收入差距拉大、劳动报酬在初次分配中的比重较低、居民收入在国民收入分配中的比重偏低等。对此，我们要高度重视，努力推动居民收入增长和经济增长同步、劳动报酬提高和劳动生产率提高同步，不断健全体制机制和具体政策，调整国民收入分配格局，持续增加城乡居民收入，不断缩小收入差距。一是要提高人力资本质量，增强劳动者收入能力。收入来自劳动创造的财富，增加收入的根本举措就是提高劳动者的素质和能力。二是要切实保障劳动者正当合法劳动收入，巩固初次分配中的按劳分配制度。建立职工工资正常增长机制，促进劳动报酬收入与经济发展同步增长。

①《马克思恩格斯全集》第 44 卷，人民出版社 2001 年版，第 272 页。

三是要健全要素市场体系，发挥市场机制对现代要素资源配置的决定性作用。要尊重科学研究规律，让创新领军人才拥有更大的人财物支配权，鼓励推进员工持股制度。四是要增加居民的财产性收入。完善上市公司的分红制度，让股东得到实实在在的回报。实施国有资产经营收益全民分红，可以提高城乡居民人均收入。

再分配是关键，是合理调节高收入的主要手段，要兼顾公平。在任何时代、任何社会制度下，财税都是个大问题。财政税收实际上是政治的全部经济内容，因为向谁收税，收什么税，收多少税，怎么收税，公共资源的配置方向和数量界定，税收、预算权如何分配，如何决策，通过什么程序决策等，根本就不是纯粹的经济问题，而是关系到政治、民主、法治的大问题。“十四五”期间，我国要进一步优化税制结构。一是要健全直接税体系，适当提高直接税比重，降低间接税比重。直接税一般是累进税，能够起到缩小收入差距的作用。当前我国个人所得税占全部税收的比重在7%—8%之间，所占比重较低。通过个人所得税改革才能让税收发挥更大调节作用，改革的方向就是要让个人所得税能够覆盖所有的高收入人群。二是要推进房地产税立法，健全地方税体系。开征房产税或财产税同样能发挥税收调节收入分配的作用。确定每位18岁以上公民一定的免税范围，让大多数居民不用交税，以免影响大多数居民的生活质量。超出免税范围者，应实行累进税率。三是消费税要采取差别税率。对基本消费品，要采取低税率或零税率，避免增加低收入人群的负担；对奢侈品、高档消费品采取高税率，以调节收入分配。

第三次分配是自愿、是辅助，是彰显爱心。中央强调发挥第三次分配的作用，并不是强迫高收入者“均贫富”，而是要借助一定的制度安排，激励人们自愿捐助。一是对于慈善捐款给予税收减免。这意味着政府与捐赠人共同做慈善，政府出“小头”，捐赠人出“大头”，以此激励更多的人做慈善、做公益。二是帮助捐赠人实现自我价值的追求。按照马斯洛的需求层次理论，人的需求由低到高可分为生存需求、安全需求、社交需求、尊重需求和自我价值实现需求。国家应建立慈善家制度，根据捐助金额授予相应等级的慈善家称号，帮助其实现自我价值追求的需要。三是要动员全社会共同参与。第三次分配不是少数人、有钱人的游戏，要让更多的群体参与进来。

（四）构建高水平的社会主义市场经济体制

资源配置有两只手，一只是看不见的市场无形之手；另一只是看得见的政府有形之手。深化市场取向的改革，关键是要处理好政府与市场的关系，即“看得见的手”与“看不见的手”这“两只手”之间的关系。随着改革的不断深入，要切实转换政府这只手的职能，把政府职能切实转换到“经济调节、市场监管、社会管理、公共服务”上来，努力建设服务型政府、法治政府。在经济社会协调上，市场这只手更多地调节经济，政府这只手则强化社会管理和公共服务的职能；在经济运行上，市场这只手调节微观领域的经济活动，政府这只手用来制定游戏规则、进行宏观调控；在公平与效率上，市场这只手激活效率，政府这只手则更多地关注公平①。

资源配置应首先让“看不见的手”发挥决定性作用，在市

① 习近平：《之江新语》，浙江人民出版社 2007 年版，第 182—183 页。

场覆盖不到的地方，应同时发挥“看得见的手”的作用。要让市场在资源配置中起决定性作用，首先要让供求决定价格，只有由供求决定的价格才能真正发挥市场信号的作用。其次要由价格调节供求，价格调节供求的过程本身就是供给适配需求的过程。再次，要重视经济学中的两个基本假设：一个是经济人假设。亚当·斯密在《国富论》中指出：“我们每天所需的食物和饮料，不是出自屠户、酿酒家或烙面师的恩惠，而是出于他们自利的打算。”[①] 马歇尔在《经济学原理》中提出了“经济人”的概念[②]。后来的经济学者在此基础上提出了“经济人假设”，强调人是自私的，同时也是理性的。经济人假设是支撑经济学大厦的基石。虽有争论和不同意见，但“经济人”只是个假设。经济人假设与倡导何种人生观、价值观没有关系，“经济人”也可以讲情怀，并且有了经济人假设才能更好地避免“经济人”去做损人利己的事情。经济学虽不能证明人为何自私，但要研究人类经济行为，需要将人假设为“经济人”。同时，从人的社会属性来看，人是具有理性的，人在追求自身利益最大化的过程中也能够做到自律。因为人处在一定的社会环境里，谁也离不开他人的支持，只有做到“克己”和“利他”，才能达到“利己”的目的。历史经验也表明，若假设人是“无私”的，就会设计出漏洞百出的“坏制度”；若假设人是“自私”的，才会设计出合理高效的“好制度”。另一个是资源稀缺假设。经济学研究资源如何高效配置，归根结底是由于资源具有稀缺性。人

①[英]亚当·斯密著，郭大力、王亚南译：《国民财富的性质和原因的研究》上卷，商务印书馆1972年版，第14页。

②[英]马歇尔著，朱志泰译：《经济学原理》上卷，商务印书馆1964年版，第2页。

的欲望是无限的，欲望是人类天性，每个人都希望获得更多的资源，但供给是有限的。资源的高效配置要由市场这只手来决定。要重视物质利益的诉求，让价格引导资源的配置。

党的十二大指出，正确贯彻计划经济为主、市场调节为辅的原则，是经济体制改革中的一个根本性问题[①]。党的十三大指出，社会主义有计划商品经济的体制，应该是计划与市场内在统一的体制。建立在公有制基础上的社会主义商品经济为在全社会自觉保持国民经济的协调发展提供了可能，我们的任务就是要善于运用计划调节和市场调节这两种形式和手段，把这种可能变为现实。社会主义商品经济的发展离不开市场的发育和完善，利用市场调节决不等于搞资本主义[②]。党的十四大指出，我国经济体制改革的目标是建立社会主义市场经济体制，就是要使市场在社会主义国家宏观调控下对资源配置起基础性作用，使经济活动遵循价值规律的要求，适应供求关系的变化；通过价格杠杆和竞争机制的功能，把资源配置到效益较好的环节中去[③]。党的十五大指出，充分发挥市场机制作用，进一步发挥市场对资源配置的基础性作用[④]。党的十六大指出，坚持社会主义市场经济的改革方向，使市场在国家宏观调控下对资源配

---

① 中共中央文献研究室编:《十二大以来重要文献选编》(上)，人民出版社 1986 年版，第 23 页。

② 中共中央文献研究室编:《十三大以来重要文献选编》(上)，人民出版社 1991 年版，第 26-27 页。

③ 中共中央文献研究室编:《十四大以来重要文献选编》(上)，人民出版社 1996 年版，第 18-19 页。

④ 中共中央文献研究室编:《十五大以来重要文献选编》(上)，人民出版社 2000 年版，第 25 页。

置起基础性作用[①]。党的十七大指出，要深化对社会主义市场经济规律的认识，从制度上更好发挥市场在资源配置中的基础性作用[②]。党的十八大指出，要加快完善社会主义市场经济体制，更大程度更广范围发挥市场在资源配置中的基础性作用[③]。党的十八届三中全会指出，经济体制改革是全面深化改革的重点，核心问题是处理好政府和市场的关系，使市场在资源配置中起决定性作用和更好发挥政府作用[④]。党的十九大进一步强调，使市场在资源配置中起决定性作用，更好发挥政府作用[⑤]。党的二十大指出，构建高水平社会主义市场经济体制，充分发挥市场在资源配置中的决定性作用，更好发挥政府作用[⑥]。

要使我国经济富有活力和效率，必须充分发挥市场机制的作用，这是改革开放以来所积累的重要经验。要加快市场体系的培育和发展，凡是应当由市场调节的经济活动，要进一步放开放活，激发经济活力，由企业按市场需求自主决策和投资。明确投资主体，建立严格的投资决策责任制，强化投资风险约束机制，谁投资谁决策谁承担责任和风险。特别是竞争性产业，应主要由市场配置资源，基础性产业也要引入市场竞争机制。

① 中共中央文献研究室编:《十六大以来重要文献选编》(上)，中央文献出版社2005年版，第6页。

② 中共中央文献研究室编:《十七大以来重要文献选编》(上)，中央文献出版社2009年版，第17页。

③ 中共中央文献研究室编:《十八大以来重要文献选编》(上)，中央文献出版社2014年版，第14—15页。

④ 中共中央文献研究室编:《十八大以来重要文献选编》(上)，中央文献出版社2014年版，第513页。

⑤ 中共中央党史和文献研究院编:《十九大以来重要文献选编》(上)，中央文献出版社2019年版，第15页。

⑥《党的二十大报告辅导读本》，人民出版社2022年版，第26页。

经济发展就是要提高资源尤其是稀缺资源的配置效率，以尽可能少的资源投入生产尽可能多的产品、获得尽可能大的效益。理论和实践都证明，市场配置资源是最有效率的形式。市场决定资源配置是市场经济的一般规律，市场经济本质上就是市场决定资源配置的经济。社会主义市场经济体制也必须遵循这条规律，使市场在资源配置中起决定性作用。当然，市场在资源配置中起决定性作用，并不是起全部作用。发展社会主义市场经济，既要发挥市场作用，也要发挥政府作用。

使市场在资源配置中起决定性作用，更好发挥政府作用，既是一个重大理论命题，又是一个重大实践命题。科学认识这一命题，对推动社会主义市场经济健康有序发展具有重大意义。在市场和政府作用的问题上，要讲辩证法、两点论，“看不见的手”和“看得见的手”都要用好，形成市场作用和政府作用有机统一、相互补充、相互协调、相互促进的格局，推动经济持续健康发展。在社会主义条件下发展市场经济，是我们党的一个伟大创举。我国经济发展获得巨大成功的一个关键因素，就是我们既发挥了市场经济的长处，又发挥了社会主义制度的优越性，发挥好了社会主义基本制度与市场经济两方面的优势，做到了“有效市场”和“有为政府”的结合。一方面，让市场去配置资源是市场经济的应有之义。使市场在资源配置中起决定性作用，是深化经济体制改革的主线。党的十八届三中全会将市场在资源配置中起基础性作用修改为起决定性作用，这中间既有一脉相承、前后衔接，更有继承发展、巨大飞跃，目的就是更加突出市场的作用，把市场机制能有效调节的经济活动交给市场，把政府不该管的事交给市场，让企业和个人有更多活力和更大空间去发展经济、创造财富。另一方面，政府要为自身“定好位”，做到不越位、不缺位、不错位。要更好发挥政府作用，切实转变政府职能，深化行政体制改革，创新行政管理方式，健全宏观调控体系，加强市场活动监管，加强和优化公共服务，促进社会公平正义和社会稳定，促进共同富裕。改革的重点是解决市场体系不完善、政府干预过多和监管不到位问题。更好发挥政府作用，不是要更多发挥政府作用，而是要在保证市场发挥决定性作用的前提下，管好那些市场管不了或管不好的事情。总之一句话：该放的一定放到位，该管的一定管好。

如何发现和培育新的经济增长点？一是市场要活，二是创新要实，三是政策要宽。市场要活，就是要使市场在资源配置中起决定性作用，主要靠市场发现和培育新的增长点。在供求关系日益复杂、产业结构优化升级的背景下，涌现出很多新技术、新产业、新产品，往往不是政府发现和培育出来的，而是“放”出来的，是市场竞争的结果。创新要实，就是要推动全面创新，更多靠产业化的创新来培育和形成新的增长点。政策要宽，就是要营造有利于大众创业、市场主体创新的政策环境和制度环境。政府要集中力量办好市场办不了的事，要加快转变职能，做好自己应该做的事，创造更好的市场竞争环境，培育市场化的创新机制，在保护产权、维护公平、改善金融支持、强化激励机制、集聚优秀人才等方面积极作为，履行好宏观调控、市场监管、公共服务、社会管理、保护环境等基本职责。

（五）坚持党的领导是实现共同富裕的根本保障

社会主义市场经济的本质就是中国共产党领导下的市场经

济。我们既要坚持党对经济工作的领导，又要遵循市场经济的一般规律。党政军民学，东西南北中，党是领导一切的。办好中国的事情，关键在党。中国共产党是一个在 14 亿多人口的大国长期执政的党，是中国特色社会主义事业的坚强领导核心。中国共产党领导是中国特色社会主义最本质的特征，是中国特色社会主义制度的最大优势，是坚持和发展中国特色社会主义的必由之路。经济建设是党的中心工作，党的领导当然要在中心工作中得到充分体现，抓住了中心工作这个牛鼻子，其他工作就可以更好展开。有人曾担心，既要坚持党的领导，又要坚持市场机制，这二者之间会不会有矛盾？这二者之间是不矛盾的。坚持党对经济工作的领导，就是要发挥好社会主义制度的优越性，是为了保障中国经济巨轮沿着正确的方向航行，这个方向就是共同富裕，坚决不能“跑偏”；坚持市场机制，让市场在资源配置中起决定性作用，是为了让中国的经济巨轮跑得更快一些，解决的是动力系统的问题。

第十章
共同富裕的总体原则与政策支撑

一、全体人民共同富裕的总体原则

进入新发展阶段，推进共同富裕，要符合中国特色社会主义的基本价值遵循。习近平总书记强调促进共同富裕要把握好以下原则：一是鼓励勤劳创新致富，二是坚持基本经济制度，三是尽力而为量力而行，四是坚持循序渐进。[①] 这为扎实推进共同富裕指明了前进方向，提供了基本遵循。

（一）鼓励勤劳创新致富原则

习近平总书记指出："幸福生活都是奋斗出来的，共同富裕要靠勤劳智慧来创造。要坚持在发展中保障和改善民生，把推动高质量发展放在首位，为人民提高受教育程度、增强发展能力创造更加普惠公平的条件，提升全社会人力资本和专业技能，提高就业创业能力，增强致富本领。要防止社会阶层固化，畅通向上流动通道，给更多人创造致富机会，形成人人参与的发展环境，避免'内卷'、'躺平'。"[②] 勤劳创新致富，既是我国社会主义社会的基本要求，也是我国进入新发展阶段，贯彻落实新发展理念、构建新发展格局、重塑竞争新优势的根本要求。

勤劳是创造财富的重要源泉。勤劳勇敢、艰苦奋斗是中华

① 习近平：《扎实推动共同富裕》，《求是》2021 年第 20 期。
② 习近平：《扎实推动共同富裕》，《求是》2021 年第 20 期。

民族的传统美德和精神品格。正是依靠辛勤劳动、艰苦奋斗，中国共产党团结带领中国人民如期打赢脱贫攻坚战，历史性地解决了绝对贫困问题，全面建成了小康社会。在新征程上，我们要鼓励勤劳致富，团结奋斗共同创造美好生活，通过辛勤劳动和智慧实现共同富裕的宏伟目标。勤劳致富是社会主义的基本要求。在既定的社会条件下，个人的收入和富裕主要取决于社会的收入分配制度。按劳分配是社会主义社会的基本分配制度，勤劳致富是社会主义社会的基本价值遵循。我国建立社会主义制度后，收入分配制度虽然经历了一个不断探索的过程，但按劳分配始终是收入分配制度的基本要求。当前，在按劳分配上仍然存在一些亟待解决的突出问题，导致一些地区城乡区域差距和居民收入差距依然较大，部分群众生活比较困难。促进共同富裕必须坚持勤劳致富的基本原则，切实发挥按劳分配的主体作用。

创新是推进共同富裕的重要支撑。共同富裕需要在高质量发展中推进和实现，而创新是引领发展的第一动力。回顾近代以来世界发展历程，可以清楚地看到，一个国家和民族的创新能力，从根本上影响甚至决定国家和民族前途命运。近代几个世纪以来，人类社会创造的财富远远超过以往几十个世纪创造的财富的总和，最根本的原因在于科技创新。进入新发展阶段，我国经济发展环境发生了新变化，特别是生产要素相对优势出现了变化，旧的生产函数组合方式已经难以持续，科学技术的重要性全面上升。在这种情况下，扎实推进共同富裕，必须把创新引领和驱动发展放到更加突出的位置，重塑经济发展新动力。观念创新能够武装劳动者头脑，增强致富本领；技术创新催生新产业新业态新模式，开辟经济发展新领域新赛道；制度创新有利于增强我国经济的韧性、潜力和活力。我们要发挥创新引领作用，提高全要素生产率，增强发展的普惠性、共享性，为共同富裕提供坚实的物质基础。

坚持勤劳创新致富的基本原则，必须坚持保障和改善民生，为人民提高受教育程度、增强发展能力创造更加普惠公平的条件，提升全社会人力资本和专业技能，提高就业创业能力，增强致富本领。必须坚持按劳分配为主体，稳步提高劳动报酬在初次分配中的比重，完善劳动报酬提高和劳动生产率提高要基本同步。完善激发人才创新活力的体制机制，鼓励创新创业。把科技自立自强作为国家发展的战略支撑，坚持创新在我国现代化建设全局中的核心地位，充分发挥人才第一资源的作用。贯彻尊重劳动、尊重知识、尊重人才、尊重创造的方针，深化人才发展体制机制改革，全方位培养、引进、用好人才。在科技创新的激励机制方面，实行以增加知识价值为导向的分配政策，完善科研人员职务发明成果权益分享机制，赋予科研人员职务科技成果所有权或长期使用权，提高科研人员研发成果和收益的成比例性。

（二）坚持基本经济制度原则

习近平总书记指出："要立足社会主义初级阶段，坚持'两个毫不动摇'。要坚持公有制为主体、多种所有制经济共同发展，大力发挥公有制经济在促进共同富裕中的重要作用，同时要促进非公有制经济健康发展、非公有制经济人士健康成长。要允许一部分人先富起来，同时要强调先富带后富、帮后富，重点鼓励辛勤劳动、合法经营、敢于创业的致富带头人。靠偏门致富不能提倡，违法违规的要依法处理。”[①]我国基本经济制度既体现了社会主义制度的优越性，又充分发挥了市场经济的活力，是党和人民的伟大创造。新发展阶段，为共同富裕创造更加雄厚的物质条件，必须坚持基本经济制度。

公有制经济是推进全体人民共同富裕的主力军。党的十五大以来，我国将公有制为主体作为基本经济制度的核心内容，并不断巩固国有经济的主导地位，进而使其在促进我国国民收入增长和防止两极分化中发挥了中流砥柱的作用。党的十八大以来，习近平总书记结合我国社会主义市场经济发展的新环境和国内外局势变化，丰富和发展了社会主义基本经济制度，在多次重要讲话中均强调了公有制的主体地位。社会主义社会是生产资料归属全体人民共同占有的社会形态，因而公有制经济是社会主义经济制度的基础，国有经济、集体经济、混合所有制经济中的国有成分和集体成分是社会主义公有制经济的重要组成部分。生产决定分配，生产资料所有制形式决定了分配方式，因而共同富裕的实现不仅要关注分配问题，更要关注决定分配的生产资料所有制形式问题。资本主义社会建立在生产资料资本家私有制以及雇佣劳动的基础上，以剥削工人阶级剩余价值赚取利润，从而实现资本的无限累积，这种类型的所有制形式注定无法消除贫困、消除财富分配悬殊与社会两极分化。与非公有制经济不同，公有制经济的本质在于剩余产品归劳动者共同所有，其不仅是通过全体劳动人民辛勤工作累积起来的社会财富，而且也是全体人民的共同财富，既是不断解放生产力、发展生产力，创造扎实推动全体人民共同富裕的物质条件，

① 习近平:《扎实推动共同富裕》,《求是》2021 年第 20 期。

也是彻底消灭剥削压迫、消除贫富差距悬殊、确保实现全体人民共同富裕的坚实制度基础。

非公有制经济发展是推进全体人民共同富裕的生力军。我国民营经济已经成为推动我国发展不可或缺的力量，成为创业就业的主要领域、技术创新的重要主体、国家税收的重要来源，为我国社会主义市场经济发展、政府职能转变、农村富余劳动力转移、国际市场开拓等发挥了重要作用。生产资料所有制形式决定分配方式，而创造更多可供分配的物质财富和精神财富，是实现共同富裕的基本前提。非公有制经济可以通过扩大居民就业、增加居民收入、调节收入分配这三种机制推进共同富裕的实现。

混合所有制经济是实现全体人民共同富裕的有效形式。混合所有制经济是多种经济成分和所有制形式的统一体，其不仅能够将分散的生产力整合起来，促进生产力的发展，还能够使不同类型的生产资料相互结合、互相制衡，充分调动生产资料的积极性和创造力，减少两极分化，实现共同富裕。

一是有利于充分调动国有资本和其他社会资本的活力，促进整体收入水平的提高。改革开放以来，我国经济取得举世瞩目的成就，国有资本、集体资本、非公有资本都呈现出上百倍的增长。不同所有制资本交叉参股的混合所有制能够充分发挥各种资本的优势，互利共赢。相互参股，实现资本的有机结合，能充分调动各类资本的积极性，是实现公平与效率的有效手段。通过限制、减少剥削，逐步提升人民的整体收入水平，缩小不同群体间的收入差距。推动国有企业混合所有制经济改革，充分释放各种资本的活力，增强经济活力，促使经济又好又快地发展。

二是激发微观市场和微观个体的活力，解放和发展生产力。混合所有制企业和股份制企业的市场化程度更高，入股国有企业可以进一步革除国有企业积弊，提高国有企业的市场化经营水平，使更多的人共享经济成果。混合所有制企业往往鼓励员工持股，使得员工收益与企业效益充分挂钩，从而调动员工工作的积极性。因此，推进混合所有制改革，能够激发微观市场和微观个体活力，提高经济运行效率和市场竞争力。发展混合所有制经济能够破除传统的公有制经济、非公有制经济各自划分势力范围的排斥关系，从而一方面提升公有制经济调动社会资源的能力，另一方面也能够调动非公有制经济的积极性，激发不同类型的所有制形式的活力，解放和发展生产力。

农村集体经济是推进全体人民共同富裕的有力抓手。在广大农村地区发展集体经济能够最大限度地满足农村地区发展的需求，为实现乡村振兴和共同富裕的最终目标奠定基础。党的十八大以来，以习近平同志为核心的党中央高度重视农村集体经济的发展问题。发展集体经济的根本对象是农业农村发展，使农村经济符合市场化发展要求，探索出一条更加优质、公平、可持续发展的乡村发展之路，最终实现共同富裕的目标。习近平总书记关于发展农村集体经济的重要论述，无论从理论还是实践上都为我国农村集体所有制的发展提供了重要指导，为我国农业发展中正确处理好农民和土地的关系，探索符合我国国情、农村农业生产特点的农村基本经营制度提供了借鉴和启示。

农村集体经济在本质上确定了农民和生产资料的关系，也体现了社会主义制度的优越性。一方面，农村集体经济为农村基层党组织建设和巩固党在农村的执政地位提供了支持；另一方面，农村集体经济的发展是村级基层民主政治建设的基础，集体经济结构、组织形式和民主发展关系密切，促进着乡村民主建设。农村基层党组织在群众中的凝聚力，影响着党的方针落实，也关系着社会主义阵地的巩固。农村集体经济组织和村民组织有着相似性，通过发展农村集体经济能够推动基层党组织建设，增强农村社会主义市场经济活力。

农村集体经济是农民富裕的基本经济制度保障，要增加农民收入就必须大力发展农村集体经济。在市场经济的大背景下，家庭生产分散和市场竞争的矛盾日益突出，通过农村集体经济，可以降低交易成本，提升农产品价格，在这一过程中既增加了农民收入，拓宽了农民收入渠道，积极应用股份制形式也可以让农民在参与劳动的过程中获得酬劳。

（三）尽力而为量力而行原则

扎实推动共同富裕要遵循尽力而为量力而行的原则，“要建立科学的公共政策体系，把蛋糕分好，形成人人享有的合理分配格局。要以更大的力度、更实的举措让人民群众有更多获得感。同时，也要看到，我国发展水平离发达国家还有很大差距。要统筹需要和可能，把保障和改善民生建立在经济发展和财力可持续的基础之上，不要好高骛远，吊高胃口，作兑现不了的承诺。政府不能什么都包，重点是加强基础性、普惠性、兜底性民生保障建设。即使将来发展水平更高、财力更雄厚了，也不能提过高的目标，搞过头的保障，坚决防止落入‘福利主义’养懒汉的陷阱”[①]。实现共同富裕等不得，也急不得。尽力而为，

① 习近平：《扎实推动共同富裕》，《求是》2021 年第 20 期。

强调的是发挥人的主观能动性，全力以赴、主动作为，坚定不移地实现这个目标；量力而行，强调的是尊重客观规律，一切从实际出发，不盲目蛮干，实事求是、稳中求进、稳扎稳打、行稳致远。

尽力而为量力而行是我国基本国情的根本要求。正确认识我国的基本国情，要看到我国取得的历史性成就和社会主要矛盾的变化。经过长期努力，我国社会生产力水平显著提高，我国长期存在的短缺经济和供给不足状况已经发生根本性转变，人均国内生产总值已接近世界银行高收入国家标准的最低门槛，我国已经实现了从站起来到富起来的伟大飞跃。同时，我国的社会主要矛盾也发生了变化，已经转化为人民日益增长的美好生活需要和不平衡不充分的发展之间的矛盾。人民对美好生活的向往更加强烈、需要更加广泛，但影响满足人民美好生活需要的因素很多，主要是发展不平衡不充分问题。更要清醒认识社会主义初级阶段的长期性、复杂性。对于我国取得的历史性成就要有清醒的认识，我们用70多年的时间走完了发达国家几百年走过的工业化历程，我们的成就还需巩固。同时，要清醒认识到，虽然我国的国内生产总值已稳居世界第二，人均国内生产总值也有很大提高，但与世界发达国家相比还有不小差距。

深刻把握我国基本国情的特点和要求，坚持尽力而为量力而行的基本原则，根据经济发展和财力状况的现实条件逐步提高人民生活水平。近年来，在中央扎实推进共同富裕的背景下，一部分人认为我国现在的“蛋糕”还不够大，还没有到分“蛋糕”的时候，过分强调推进共同富裕的困难。同时，也有人认为我国现在发展基础已经十分雄厚，应该将工作中心转到社会民生建设上来，并作出一些兑现不了的承诺。这些错误思想都没有把握当前我国的基本国情，不利于做到尽力而为量力而行。

尽力而为量力而行原则还是促进共同富裕的政策策略原则。实现全体人民共同富裕，也需要以一系列科学的政策和策略来推动。尽力而为量力而行正是以习近平同志为核心的党中央，以马克思主义为指导、立足新发展阶段、着眼我国社会主要矛盾变化、根据共同富裕的科学内涵和目标任务而提出的制定促进共同富裕政策策略的重要原则。一方面，要“尽力而为”，根据现有条件把能做的事情尽量做起来，特别是在解决人民群众最关心最直接最现实的利益问题上必须拿出更大的力度、更实的举措，不断积小胜为大胜，不断朝着全体人民共同富裕的目标前进；另一方面，在“尽力而为”的基础上还要注意“量力而行”，不制定脱离实际、超越阶段、好高骛远的发展目标，不作兑现不了的承诺，不搞过头保障，坚决防止落入“福利主义”养懒汉的陷阱[①]。共同富裕是奋斗目标，也是一项复杂的系统工程，要经历漫长的发展过程。要把握好尽力而为和量力而行之间的逻辑关系，从战略全局出发，从改善社会心理预期、提振发展信心入手，作出精准有效的判断，因时而变、因势而动。同时，还要深入群众、深入基层，提高公共服务水平，增强均衡性和可及性，加强各类政策协调配合，形成经济社会发展合力，努力实现量的合理增长和质的有效提升，在高质量发展中扎实推进共同富裕。

（四）坚持循序渐进原则

扎实推进共同富裕要坚持循序渐进原则。习近平总书记指

① 赵纪萍：《牢牢把握促进共同富裕的基本原则》，《光明日报》2021 年 10 月 27 日。

出："共同富裕是一个长远目标，需要一个过程，不可能一蹴而就，对其长期性、艰巨性、复杂性要有充分估计，办好这件事，等不得，也急不得。一些发达国家工业化搞了几百年，但由于社会制度原因，到现在共同富裕问题仍未解决，贫富悬殊问题反而越来越严重。我们要有耐心，实打实地一件事一件事办好，提高实效。要抓好浙江共同富裕示范区建设，鼓励各地因地制宜探索有效路径，总结经验，逐步推开。"[①] 实现全体人民共同富裕，是我们党百年接续奋斗的根本动力和重大历史使命，是人类文明发展史上新的壮举。我们要充分估计实现共同富裕的长期性、艰巨性、复杂性，要清醒认识到实现共同富裕不可能一蹴而就，要坚持稳中求进、循序渐进、久久为功。

实现全体人民共同富裕是一项长期、艰巨的任务。要充分认识实现全体人民共同富裕的长期性。中国共产党自诞生之日起就团结带领人民为创造美好生活进行艰辛奋斗。新民主主义革命的胜利，为中国摆脱贫穷落后、实现繁荣富强扫清了障碍，创造了根本政治条件。社会主义革命的胜利和建设探索，为从根本上解决贫困问题提供了最基本的制度保证，并为中国人民的基本生活需求提供了保障。改革开放和社会主义现代化建设新时期的快速发展，为消除贫困提供了雄厚的物质条件。新时代的十年奋斗，消除了绝对贫困，为促进共同富裕创造了良好条件。这些成就是经过百年奋斗取得的，来之不易。展望未来，实现全体人民共同富裕仍需要一个较长的时期。首先，促进共同富裕不仅需要雄厚的经济基础，而且要求实现人的全面发展和社会的全面进步。对此，我们有许多工作要做，不仅要推进

① 习近平：《扎实推动共同富裕》，《求是》2021 年第 20 期。

经济高质量发展，还有许多短板、弱项要补。其次，实现共同富裕仍面临许多困难。当前我国发展不平衡不充分的问题仍然突出，缩小城乡区域发展差距、形成合理分配格局，最终实现全体人民共同富裕，任务依然艰巨[①]。

坚持循序渐进，确立了促进共同富裕的世界观方法论原则。全面、系统地看，促进共同富裕是一项复杂的系统工程，涉及政治、经济、文化、民生、生态等各个方面，需要从政策制定、资源配置、改革导向、绩效评价等方面系统性整体性推进，是一项长期而艰巨的任务，必须坚持循序渐进，久久为功，在促进共同富裕的征途中接续奋斗；促进共同富裕是一个在动态中向前发展的过程，不可能一蹴而就，也不可能齐头并进，需要坚持循序渐进，充分估计促进共同富裕的长期性、艰巨性、复杂性，使促进共同富裕与经济发展阶段相适应、与现代化建设进程相协调。

循序渐进推进共同富裕要做好顶层设计。全体人民共同富裕是一个总体概念，要从全局上来把握，要坚持系统思维，做好顶层设计，持续推动。要进一步细化目标。实现全体人民共同富裕是一个长远目标，办好这件事，等不得，急不得，更偏不得。在推进共同富裕的过程中，我们一定要牢牢坚持习近平总书记强调的扎实推进共同富裕的基本原则，确保推进共同富裕的正确方向，不走弯路、不要反复。

实现共同富裕是持久战，不可能毕其功于一役。坚持循序渐进，要求我们对共同富裕的长期性、艰巨性、复杂性有充分

---

① 王海燕：《深刻把握推进共同富裕的基本原则和要求》，《思想政治工作研究》2022 年第 9 期。

估计，有序推进、逐步深入，脚踏实地、久久为功，不断增进民生福祉，一步一步推进共同富裕。实现共同富裕，是全体人民的共同期盼。我们要坚定信念，坚定不移深化改革，立足长远、提振信心、稳定预期，循序渐进、脚踏实地、团结奋斗、久久为功，持续推动共同富裕不断取得新的成效。

二、实现全体人民共同富裕的政策支撑

党的二十大报告提出："我们要实现好、维护好、发展好最广大人民根本利益，紧紧抓住人民最关心最直接最现实的利益问题，坚持尽力而为、量力而行，深入群众、深入基层，采取更多惠民生、暖民心举措，着力解决好人民群众急难愁盼问题，健全基本公共服务体系，提高公共服务水平，增强均衡性和可及性，扎实推进共同富裕。"① 促进实现全体人民共同富裕的政策路径还需要从解放和发展生产力、促进区域经济的平衡性和协调性发展、深化分配制度改革、增强经济增长的就业带动力、加速基本公共服务均等化以及扎实推动乡村振兴战略六大方面着手，才能实现物质生活的共同富裕和精神生活的共同富裕。

习近平总书记指出，扎实推动共同富裕总的思路是："坚持以人民为中心的发展思想，在高质量发展中促进共同富裕，正确处理效率和公平的关系，构建初次分配、再分配、三次分配协调配套的基础性制度安排，加大税收、社保、转移支付等调节力度并提高精准性，扩大中等收入群体比重，增加低收入群体收入，合理调节高收入，取缔非法收入，形成中间大、两头

① 习近平：《高举中国特色社会主义伟大旗帜 为全面建设社会主义现代化国家而团结奋斗》，《人民日报》2022 年 10 月 26 日。

小的橄榄型分配结构，促进社会公平正义，促进人的全面发展，使全体人民朝着共同富裕目标扎实迈进。”[①] 可以看出，共同富裕的本质是以人民为中心，核心使命是高质量发展，需要进一步完善保障公平效率、分配制度等方面的政策，以体制机制的完善促进共同富裕的实现。

（一）加快构建高水平社会主义市场经济体制

坚持社会主义市场经济改革方向，核心问题是处理好政府和市场的关系，使市场在资源配置中起决定性作用，更好发挥政府作用，推动有效市场和有为政府更好结合。这表明，无论是加大税收、社会保障、转移支付等的调节力度，还是完善公共服务政策制度体系，在教育、医疗、养老、住房等人民群众最关心的领域精准提供基本公共服务，抑或是支持有意愿有能力的企业和个人积极参与公益慈善事业，都要与发展社会主义市场经济有机结合起来，在坚持社会主义基本经济制度的前提下推进。

1.正确处理好政府和市场的关系

市场经济是共同富裕的重要推动力量，不仅有利于财富的创造，还有利于生产力的发展。现实中，单纯依靠市场可能会引发垄断、超额利润、强资本弱劳动等现象，导致财富向部分企业、部分地区、部分群体集中。因而在共同富裕视域下，我国需要构建高水平的社会主义市场经济体制，在充分激发微观主体活力的同时，保证财富创造的公平性和分配的合理性。

构建高水平的社会主义市场经济体制，能够更大程度地调动广大人民群众的劳动创造活力和能动性，充分发挥市场在资

① 习近平:《扎实推动共同富裕》,《求是》2021 年第 20 期。

源配置中的决定性作用，为全体人民走向共同富裕之路奠定根本性体制保障。在市场发挥决定性作用的基础上，各级政府正确发挥积极性，也要以更好地构建高效规范、公平竞争的全国统一市场体系、降低制度性交易成本等方面作为核心导向，继续推动市场分工体系不断细化，全面提升各类生产要素的专业化水平，让各类生产要素、产品或服务在全国统一市场体系内自由流动、迸发活力。

一是要明晰政府与市场在推进共同富裕中的功能界限，合理确定政府在推动共同富裕中的支持方式、方法和最适程度。有为政府要求财政资源配置顺应高水平社会主义市场经济体制的内在要求和发展趋势。构建以扩大内需、增加就业和优化结构为导向的税收制度体系，强化筹集收入功能、弱化区域分配功能，后者由财政转移支付来替代，更加激励各级政府改善辖区营商环境、维护统一市场、激发市场活力。瞄准构建全国统一市场体系的痛点、堵点，区分不同生命周期阶段、不同规模市场主体，分环节、分领域，精准、有效施策。

二是要坚持社会主义与市场经济的有机结合，进一步加强党对经济工作的集中统一领导，保证我国市场经济发展大局和共同富裕目标的统一。加快推进政府行政管理体制改革，精简政府机构，提高政府效率，增强政府宏观调控的科学性。一方面，发挥好政府的理念引导作用，用“创新、协调、绿色、开放、共享”的理念推动发展方式的变革；另一方面，发挥好战略引领作用，发挥好社会主义集中力量办大事的制度优越性，促进我国先进生产力的发展。

2.激发非公有制经济活力和创造力

以民营企业为代表的非公有制企业的发展往往面临着融资难、税费压力大等问题。因而，在我国扎实推动共同富裕的背景下，需要进一步深化供给侧结构性改革，改善民营企业的营商环境，降低民营企业的实质性生产负担。

一是进一步解决非公有制企业融资难、资源获取困难等问题，释放民营企业活力。具体来讲：税务机关应该积极创新税收制度，适当减免增值税等实质性税费，让民营企业有更多的获得感，特别是对科技型初创企业和小微企业，可以采取普惠性的税费免除政策；对民营企业减少不必要的行政审批手续，精简规范行政审批收费流程和行为，降低民营企业的运营成本；各地区加快营造公平有序的营商环境，通过合理引导，促进民营企业、小微企业等非公有制经济健康发展，让一切劳动、知识、技术、管理、资本的活力竞相迸发，让一切创造社会财富的源泉充分涌流，在解放和发展生产力的同时，实现共建、共享、共富的统一。

二是为非公有制企业创造公平的竞争环境，设立充足的市场发展空间。与公有制企业相比，非公有制企业往往面临审批困难、发展空间不足等问题。首先，各地方政府要采取积极的手段为非公有制企业的发展营造公平、健康的营商环境，保障非公有制企业的发展，同时鼓励和引导非公有制企业参与到国有企业的改革中，充分发挥公有制和非公有制的优势，实现互利共赢；要进一步严惩通过排挤非公有制企业进行不正当竞争的行为，充分发挥市场机制的作用，净化营商环境。

三是积极构建亲清新型政商关系，保障非公有制企业的发展。各级领导干部要坚守底线，勇于担当，把支持非公有制企业的发展作为重要任务去完成，积极了解非公有制企业发展的困境，并及时出台相应的解决办法。具体可以通过将非公有制企业的发展情况纳入地方的考核指标中，为各地政府重视非公有制经济的发展建立激励机制；在资源分配等方面不以企业的性质作为划分标准，将公有制企业和非公有制企业一视同仁，以各企业的生产能力和比较优势作为标准；各地政府积极发挥监督职能，监督非公有制企业的产权保护、市场公平竞争审查制度的落实程度，保障非公有制企业的利益。

3.健全国有资产监督管理体制

一是坚持以人民为中心的国有资产管理体制。建立“公共选择—公共监督”程序是打造以人为本的国有资产管理体制必不可少的关键步骤。如果对国有资产“代理者”缺乏有效的监管措施，就很难避免道德风险所带来的国有资产的流失。以国有企业支付红利为例，首先必须通过公开程序进行公示，确保公众具有能够获取国家机构有关红利情况信息的有效渠道；必须经过规范的公共决策程序，确保红利收入以及后续支出能够向民意机构公开并通过审议批准。以国有资产“减持”来说，其过程要公开、公平、公正，而这同样需要具体的公众审议和批准程序。

二是完善国有资产分红过程中的相关法律条款。对于公正管理好、使用好国有资产来说，国有资产管理民主化是必要条件，但并非充分条件，在民主化的基础上也需要法律来提供基本的规则。诸如经营性国有资产的分红问题，包括是否分红、分红的数额、分红的对象、分红的形式等，都应该通过立法来加以明确规范。形成强有力的国有资产管理自我监督与外部监督体系，并最终实现保值增值是国有资产管理法治化建设的一个重要目标，而最终目标则是以法治实现国有资产收益向人民红利的真正转化，进而使国有资产改革实质性地普惠于广大人民。就立法指导思想而言，在国有资产管理立法设计时，必须高度重视权利和责任体系；就立法重点而言，要加快对出资人所有权行使问题、领导人员管理问题、内部人控制问题、财务和资产监管问题等尚未存在明确规定的空白点和灰色领域的立法；从执法而言，要严格严厉执法，不断完善国有资产执法责任追究制，尤其是加强针对规制者本身的监管。

三是加强制度创新，充分发挥制度优势和制度红利。首先，要实现将国有资产战略地位提高至国家层面，着力增强国有资产经济抵御国内外风险和在国际市场上整体出击的议价能力、影响能力。其次，建立健全产权制度与红利分配制度。产权制度改革是实现国有资产红利价值的基础，因此要进一步明晰产权关系，强化产权激励与责任约束。建议推动国有资产红利分配论证和立法，并最终形成规范化的法律制度。再次，建立国有资产结构与布局优化制度，从源头上提升国有资产红利水平。实现国有资产在公共领域、基础性领域有进，在竞争性领域有退，逐步调整国有经济布局和结构。最后，健全国有资产管理绩效评价制度，硬化国有资产保值增值和价值分配、价值分享的绩效评价，并配套出台相应的奖惩政策。

四是打造民本导向的国有资产管理文化，为改革营造充分的正能量氛围。一个民族生生不息的关键在于先进的文化，因此打造积极的国有资产管理文化同样至关重要。要树立从国有资产战略上升为国家战略的管理思想；要深化以民为本的产权经济学理念，营造包括“中国红利”“国民红利”在内的全新的国有资产经营新理念；要转变原有的经营国有企业意识，打造管理国有资产的意识；要积极响应中共中央关于“厉行节约，反对浪费”的号召，自觉抵制公款吃喝、铺张浪费和奢侈主义；要坚持弘扬国企“企业报国，福利员工，回报股东，奉献社会”的核心价值观；要进一步解放思想，转变观念，充分尊重市场的客观运行规律；要尊重国际惯例，推进国有资产管理和改革与国际接轨；要树立全新的人力资本理念和人才观，为国有资产管理源源不断地注入新鲜活水；要建设和秉承国有资产及其管理的“法精神”“法文化”。

（二）进一步解放和发展社会生产力

改革开放以来，我国生产力水平虽然快速提升，但是仍然面临微观主体活力不足、一些关键核心领域的先进生产力与发达国家存在差距等困境。结合中国共产党百年来领导经济工作的历史经验可以看出，生产力是决定社会发展的最终力量，因此进一步解放和发展生产力在我国实现全体人民共同富裕的过程中发挥着重要的基石作用。解放和发展生产力需要以坚持公有制为主体、多种所有制经济共同发展的所有制结构，大力发展数字经济、践行创新发展理念，实行高水平对外开放、用好国际国内两个市场等方面为抓手。具体的实践路径如下。

1. 推动公有制经济向民生领域倾斜

共同富裕视域下，在坚持公有制为主的同时，需要进一步推动公有制经济向民生领域倾斜，以公有制经济的力量保证我国居民的教育、医疗和社会保障水平，从而促进生产力发展。

一是加大公有制资本对职业培训中心、公办和普惠性幼儿园、九年一贯制学校、地方性高校的投资力度，鼓励国有资本入股，让广大人民，特别是还未达到中等收入的人民也能够享受到公有制教育带来的福利。二是在医疗卫生领域，扩大国有药品企业在行业领域的规模，将更多类的常用药物、慢性病药物纳入医保报销范畴，以公有制经济的力量确保药品质量和价格能够满足广大患者的需要。三是完善国有资本划转社保基金的机制体制，建立国有资产结构与布局优化制度，从源头上提升国有资产红利水平。

2.发挥数字经济对生产力的促进作用

随着数字经济等领域的快速发展，一批新产业、新业态、新模式蓬勃发展，数据成为新的生产要素，市场资源配置的空间和形态仍在拓展，从有形物理空间扩展到无形网络空间。激发人民群众的活力、推动共同富裕的抓手更加丰富，要求进一步从推进数字基本公共服务均等化、提升数据分工体系建设等方面再谋划、再突破。具体来看，一方面，数字经济能够加速社会财富的创造与积累，做大共同富裕的“蛋糕”。“富裕”对全体人民共创更高水平的生产力提出了要求。数字经济的发展赋予生产力新的内涵与活力，能够极大地解放生产力、发展生产力和保护生产力；另一方面，数字经济有助于推动社会财富的共享与普惠，进一步实现分好“蛋糕”的目标。数字经济能够促进区域发展协同化、资源共享化、公共服务均等化，为发展成果提供有效的共享机制。

一是推动全国一体化大数据中心体系落地，深入推进“东数西算”工程等战略布局，加快数字信息基础设施建设，打通经济社会发展的信息“大动脉”。推进形成从局部地区先发到全域蓬勃的新态势，因地制宜发展数字经济，确定自身在整体中的定位，利用互补互促效应协同推进区域发展；引导“数据富裕地区”对“数据匮乏地区”施行倾斜性资助，以较好平衡数据要素资源配置；统筹智慧城市与数字乡村建设，助力城乡一体化进程。

二是完善共享数字红利的机制。坚持以人民为中心的发展思想，推进数字便民、惠民、富民，在提供多元化数字生产、工作、生活、产品消费等应用场景，不断扩展人民共享数字红利空间的同时，持续提升教育、医疗、卫生、环境保护等重点民生领域数字化水平，协同优化城乡公共服务。加强信息无障碍建设，提升面向特殊群体的数字化社会服务能力，最大限度减少参与壁垒和共享阻碍。

三是完善数字经济治理体系。数字经济并非必然实现经济共享发展，围绕算法权力、数据垄断、平台异化、数字鸿沟加剧等问题，需要坚持促进发展和监管规范并重。建立健全适应数字经济发展的市场监管、宏观调控、政策法规体系，着力营造公平竞争的市场环境，将监管和治理贯穿创新、生产、经营、投资全过程。

3.加快构建协同、共享、高效的区域创新网络

创新是推动经济增长的内生动力，创新能力是一个国家先进生产力的代表。新发展阶段，不断提升技术创新水平、实现科技自立自强是解放和发展我国生产力的重要方面。在共同富裕视域下，科技创新范式更加强调创新的协同性和共享性，旨在缩小地区间、产业间的创新差距，实现均衡发展。

各地区需要进一步打破地方保护主义，完善创新要素在不同创新主体间的协调和共享机制，在不同地区间、城乡间建立起创新人才、不涉及保密要求的创新性知识等创新要素的共享网络和协同网络，加快打破影响技术扩散的隐性壁垒和制度；重视区域创新平台、区域创新孵化器、区域创新产业园区、区域创新走廊等的建设，加速政策落地。通过构建协同、共享的区域创新网络，一方面以创新水平的提升促进我国生产力的发展，另一方面可以为共同富裕的实现提供共享性的创新成果。

4.实行高水平对外开放，培育大国生产力优势

共同富裕的实现一方面取决于我国国内经济发展质量，另一方面还要提高我国在世界市场上的竞争力。当今世界正经历百年未有之大变局，贸易保护主义抬头，逆全球化趋势明显，因而我国需要在更高层次和水平上实行对外开放，以此培育大国生产力优势。

一是积极利用国内国外两个市场、两种资源，畅通国内大循环和国内国际双循环，改变我国“两头在外”的循环模式，充分激发出国内市场潜力，发挥出中国市场的生产力优势。二是重塑参与国际大循环的方式，发展目标由数量追赶型转向结构调整和质量提升，在推进高水平对外开放的同时，加快构建高水平的对外开放平台，增加国民财务的创造能力，解放和发展生产力，夯实共同富裕的物质基础。

（三）提升区域经济发展的平衡性和协调性

当前，我国区域间的不平衡和不协调发展依然是制约全体人民实现共同富裕的关键。下一步我国要大力推进全国统一大市场战略，建立有效的区域协调发展机制，以此推动区域经济发展的平衡性和协调性。习近平总书记指出："协调是发展平衡和不平衡的统一，由平衡到不平衡再到新的平衡是事物发展的基本规律。平衡是相对的，不平衡是绝对的。强调协调发展不是搞平均主义，而是更注重发展机会公平、更注重资源配置均衡。"①

1. 加快建设全国统一大市场

全国统一大市场的建设，可以打破地方保护主义和市场分割，从而实现要素和商品的自由流动，打通制约经济循环的关键堵点，是推动区域经济平衡发展和协调发展的重要抓手。

要建立以资本、产权、劳务等要素为核心的区域性共同市场，实行统一的市场准入制度，完善统一的商标保护制度，避免地方保护主义，取消各类产品准入的附加条件；建立区域性统一的商品资信认证标准，消除以行政区界为依据的一切歧视行为和做法，为各类市场主体创造公平竞争的环境；加快构建人才共同市场，推进人才共建共享，最终实现市场对接，搭建畅通快捷的交流平台，形成区域内无阻隔的人才制度环境，充分发挥人力资本的作用。

2. 建立有效的区域协调发展机制

造成区域经济发展不平衡的深层原因往往是地区间的体制机制差距问题，因而需要建立有效的区域协调发展机制。

第一，以消除区域市场壁垒、促进商品自由贸易和要素自由流动为核心进行市场一体化制度建设。加快完善合作机制，减少或消除区域间的无效竞争，提高区域整体发展效率。第二，深入推进财政事权和支出责任划分改革，逐步建立起权责清晰、

① 习近平：《深入理解新发展理念》，《求是》2019 年第 10 期。

财力协调、标准合理、保障有力的基本公共服务制度体系和保障机制。第三，建立区域间的政策调控、战略统筹、发展保障机制，建立健全区域政策与其他宏观调控政策联动机制，规范区域规划编制管理、建立区域发展监测评估预警体系、建立健全区域协调发展法律法规体系。

3. 构建优势互补的区域产业体系

在推进区域经济发展平衡性和协调性的过程中，构建优势互补的区域产业体系具有重要意义。

应用新一代信息技术加快推动传统产业升级，有效增强区域间的生产经济联系，实现更大空间范围内的专业化、共享与规模经济，促使区域产业链和价值链的优化提升；依据各地比较优势与产业基础，进一步强化地区间产业分工与合作；注重地区间产业体系建设与创新能力培育之间的协同发展，注重创新体系与产业体系之间的协同关系，避免创新体系与产业体系之间衔接不畅，使区域创新体系成为产业发展的高新技术供给源泉。

（四）深化分配制度改革

分配制度是促进共同富裕的基础性制度。分配秩序的规范、分配规则的公正，直接关系着人民对美好生活需要的满足和实现。我们必须以共享发展理念引领我国发展，坚持兼顾效率与公平的基本原则，不断完善社会主义分配制度，创新三次分配体制机制，形成合理有序的收入分配格局，缩小城乡之间、区域之间、行业收入分配之间的差距，激发广大劳动者和要素所有者的主动性和创造性，创造更为丰富的社会财富，满足人民美好生活需要，在共建共享中实现全体人民的共同富裕。因而，深化分配制度改革对于扎实推进共同富裕具有重要意义。

1.提高劳动报酬在初次分配中的比重

扎实推进共同富裕，“要坚持按劳分配为主体、多种分配方式并存，提高劳动报酬在初次分配中的比重，健全工资合理增长机制”[①]。劳动报酬持续增长是勤劳致富的基础，是推动经济发展方式转变和经济高质量发展的重要驱动力，也是促进社会公平的重要保障。劳动报酬在初次分配中的比重，是国民经济核算中判断劳动者收入分配状况和分析政府、企业、居民三者收入分配关系变化的重要指标。劳动报酬反映居民作为一个整体、通过提供劳动所获得的货币形式和实物形式的报酬，如工资、奖金、津贴和补贴，各种形式的福利以及单位交纳的社会保险费、补充社会保险费和住房公积金等。

初次分配覆盖面最广泛，与群众利益相关性最大。我国大部分居民的收入来自劳动所得，因而提升劳动报酬在初次分配的比重既能调动劳动者工作的积极性，又保证了分配的公平，是坚持按劳分配为主体的社会主义制度优越性的集中体现。第一，各单位，特别是国有企业要与员工建立起“事业共同体”“利益共同体”的分配方式，与员工共享企业发展成果，其中既包括健全工资合理增长机制，鼓励员工通过劳动实现增收致富，也包括开展员工技能培训，夯实员工发展与成长基础，提升员工劳动技能水平。第二，公有制部门牢牢坚持按劳分配为主，需强调分配的公平性，非公有制部门需进一步提升按劳分配的比重。例如华为公司按劳分配的比重高达75%，按资分

---

① 中共中央党史和文献研究院编:《十九大以来重要文献选编》(中)，中央文献出版社2021年版，第830页。

配的比重仅占25%①，极大调动了劳动者的积极性，提升了劳动者的收入水平。

2.加大二次分配的调节力度

二次分配主要由政府主导，包括税收、社会保障的五险一金以及转移支付三个方面，是进一步确保分配公平的重要方式。

一是完善个人所得税制度。当前我国个人所得税制度与财税公平原则的契合程度还不高，高收入阶层的纳税牺牲程度往往低于工薪阶层，主要原因在于个人所得税主要对劳动要素征税，忽视了资本所得的影响。因而要进一步加大资本收入的征税力度，提升资本所得税税率，减少针对资本收入的税收优惠。二是提升专项附加扣除项目的扣除额度，尤其是幼儿抚养的专项扣除额度，从而减轻中等收入群体的负担。三是受房产溢价的影响，房地产成为个人或者家庭财富积累的主要形式，因此，需要创新房地产税体系，建立健全耕地占用税、房地产税、契税和印花税在内的房地产税体系。需要注意的是，要对保障最低限度的生活住房采取不征税的政策，发挥房地产税对财富的调节作用。

3. 发挥第三次分配的调节作用

当前，中国民间财富积累日益增加，但慈善、捐赠事业的发展却较为滞后。党的十九届四中全会首次提出“重视发挥第三次分配的作用，发展慈善等社会公益事业”，党的十九届五中全会进一步明确了“要发挥第三次分配的作用，发展慈善事业，改善收入和财富分配格局”。这表明共同富裕的实现需要

① 陈永忠:《中国特色民营集体所有制探索——对华为员工持股模式的政治经济学思考》，《经济论坛》2021 年第 3 期。

大力发展慈善事业、培育慈善组织，充分发挥第三次分配对低收入群体、困难群体的收入调节作用。

一是健全慈善捐赠的体制机制，在自愿原则的基础上，大力倡导和宣传高尚情操、社会主义核心价值观等，激发更多的优秀企业家和高收入群体开展慈善事业的动力。二是建立以社区为单位的“大众慈善”捐赠平台和活动，夯实中国慈善事业的社会基础。三是对参与社会慈善和公益事业的高收入群体和组织给予一定的税收优惠，激发这些高收入群体参与社会慈善事业的动力。

4. 完善社会保障的收入再分配功能

习近平总书记强调：“社会保障是保障和改善民生、维护社会公平、增进人民福祉的基本制度保障，是促进经济社会发展、实现广大人民群众共享改革发展成果的重要制度安排，发挥着民生保障安全网、收入分配调节器、经济运行减震器的作用，是治国安邦的大问题。”① 由此可以看出总书记对社会保障工作的重视和关注。在实现共同富裕的目标下，我国社会保障的收入再分配功能发展还需要以社会保障支出规模、社会保障支出结构和社会保障在城乡间的均衡发展等方面作为着力点。

一是扩大社会保障支出规模，提高用于社会保障的财政支出在总财政支出中的比重，将增加的社会保障支出更多地用于低收入群体、欠发达地区。二是优化社会保障项目的内部结构，增加儿童福利保障、残疾人保障、生存保障、妇女生育福利保障、教育保障等方面的投入力量，重视“老、弱、妇、幼、残”群体，使共同富裕的路上一个都不能少。三是推动社会保障在

① 习近平：《促进我国社会保障事业高质量发展、可持续发展》，《求是》2022 年第 8 期。

城乡间的均衡发展。当前，我国的社会保障资源和社会保障标准存在明显的城乡失衡现象，因此下一步需要同时提升农村社会保障覆盖面和农村社会保障补助标准，建立起城乡一体、互相协调的社会保障制度。

（五）全面推进乡村振兴战略

民族要复兴，乡村必振兴。党的二十大报告指出："全面建设社会主义现代化国家，最艰巨最繁重的任务仍然在农村。坚持农业农村优先发展，坚持城乡融合发展，畅通城乡要素流动。"[①] 全面推进乡村振兴，促进城乡融合发展是实现共同富裕的根本抓手。

1.完善城乡要素配置的体制机制

推进土地制度改革。第一，完善建设用地审批权试点制度建设，加快形成可复制推广经验，优化土地空间布局，提高土地利用效率。第二，以同地同权同价为方向，构建城乡统一的建设用地市场，抓紧建立公平合理的集体经营性建设用地入市增值收益分配制度。第三，适度放活农村宅基地使用权，成立农村土地中介机构，完善农民宅基地流转制度，破除农民资本约束。

推进资本市场管理制度改革。第一，要发挥银行、产业基金的引导作用，拓展金融创新范畴，开发新型金融产品。第二，引导金融资本和社会资本流向农村，升级深化"放管服"改革，推进承诺制、法治化、标准化、智能化、便利化的"一制四化"审批制度走向基层村政权。第三，完善农村融资贷款和配套设

① 习近平：《高举中国特色社会主义伟大旗帜　为全面建设社会主义现代化国家而团结奋斗》，《人民日报》2022 年 10 月 26 日。

施建设补助政策，推进政府支持乡村公益性项目和购买社会服务，建立工商资本租赁农地监管和风险防范机制，鼓励引导金融机构创新涉农金融产品提供机制，创新涉农小微企业金融服务产品。

此外，要积极探索普通高校和职业院校毕业生、外出农民工及经商人员返乡创业兴业机制，探索深化定期服务、轮岗交流等制度改革。

2.发展新型农村集体经济

一是要构建新型农村集体经济组织方式和管理形式。建立健全新型农村集体经济组织，全面提升监督职能，进而助力新型农村集体经济发展。首先，完善并健全农村集体经济组织内部治理结构。对于当前农村集体经济内部治理中存在的问题，需要积极完善村民大会、理事会、监事会制度，实现各个机构和利益方面的相互监督制衡，避免不为村民集体利益考虑的行为或者不作为问题，努力构建新型农村集体经济组织内部治理结构。其次，需要进一步完善农村集体经济内部财务管理制度，落实财产财务公开，针对经营管理者制定考核机制。最后，农民是发展集体经济的主体力量，共同富裕的实现也需要体现为人民服务这一理念，因而在新型农村集体经济组织中要进一步尊重农民的意愿并加以激励和引导，切实考虑农民参与的意愿，不断提升农村集体经济凝聚力，发挥农村的创造力。

二是要进一步提升新型城镇化水平，助力乡村振兴的实现。进一步加快城乡融合水平，不断缩小城乡差距，实现集体经济的协调化发展。具体来讲，各地政府需要全面分析农村经济建设环境，及时梳理集体经济建设中的问题，针对这些问题制定扶持政策和配套服务设施，以此改善农村经济发展面貌，缩小城乡经济差距，达到共同富裕目标。与此同时，要进一步“筑巢引凤”，引进大学毕业生到农村担任管理者，为农村集体经济发展提供活力。在吸引优秀青年到农村任职的同时也要进一步提升农民自身的素质和文化水平。一方面，通过入户讲解、开展讲座等措施向广大农民普及市场经济基础知识，提升其文化水平和理性分析能力；另一方面，村“两委”要及时设立针对农户的就业培训学校，通过职业培训和教育提升农民致富意识，比如通过短期培训、远程教育等形式开展农民职业教育培训工作，通过培育新型农业使农民具有致富思想，提升其技能水平。

三是要完善农村集体经济发展的政策体系。首先，界定清晰的产权，明确集体财产和个人财产的产权归属，激发农民积极性。当前，农村集体经济组织普遍是把农村集体财产或者部分财产通过分股的形式转让给个人，由此集体经济组织和农民共同享受福利、承担风险。农民在集体经济组织当中占有一定股份，可以激发他们的集体意识和主人翁意识，其参与集体经济的积极性也会提升。在这样的发展模式下，就需要在集体经济组织中明确产权制度，维护农户和集体的稳定关系，提升资源利用率。其次，积极推动旧村改造项目，优化群众生活环境。在发展农业经济的过程中也要推动股份经济合作社的建立，让农民享受经济改革的成果。最后，国家需要继续加大对农村集体经济政策的扶持力度。改善集体经济政策发展环境，设立支持农村集体经济发展的专项资金，为农村集体经济的发展提供资金支持，助力共同富裕的实现。

3.构建现代化农业体系

推进农业数字化转型。第一，依托现有资源建设农业农村大数据中心，加快物联网、大数据、区块链、人工智能、第五代移动通信网络、智慧气象等现代信息技术在种植业、种业、畜牧业、渔业、农产品加工业的全面深度融合应用。第二，打造科技农业、智慧农业、品牌农业，建设智慧农（牧）场，推广精准化农（牧）业作业。第三，促进现代信息技术在家庭农场、农民合作社、供销合作社、邮政快递企业、产业化龙头企业建设产地分拣包装、冷藏保鲜、仓储运输、初加工等设施中的应用。第四，鼓励有条件的小城镇因地制宜发展“互联网+”特色主导产业，打造感知体验、智慧应用、要素集聚的“互联网+”产业生态圈，辐射和带动乡村创业创新，由“技术跟跑”变为“技术领跑”。

积极开展国家“数字+生态”乡村试点。第一，提升乡村生态保护信息化水平。建立全国农村生态系统监测平台，统筹山水林田湖草系统治理数据，强化农田土壤生态环境监测与保护，可以利用卫星遥感技术、无人机、高清远程视频监控系统对农村生态系统脆弱区和敏感区实施重点监测。第二，推广农业绿色生产方式。建立农业投入品电子追溯监管体系，推动化肥农药减量使用，并加大农村物联网建设力度，实时监测土地墒情，促进农田节水。第三，倡导乡村绿色生活方式。建设农村人居环境综合监测平台，强化农村饮用水水源水质监测与保护，实现对农村污染物、污染源全时全程监测，并引导公众积极参与农村环境网络监督，共同维护绿色生活环境，推动智慧型美丽乡村内生增长。

4.构建普惠共享的城乡公共服务体系

完善教育资源均衡配置机制。第一，增加义务教育阶段公立校学位供给，尽力解决外来务工人员随迁子女义务教育问题。第二，重点发展农村教育事业，实施乡村学校硬件设施改造工程，建立统筹规划、统一聘用的乡村教师补充机制，深化职称制度改革，调整优化中高级岗位结构比例，落实工资待遇倾斜政策，增强乡村教师岗位吸引力。第三，完善教育信息化发展机制，利用线上教育平台等媒介，推动优质教育资源在城市间、城乡间、学区间、集团间共享。

完善医疗卫生服务体系建设。第一，深化分级诊疗制度，鼓励三级医院医疗资源下沉、与基层双向转诊，推动村卫生室与上级卫生院实现医保结算业务，积极布局数字化互联网医疗，方便群众就医。第二，建立城乡统一的医疗机构和卫生资源配置机制，加强乡村医疗卫生人才队伍建设，改善乡镇卫生院和村卫生室条件，增强基层医务人员岗位吸引力。第三，健全卫生联网机制，提高医疗信息化水平，建立居民个人健康档案，逐步实现全部检查结果跨医院、跨区域互认。

完善社会保障制度建设。第一，继续完善城乡居民基本医疗保险、大病保险和基本养老保险制度，巩固医保全国异地就医联网直接结算，推动实现村卫生室与上级卫生院医保结算。第二，建立城乡居民养老保险待遇确定和基础养老金动态调整机制，重点提高农村养老保险参保覆盖率和参保档位，盘活养老保险基金，加强激励分红。

完善公共服务设施建设。完善城区和城镇文教体卫设施体系建设，鼓励因地制宜打造金融、科教、医疗、体育、文化等特色功能区。完善农村公共服务设施配套和出行条件，为乡村配置老年活动室、卫生室、体育健身点、文化舞台、综合服务站等基本服务设施，提升服务水平。

（六）促进更加充分的就业

就业是最大的民生，是扎实推动共同富裕的重要基础。当前我国的登记失业率虽处于较低水平，但是失业人数总量依然很高，工资水平、就业环境、就业公平等还有很大的提升空间。党的二十大报告指出："就业是最基本的民生。强化就业优先政策，健全就业促进机制，促进高质量充分就业。健全就业公共服务体系，完善重点群体就业支持体系，加强困难群体就业兜底帮扶。统筹城乡就业政策体系，破除妨碍劳动力、人才流动的体制和政策弊端，消除影响平等就业的不合理限制和就业歧视，使人人都有通过勤奋劳动实现自身发展的机会。健全终身职业技能培训制度，推动解决结构性就业矛盾。完善促进创业带动就业的保障制度，支持和规范发展新就业形态。健全劳动法律法规，完善劳动关系协商协调机制，完善劳动者权益保障制度，加强灵活就业和新就业形态劳动者权益保障。"① 因此，坚持实施就业优先策略，发挥就业对共同富裕的促进作用。

1. 坚持实施就业优先策略

近年来，我国实行就业优先政策，将就业置于"六稳"工作和"六保"任务之首，以期实现更加充分、更高质量的就业。就业优先政策的高效实施和政策效果的良好发挥需要做好以下几项工作。

---

① 习近平：《高举中国特色社会主义伟大旗帜　为全面建设社会主义现代化国家而团结奋斗》，《人民日报》2022 年 10 月 26 日。

第一，防止就业优先政策跟产业政策、财政政策和货币政策之间出现“合成谬误”，需要加强就业优先政策与产业政策、财政政策、货币政策之间的协调性和同频性，将保就业、稳就业作为各项政策制定过程中需要考虑的底线原则。例如要防止出现由于产业政策的调整、变化所造成的大规模失业，在新的产业政策制定之前需要充分评估、预测产业政策对就业的影响。第二，加大对弱势群体的就业帮扶力度，从而实现“提低、扩中、限高”的要求。共同富裕的道路上一个都不能少，各地区应该高度关注脱贫基础不稳定、农村留守妇女、残障人士等的就业问题，为其提供就业帮扶和技能培训。第三，利用互联网平台健全完善的就业服务体系，提升就业服务的便利性水平。

2.解决结构性就业问题

近年来，我国各级政府在就业方面作出的努力有目共睹，取得的成绩也十分喜人。但是，就业市场上仍然存在一些问题，最突出的就是单位用人需求与劳动力供给间的失衡。处理好结构性就业矛盾，是激发就业市场活力，推进更加充分、更高质量就业的应有之义。

第一，定期调研劳动力市场需求，根据市场需求的动态变化，搭建多元化的普惠性就业培训平台，以此提升劳动者的技术水平，调整劳动者的知识结构，从而培养出满足市场需求的高质量就业人才。第二，从顶层设计上调整职业评价体系，实现职业教育与同级普通教育毕业成果的互相认证机制，逐渐清除就业市场中对职业教育人才的歧视性政策，对能够根据人才实际能力与岗位技术要求契合程度招聘的企业给予一定的表彰和鼓励。第三，鼓励国有企业与大学合作共建技能型人才培养基地，促进技术型大学生和产业人才需求的精准对接，促进教育链、人才链与产业链的有效衔接。

3. 创造更多高质量就业岗位

当前，我国人力资本水平快速提升，硕士毕业生与博士毕业生数量屡创新高。2022 年 5 月 17 日的教育部新闻发布会上，教育部高等教育司司长吴岩表示，我国接受高等教育的人口达到 2.4 亿，新增劳动力平均受教育年限达 13.8 年，劳动力素质结构发生了重大变化，全民族素质得到稳步提高。因此，面对当前我国劳动力素质稳步提升的新变化，创造更多高质量就业岗位对实现更高质量就业具有重要意义。

第一，加强产业政策对高质量就业岗位的引导作用，以先进制造业和战略性新兴产业的发展为契机，充分发挥新产业、新经济、新业态在就业创造中的重要作用，拓展高质量的就业岗位。第二，以县域为单位，进一步激发县域消费市场，促进县域数字消费、绿色消费、健康消费等新兴消费的增长，推进县域消费提质升级，创造出更高质量的就业增长点。第三，将产业项目对就业岗位的影响和可能引起的人力资源配置变化纳入项目评价的考核指标中，发挥产业项目投资对就业的带动作用。

（七）实现基本公共服务均等化

基本公共服务均等化是改善人民生活品质的重大举措。2021 年 8 月 17 日，习近平总书记在中央财经委员会第十次会议上强调，“到 2035 年，全体人民共同富裕取得更为明显的实质性进展，基本公共服务实现均等化。”表明基本公共服务均等化在扎实推进共同富裕中的重要作用。

1. 以多样化教育助力共同富裕

教育促进共同富裕的核心在于教育公平和教育质量两个方面。习近平总书记强调："高校毕业生是有望进入中等收入群体的重要方面，要提高高等教育质量，做到学有专长、学有所用，帮助他们尽快适应社会发展需要。技术工人也是中等收入群体的重要组成部分，要加大技能人才培养力度，提高技术工人工资待遇，吸引更多高素质人才加入技术工人队伍……进城农民工是中等收入群体的重要来源，要深化户籍制度改革，解决好农业转移人口随迁子女教育等问题，让他们安心进城，稳定就业。"[①] 科学布局教育资源，提升教育质量是实现共同富裕的应有之义。当前优质的教育资源大多集中在一线大城市，中、小城市特别是广大农村地区的优质教育资源非常薄弱，教育基础设施布局的公平性还有待提升。

第一，各地区应以常住适龄幼儿规模，而非户籍适龄幼儿规模为基数，大力发展普惠性幼儿园，解决那些在城市打工的农民工子女因户籍而造成的入园难问题。第二，加快推进优质义务教育的城乡一体化发展，鼓励拥有优质义务教育资源的学校在乡村设立分校，确保乡村的孩子也能接受优质的教育。第三，重视职业技术教育的发展和技能人才的培训，通过产教融合、校企合作，增强职业技术教育的质量。第四，优化调整教育资源的布局结构、学科结构、专业结构，加快建立更加公平、更高质量的高等教育体系。第五，加强继续教育、特殊教育的规范性，帮助农村学生提升知识和技能水平，从体力劳动者向技能劳动者转变。

---

① 习近平：《扎实推动共同富裕》，《求是》2021 年第 20 期。

2. 创新医疗服务助力共同富裕

实现共同富裕的道路上，人民健康直接关系到民族昌盛和国家富强。2021 年 3 月 23 日，习近平总书记在福建省三明市沙县总医院实地了解医改惠民情况时指出，健康是幸福生活最重要的指标，健康是 1，其他是后面的 0，没有 1，再多的 0 也没有意义。因此，如果健康得不到保证，谈富裕就没有意义，因为人的体能、劳动态度、劳动技能、能力水平等人力资本依附于健康的体魄与心灵，决定着社会劳动生产效率的高低、创造财富的多少，并且人民群众可以通过健康而幸福的生活分享共同富裕的成果。与教育资源相似，我国的优质医疗资源也集聚在一线大城市，医疗资源布局尚不合理。

第一，坚持理念先行，树立全国范围内的大健康发展理念。在全社会形成大健康氛围，推动大健康管理体制和运行机制创新，普及健康生活、优化健康服务、完善健康保障、建设健康环境、发展健康产业，加快健康资源布局和优化配置。第二，提升医保统筹层次，促进制度的公平性和持续性。推进全国层面的医保统筹，实现全国范围内医疗保障制度设置、政策标准等规范统一。第三，扩大门诊慢性病病种的范畴，降低患者的门诊经济负担，完善大病保险的保障范围，将一些必需的高价检验项目和医用材料纳入保障范畴。第四，逐步取消困难人员医疗救助的封顶线限制，保证城乡困难人员就医的医疗费用综合保障率达到 90% 以上。第五，鼓励组建跨城乡的医疗服务集团，允许非公有资本采用多种形式，参与基本医疗服务主体框架外的公立医疗机构改制，兴办公益性或经营性医疗机构以及组建医疗投资公司、医院管理公司和医疗集团。第六，推广

"数字化 + 医疗"，优化医疗服务。一方面，全面推进智慧医保建设，实现全面的异地门诊联网结算，让百姓少跑腿，让数据多跑路；另一方面，利用数字平台分类整合医生资源，按科室将医生分类，实现便捷化的线上问诊，使得贫困地区的居民可以足不出户，就能找到技术精湛的医生看病就医。

3.发展高质量基础设施助力共同富裕

高质量的基础设施及相关服务供给是促进共同富裕、提升百姓生活品质的重要基础。首先，基础设施水平的提升可以直接改善民生，提升居民的生活质量；其次，基础设施建设能够带动更多建筑工人就业，为进城打工人口提供就业机会；最后，基础设施的发展能够降低经济活动的成本，例如高速公路、高速铁路、航运、水运等的建设和发展能够节约运输成本和出差成本，网络基础设施建设降低了信息传输成本，自来水、电力等基础设施的建设降低了居民生活和生产的成本。因而，现阶段我国要以高质量的基础设施建设助推共同富裕。

第一，重视基础设施建设的空间平衡性。特别是在广大农村地区要保证公路、自来水、天然气、厕所、医院、学校等公共基础设施的可得性和便利性，防止基础设施建设二元结构的出现；在一些大城市和特大城市，要按照常住人口规模合理规划基础设施的建设，保证居民生活质量。第二，加速农村地区的互联网基础设施建设，以村为单位，确保每家每户都能接入互联网，每个村要安排专职人员向农民讲解互联网的使用方法、互联网带来的便利性、网络安全等相关知识，缩小城乡之间的数字鸿沟。第三，加快在区域间、城乡间建设涵盖铁路、公路、机场和港口等多种运输方式的交通网络体系。第四，加强农村地区室外公共健身器材、路灯、文化广场、公园绿地等基础设施的建设，保障农民的精神和文化生活。